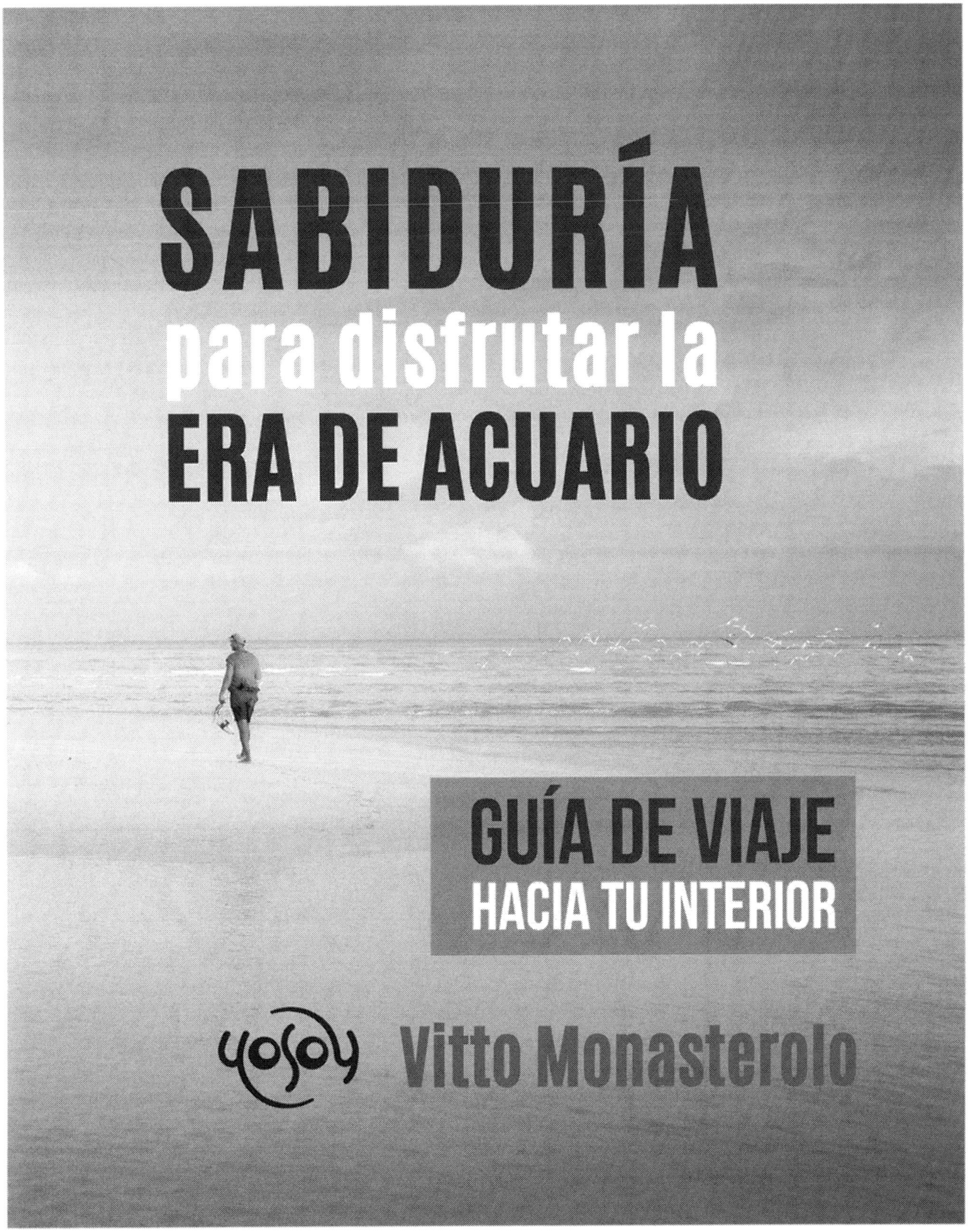

SABIDURÍA
para disfrutar la
ERA DE ACUARIO

GUÍA DE VIAJE
HACIA TU INTERIOR

Vitto Monasterolo

SABIDURÍA PARA DISFRUTAR LA ERA DE ACUARIO

GUÍA DE VIAJE HACIA TU INTERIOR

© Vitto Monasterolo

www.yosoydicha.com

Email: yosoydicha@gmail.com

Diseño de cubierta: Vitto Monasterolo

Diseño de interior: Vitto Monasterolo

Imágenes y software de diseño: CANVA

Maquetación: Antonia García
servigraf.garcia@gmail.com

Fotografía del autor: Hacomar Casimiro y Eduardo Cubillo
lagavetaproducciones.com

Gestado en Valencia, España- 2019.
Finalizado en Tenerife, Islas Canarias- 2021.

Reservados todos los derechos para la presente edición. Queda prohibida la reproducción total o parcial, salvo permiso otorgado por el editor de la presente obra.

*Qué bien se está,
cuando se está bien.*
Pilar Alma Grande

@yosoydicha

Dedicado a mis Maestros:

Louise Hay, Wayne Dyer, Osho, Conny Mendez, Eckhart Tolle, Joe Dispenza, Facundo Cabral, Pablo Coelho, Deepack Chopra, Og Mandino, Enric Corbera, Carlos Chiarotto.

AGRADECIMIENTOS

Son tantas las bellas Almas que me han echado una mano, cuando más lo necesitaba, que estoy honrado por ese gesto y no lo olvido.

Este libro es una forma de agradecimiento para devolverles a Ellos y devolver a la Vida, esa confianza que me han brindado.

Y aunque me olvide de algunos, ya pido disculpas, aquí va:

Adriana y Carlos, Agustín, Alba, Alejandra F., Amaya y Eduardo, Amets, Amparo C., Ana María L., Ana María Susana, Ana M., Ana S., Andrea, Angela, Angelita y Rodolfo, Antonia, Antonia y Miguel, Antonio M., Azucena y Pepe, Carolina, Ceci y Pablo, Cristiano y Sergio, Claudia C., Claudia E., Dani y Marita, Dora, Duli y Max, Eduardo y Susana, Eli Merkelita, Elisa La Negrita, Emilio, Esther L., Esther S., Estela y Artemio, Etti, Julia y Lelé, Fanny y Lala, Fito, Galleguito Daniel, Gloria, Gogo y todas las Galliano, Guriel y Gra, Gus BP, Noracha y Horacio, Hugo y Silvina, Inma, Irene y Javi, Jimena y Ramiro, Jorge, José Carlos e Hilda, Juan Luis y María José, Karmele y Mireya, Kimi, Laia, Lalita, Lore Mariposa y Oriol, Lucía F., Luisita y Alfredo, Magda, Maite A., Maite D., Mami y Papi, Mar y Sergio, Manuel, Marcelo J., Marcelo y Marcela, Margarita, María del Valle, María Laura, María Luisa y Juan Carlos, María Luz y Santiago, María del Pilar, Rosa María y Arcadi, María Victoria Vicky, María Y., Mariana y Alejandro, Marianela y Miguel, Maritere, Martha, Gaby y Laura, Mary C. F., Merche, Metralleta Ska, Mielotto y Laurita, Miet y Rafa, Miguelito y Ceci, Noelia, Montse, Nando y Chris, Norma y Miguel, Pablito M., Pablo y Rodolfo, Pato A., Pepa, Pepi, Pato B. y Mariela, Pedro, Pilar PAG, Pollo y María, Ramón del Cerro y Lilian, Raquel D., Raquel V., Ro A.,

Rosa G., Roxana N. y Mario Gitano, Rubencito, Santi y Tere, Santiago V., Sebastian, Siberiano y Gaby, Silvia H., Silvia A. A., Simón y Nadia, Sonia, Sundari, Susana C., Susana y Sergio, Susana S., Teodora, Tommy, Turkish y Ceci, Txus y Jordi, Ulises y Lili, Víctor, Wiki Carlitos, Aurora, Carmen, Ceci, Esther y Jesús, Iván, Kathy, Lidia, Pilar, Vincent, Isabel, Lili, Oso, Paco, José Luis Negrito.

A todos los amigos que cada día envían y comparten estos mensajes, y sostienen a los Grupos, esa gotita diaria de super Vitaminas.

A todos los compañeros del Master de Emprendedores 11 y del Master de Desarrollo Personal 1.

Y para mi mayor orgullo, para mi sangre y para quienes brillo, para mis bellísimos hijos Franki y Belu. LOS AMO.

Este libro se materializó en la ciudad de Valencia a fines del 2019, pero por algo no se pudo imprimir. Llegó la plandemia y vivimos el año 2020 con toda su enseñanza y transformación. Y termina por salir a la luz desde Tenerife, Isla Canarias.

En este tiempo he conocido a maravillosas personas a través de internet, que me han aportado mucha luz y coraje, me han ayudado y orientado, todos grandes valientes despiertos, que me gustaría manifestarles también mi reconocimiento y agradecimiento:

Robert Martinez, Andrea Barnabé, Andreas Kalcker, Nelsy Michael, Carme Jiménez Huertas, Enrique Perez, Josep Pamies, Luis de Miguel Ortega, Dr Angel Ruiz, Dra Chinda Brandolino, Dra Natalia Prego, Rafael Palacios, Ricardo Delgado, Ramón Freire, Raimón Samsó, Dra María José Martinez Albarracín, Dr Alejandro Sousa, Victor Kuppers, Emilio Carrillo.

Para todos vosotros GRACIAS GRACIAS GRACIAS.

DE QUÉ TRATA ESTE LIBRO

Nos encontramos en una época sumamente especial, estamos viviendo intensamente el inicio de un grandioso cambio. Aunque aún no lo notemos claramente ya empiezan los primeros rayos, mientras transitamos la noche oscura que hemos vivido.

Se inicia el camino hacia un nuevo tiempo, concretamente el 21 de diciembre del 2020 ha comenzado la Era de Acuario.

Es muy posible que hayamos elegido participar en este maravilloso tiempo de cambio, en esta oportunidad única y colaborar para vivirlo de la mejor manera con todos los seres involucrados.

Aún nos esperan tiempos difíciles, los cambios no son de un día para otro, pero seguro que de a poco empezaremos a despertar del largo tiempo de oscuridad que la humanidad ha estado sometida.

Debemos aprender a vivir de otra manera mucho más amorosa, seguramente muchas energías nos ayudarán a entender de que se trata esta forma vivir la Vida.

Millones de nuevas almas han encarnado para hacernos el proceso más fácil y poder juntos transitar este camino, que será tan maravilloso que no podemos ahora imaginarlo.

Ya avanzados en el trayecto será todo más sencillo y desarrollaremos o mejor dicho recordaremos como utilizar nuestras fuerzas dormidas, la intuición, la clarividencia, la telepatía, el amor pleno, la salud perfecta, y será natural hacerlo.

Pero ahora en los inicios debemos aún ejercitar o abrirnos a ese conocimiento que nos han ocultado desde cientos de años.

Hemos sido hipnotizados, aunque nos cueste aceptarlo, desde que nacemos a través de la educación nos manipulan y en las últimas décadas a través de los medios de comunicación esto se ha vuelto mucho más intenso. Cada uno puede investigarlo por su cuenta, creo que conocer esto nos ayudará a ser libres.

Ya es la hora de despertar tu alma, de dirigirte hacia tu interior, las circunstancias ahora son más propicias, y este libro sé que puede aportarte gran ayuda en este inicio.

Este libro tiene la intención de funcionar como una guía para quienes se inician en el camino de la espiritualidad porque sienten ese llamado visceral de la Vida, pero no saben como encarar la búsqueda. Sienten que hay algo más, detrás de lo que nos muestran nuestros limitados sentidos.

Es un recordatorio para el día a día, que actúa como un bálsamo tonificante o como refuerzo positivo cuando nos sentimos desorientados, con las fuerzas anímicas caídas .

Es como una brújula que nos guía para recordar lo que ya sabe nuestro ser infinito, pero cuando iniciamos esta experiencia humana aceptamos olvidar, para participar del juego.

No hay nada aquí original, es un resumen basado en cientos de mensajes que he recibido en estos últimos años y que coinciden con lo que he ido descubriendo en mi búsqueda personal.

Este libro trata sobre la existencia y sus grandes temas, sobre la vida, que es un todo. No la podemos dividir en espiritual, en relaciones, en finanzas, en parejas, hijos, amigos, familia... pues cada una de esas facetas son necesarias para navegar de la mejor forma.

Es un libro para que te acompañe un buen tiempo, no es un libro para leerlo de golpe, así no sirve. Igual que como hacemos con un frasco de vitaminas, las vamos tomando diariamente, y no de un sorbo, ya que de nada valdría. El cuerpo sólo asimila una cierta cantidad.

Esta guía actúa así, con el tiempo, va produciendo cambios sutiles. Como en dosis homeopáticas, lento pero profundo.

Estos mensajes necesitan ir asimilándose, ya que muchas veces son tan disímiles a nuestras creencias, que incluso provocan rechazo. Es aquí donde debemos permitirnos la tolerancia, la mente abierta, sentir que no tenemos la verdad y abrirnos a otras formas de ver el juego de la vida.

Usa el hemisferio derecho para interactuar con el libro. Usa las imágenes para dejarte llevar y escribe los mensajes que te resuenan, al escribirlos los verás de otra forma y te pueden acompañar durante el día.

✳ ✳ ✳

Nada es para siempre y cada cosa es útil para nuestro tiempo personal.

Si eres un novato, alguien recién iniciando en esto del mundo espiritual, por así llamarlo o etiquetarlo, tienes un aporte aquí. Todos hemos pasado por allí, perdidos, sin saber por donde comenzar.

Esto es sólo una indicación, el camino es tuyo, y por supuesto tan personal y particular como el de cada uno de los siete mil millones de habitantes de este Planeta, más de los miles de millones que ya se han ido.

Los mensajes que leas aquí quizás hoy no te digan nada. Déjalos macerar. Haz tu trabajo de dedicarles un tiempo, aunque hoy te provoquen rechazo o suenen a gilipolleces.

En estos mensajes hay mucho valor resumido, mucha sabiduría concentrada de mucha gente que ya ha recorrido mucho camino, no los subestimes, sólo ten apertura mental y ya llegarán a tu corazón cuando corresponda, y si tiene que ser.

Para hacer un buen vino se necesitan muchos racimos de uva, luego se concentra su jugo y se dejan macerar en vasijas de roble por meses, lo mismo pasa con estos mensajes, la suma de más de 1.000 mensajes hacen este libro y cada uno es importante, cada uno aporta algo, cada uno con su esencia y diferencia.

Si eres ya un buscador o alguien ya con muchos años trabajándose te pido un paso más: es que tomes cada mensaje que hay aquí como si fuese la primera vez que lo recibas, permite a tu mente que te recordará cuando lo leíste, quién te lo contó, como te llegó, deja esos comentarios, y ponte en blanco un par de minutos.

Permítete escuchar este mensaje desde el lugar único e irrepetible desde donde te encuentras hoy. Y lo disfrutarás seguramente distinto.

FORMAS DE USO

Hay muchas maneras de usar este libro, tantas como se te ocurran.

Por supuesto, puedes leer o mirar el libro siguiendo la forma convencional, página a página desde el principio hacia el final, pero también puedes atreverte a jugar con él.

Este libro da la posibilidad de que te lo tomes como si fueras cada día a una consulta de tarot, o como consultar el horóscopo, o que te lean la mano... prueba a abrir una página al azar, a ver qué sale, seguramente encontrarás un mensaje adecuado para ese momento. Lo que leas serán sólo señales, no las interpretes rígidamente, literalmente, usa tu intuición con este manual.

Si quieres darle intensidad al mensaje que te ha salido, lo puedes escribir, así tendrás más posibilidades de que conecte contigo más profundamente. Deja que el mensaje vaya impregnándote...

Recuerda que es sólo una señal, una indicación para que recuerdes algo que ya sabes, tu Ser lo sabe todo, sólo que lo has olvidado.

El Universo ahora está usando esta forma para comunicarse contigo, confía, tú sabes que no es casualidad que tengas en tus manos justo este libro. Hay más de 7.000 millones de seres en este planeta, ¿y justo está contigo? No es sólo azar.

Te propongo ahora una serie de maneras lúdicas de uso:

✸ Toma el libro entre tus manos, cierra los ojos y le pides al libro que te muestre el mensaje apropiado para ti el día de hoy. Abre una hoja al azar y observa los 4 mensajes, todos o alguno de ellos, están allí por algo.

✸ Mira la hora y los minutos justo ahora, te indicarán en que página está tu mensaje de hoy.

✸ Mira la matrícula de un vehículo. Los últimos números te indicarán la página a consultar.

✸ Mira las últimas cifras del número de teléfono de la última persona con la que hablaste o de la que tengas un mensaje. Esa es la página a revisar ahora.

✸ Hay números en todas partes, el de una calle, el de una factura, etc., ahí, en la forma más sencilla, se esconde la indicación de la página que debes mirar hoy.

✸ Pregunta al Universo: ¿qué número de página me indicas mirar hoy? Espera una señal y seguro que te sorprendes.

No le des muchas vueltas...
juega, inspírate, crea, inventa...
solo o en compañía.

¡Vamos!

¡Bienvenid@s!

QUIÉN SOY

Yo soy Vittorio, soy argentino y ahora español también, orgulloso acuariano, tengo 62 años, según DNI, y hace cinco que vivo en España, país que me encanta y en el cual he decidido disfrutar este tiempo.

Fui bendecido por muchas cosas y mis riquezas principales son:

Dos hermosos y amados hijos que me han honrado eligiéndome. Franki de 29 años y Belu de 25. Pura belleza, seres nobles, despiertos, llenos de bondad y dignidad. Ellos son mi inspiración, mi orgullo, mi batería y mi alegría de vivir.

Muchísimas amigas y amigos que me acompañan y ayudan cada día. Mis cómplices en este viaje maravilloso.

Con algunos estoy en contacto a diario, con otros no tanto, pero todos saben lo importante que son y han sido en mi camino. Sin ellos nada sería como es. Son mi gran apoyo.

POR QUÉ ESTE LIBRO

En 2015 luego de un viaje decidí venir a vivir a España, sin conocer a nadie y sin tener lazos familiares. Sólo siguiendo a mi corazón. Sin saber a quÉ me iba a dedicar y en qué ciudad iría a vivir. Confiando sólo en el llamado de la Vida.

No tenía lógica ninguna. Y tampoco sabía bien el porqué. Ahora sé que debía reencontrarme con mucha gente, con la cual tenemos un sentimiento muy profundo de amistad, disfrutar esa alegría me completa, y sé que a mi vida le hubiese faltado algo si no cumplía con esto.

Pero bueno tenía 57 años vividos en Argentina, con todos mis amigos y mis hijos. No es fácil dejar eso.

Pero gracias a los mensajes, las fotos, audios y vídeos, seguí manteniendo el contacto diario con ellos. Fueron y son esos mensajes mi vitamina diaria.

Ahora valoro inmensamente a todos esos inmigrantes que fueron a América o quienes han venido, en épocas donde ni teléfono o correo había. Incluso los que nunca más volvieron. Mi honra y mi respeto inmenso hacia Ellos, esos sí que fueron valientes y héroes.

A través de los mensajes compartimos las cosas que nos pasan, los chistes, noticias, fotos, videos, cumpleaños, música, es una forma de seguir cada día en contacto. Sentir ese apoyo y esas risas es indispensable para mí.

Por eso digo que sin esta posibilidad de estar comunicado, aunque sea digitalmente, mi estadía aquí no sería posible, sería muy fuerte el desarraigo.

Pero lo que fue muy llamativo también es la cantidad de gente que fui conociendo en distintos grupos donde compartimos los mismos intereses. Y cumpliendo con la ley de Atracción nos fuimos reuniendo.

Participo en muchos Grupos, cada uno con su propia dinámica e idiosincrasia.

Un día me di cuenta que tenía cientos y cientos de estos mensajes tan bonitos y reveladores. Me dije: debo publicarlos, debo compartirlos, si a mí me ayudan, a muchos otros también pueden inspirar.

Para ello inicié la gran tarea de rediseñarlos uno p or uno, ya que la calidad de imagen no era buena y muchos tenían errores al citar los autores. Con la práctica adquirí un buen dominio de Canva, el software de diseño, me fui entusiasmando y al final quedaron más de 1.000.

No voy a poner los autores de los textos, ya que muchos no los sé, otros sé bien que no son los que me han citado.

Es cómico observar como hay mensajes a veces bonitos escritos por alguien y para darles importancia ponen debajo Buda, Madre Teresa, Gandhi, Einstein, etc.

A Jorge Luis Borges le han atribuido algunos, imposible que sea él en ese tipo de textos. Hace unos días me llegó uno muy positivo, que decía Van Gogh debajo, el pobre se levantaría de la tumba para tomar de las solapas a tan mal impostor.

Es como que para que el mensaje sea aceptado debe ser de alguna figura pública conocida. Pero la intención de este libro es resaltar el Mensaje, no el autor.

En el libro encontrarás muchos textos de: Eckhart Tolle, Osho, Wayne Dyer, Louise Hay, Pablo Coelho, Og Mandino, Access Consciousness, etc.

COMENTARIOS

Cuanto se refiere a Vida, Universo, Dios, son casi sinónimos, para expresar algo trascendental, más allá de la definición con palabras.

Nada es casualidad, por algo hoy estás leyendo esto, que sea tu corazón quien se deje guiar.

Tenemos la posibilidad de manifestar y somos cocreadores de nuestra Vida.

Esperanza no es ser un ingenuo, esperanza es la chispa que te lleva a la acción.

Todo está en cambio permanente.

Lo que vemos en los demás es un espejo de nuestras creencias.

Estamos aprendiendo continuamente. Hemos sido manipulados y parasitados desde hace muchos siglos por un poder oculto, que en esta época saca toda su artillería sabiendo que le queda muy poco tiempo. Pero si no despertamos, podemos caer en su hipnosis y tomar malas decisiones que afecten nuestra salud en el futuro.

Nos tomamos la pastilla del olvido, pero lo sabemos todo, lo vamos recordando en el camino.

Esta guía está de acuerdo a creencias del tiempo que nos ha tocado transitar y dentro de la cultura de un mundo occidental.

Sé perfectamente del Poder Transformador que tienen las Palabras y el arte de su perfecto uso, para la Creación de nuestras Vidas. Yo soy un ejemplo de esa transformación, que inicié hace ya muchos años atrás y sigo realizando cada día.

No pretende ser más que una Guía orientativa, seguro hay mejores. Luego tú eliges profundizar en lo que más te motiva, esto es solo un inicio.

Y reitero, son mensajes que he recibido, no son de mi autoría. He seleccionado los que más me han gustado y aportado.

Vamos a empezar … …

@yosoydicha

yosoydicha@gmail.com

www.yosoydicha.com

Este libro es para que te acompañe por un tiempo.

No es *fast food*, no es para leer de un tirón, eso no sirve.
Llévalo en tu bolso, déjalo en tu mesita de luz,
en el lugar donde desayunas,
en tu trabajo para cuando decides hacer un recreo,
en tu coche, donde te sea cómodo,
para que cada día recibas el mensaje-vitamina que necesitas.

Será tu coach de cada día,
y donde podrás acudir por la inspiración necesaria.

Te preparas tu taza de té, un café o un vaso de agua,

te das tu tiempo personal y recibes el mensaje apropiado.

Prueba, experimenta, brilla, recuerda, empodérate.

Y CONFÍA

Y JUEGA

SABIDURÍA PARA DISFRUTAR LA ERA DE ACUARIO

> Tienes que estar dispuesta a caminar sola, no todo el que empiece contigo acabará a tu lado.
> @yosoydicha

> CUANDO TE PERMITES LO QUE MERECES, ATRAES LO QUE NECESITAS.
> @yosoydicha

> Aprendí que lo mejor es no preocuparse demasiado, lo que llega es por algo y lo que se va también
> @yosoydicha

> La forma más elevada de inteligencia humana, es la capacidad de observar sin juzgar
> @yosoydicha

Yo Soy Amor

GUÍA DE VIAJE HACIA TU INTERIOR

Cierra tus ojos y verás claramente,
Cesa de escuchar y oirás la Verdad
Permanece en silencio y tu corazón cantará
No anheles ningún contacto y encontrarás la Unión
Permanece quieto y te mecerá la marea del Universo
Relájate y no necesitarás ninguna Fuerza
Sé paciente y alcanzarás todas las cosas
Sé humilde y permanecerás entero

@yosoydicha

Inhalo Amor. Exhalo Gratitud

SABIDURÍA PARA DISFRUTAR LA ERA DE ACUARIO

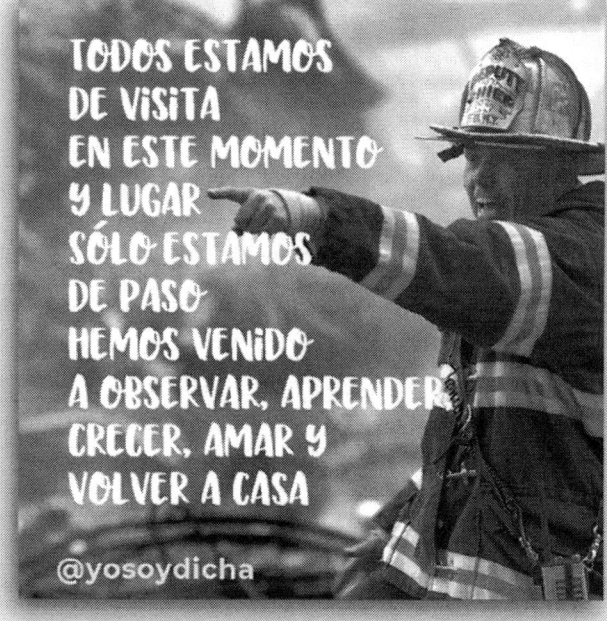

Yo Soy Alegría, Yo Soy Abundancia, Yo Soy Plenitud

GUÍA DE VIAJE HACIA TU INTERIOR

 Lo siento. Perdón. Gracias. Te amo

SABIDURÍA PARA DISFRUTAR LA ERA DE ACUARIO

El camino no es una línea recta, es una espiral
Continuamente regresas a lo que pensabas habías
entendido y observas verdades más profundas

El verdadero AMOR empieza allí, donde no se espera nada a cambio

No te quejes por envejecer
No todos tienen ese privilegio

Si la única oración que dices en tu vida es GRACIAS es más que suficiente

Gracias Gracias Gracias por este magnífico desenlace

GUÍA DE VIAJE HACIA TU INTERIOR

Los seres evolucionados no necesitan competir o tener la razón, tampoco de mentir o aparentar ser pues ya son.
Respetan a los demás y son amorosos comprenden, observan, ayudan y sobre todo se Aman y Aman.
@yosoydicha

Perdónate por no estar en paz. En el momento que aceptes completamente tu falta de paz, la no-paz se transforma en paz. Cualquier cosa que aceptes plenamente te llevará allí, al estado de paz.
Este es el milagro de la rendición.
@yosoydicha

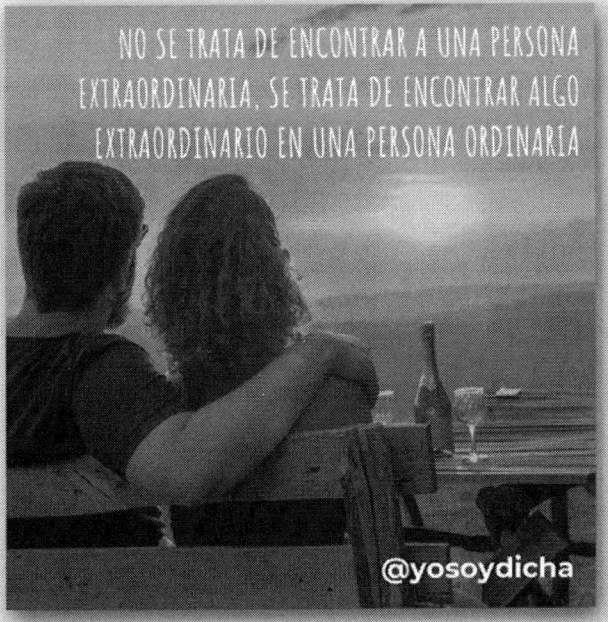

NO SE TRATA DE ENCONTRAR A UNA PERSONA EXTRAORDINARIA, SE TRATA DE ENCONTRAR ALGO EXTRAORDINARIO EN UNA PERSONA ORDINARIA
@yosoydicha

Le pregunté al tiempo que hacer para aliviar mi dolor?
El tiempo me respondió Déjame pasar
@yosoydicha

Yo Soy la Presencia Divina

SABIDURÍA PARA DISFRUTAR LA ERA DE ACUARIO

La mente es como un paracaidas sólo funciona si la tenemos abierta
@yosoydicha

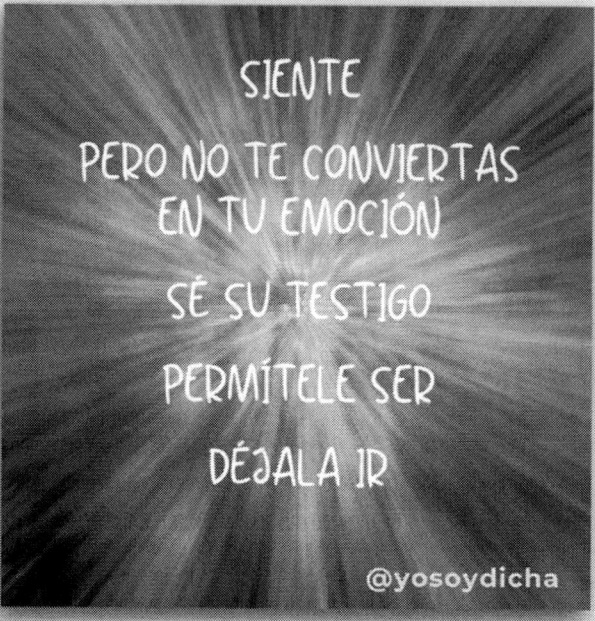

SIENTE
PERO NO TE CONVIERTAS EN TU EMOCIÓN
SÉ SU TESTIGO
PERMÍTELE SER
DÉJALA IR
@yosoydicha

TODAS LAS COSAS QUE SALEN DE TÍ REGRESAN A TÍ. ASÍ QUE NO ES NECESARIO PREOCUPARSE POR LO QUE VAS A RECIBIR. MEJOR PREOCÚPATE POR LO QUE VAS A DAR.
@yosoydicha

CON EL TIEMPO TE DAS CUENTA QUE EN REALIDAD LO MEJOR NO ERA EL FUTURO SINO EL MOMENTO QUE ESTABAS VIVIENDO, JUSTO EN ESE ÚNICO INSTANTE
amigos!
@yosoydicha

Esto también pasará

GUÍA DE VIAJE HACIA TU INTERIOR

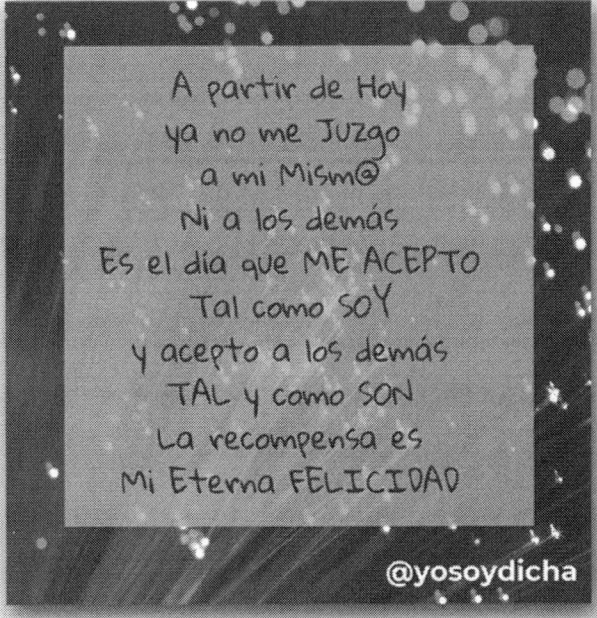

 ¿Qué más es posible? ¿Cuáles son las infinitas posibilidades?

SABIDURÍA PARA DISFRUTAR LA ERA DE ACUARIO

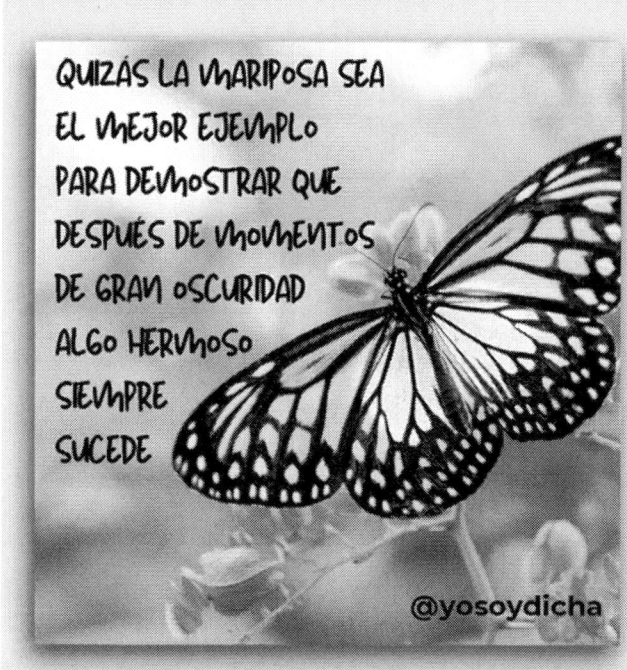

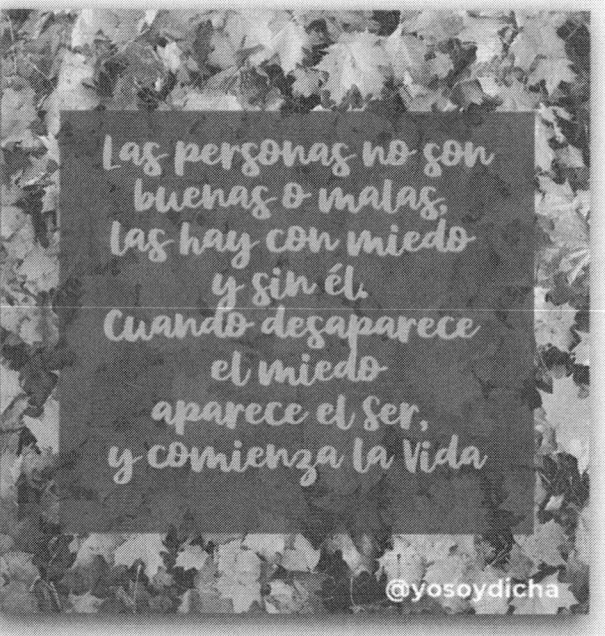

Yo Soy Paz, Yo Soy Luz, Yo Soy Armonía

GUÍA DE VIAJE HACIA TU INTERIOR

NUNCA ABANDONES UN SUEÑO SIN DARLE LA OPORTUNIDAD DE CONVERTIRSE EN REALIDAD
@yosoydicha

Desapego no es que no poseas nada.

Desapego es que nada te posea a Ti.
@yosoydicha

No confundas tu camino con tu destino. Estar atravesando una tormenta no significa que no te dirijas hacia la luz del sol.
@yosoydicha

UNIVERSO que Magia tienes reservada para mí, que ni siquiera he considerado posible?
@yosoydicha

La vida comienza cuando el miedo termina

SABIDURÍA PARA DISFRUTAR LA ERA DE ACUARIO

Yo Soy un Guerrero de la Luz

GUÍA DE VIAJE HACIA TU INTERIOR

Estoy creando la Vida de mis sueños

Gracias
Gracias
Gracias

@yosoydicha

DONDE EL ALMA SONRÍA ALLÍ ES

@yosoydicha

En cada problema o adversidad se esconde un bien

@yosoydicha

Meditar no es estar en un lugar silencioso,

es SER el silencio que observa el ruido

@yosoydicha

¿Qué energía requiero ser aquí para que esto cambie?

SABIDURÍA PARA DISFRUTAR LA ERA DE ACUARIO

> La Vida es como un espejo te sonríe si la miras sonriendo
>
> @yosoydicha

> LA QUEJA TRAE POBREZA
> LA GRATITUD TRAE ABUNDANCIA
>
> @yosoydicha

> el Amor, la Paz, la Felicidad y la Gratitud siempre están en mi interior, a tan sólo a una respiración de distancia
>
> @yosoydicha

> Lo que está destinado a suceder siempre encontrará una forma única, mágica y maravillosa para manifestarse......
>
> @yosoydicha

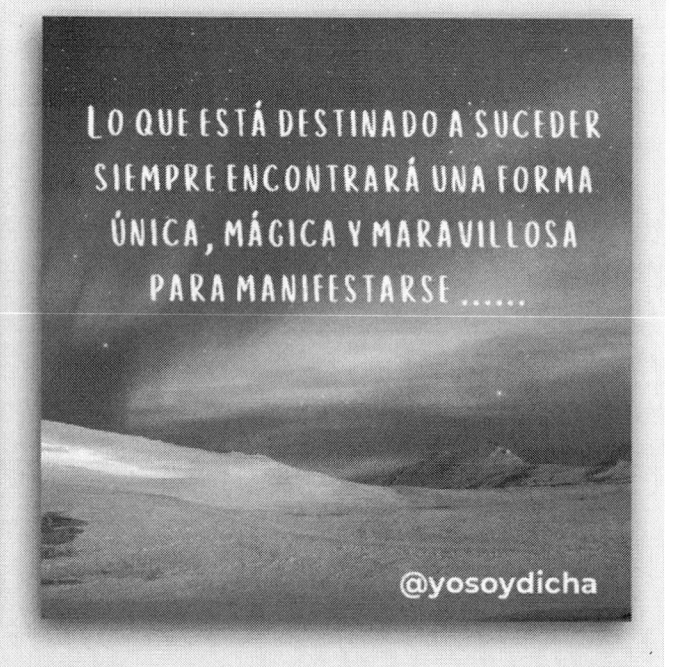

Yo Soy la perfecta salud en este cuerpo

GUÍA DE VIAJE HACIA TU INTERIOR

AMARÁS A TU PRÓJIMO COMO A TI MISMO

@yosoydicha

Cuando uno está soñando solo
Es sólo un sueño
Cuando muchos sueñan juntos
Es el principio de una nueva realidad

@yosoydicha

Si está en mi Realidad
es mi Responsabilidad

@yosoydicha

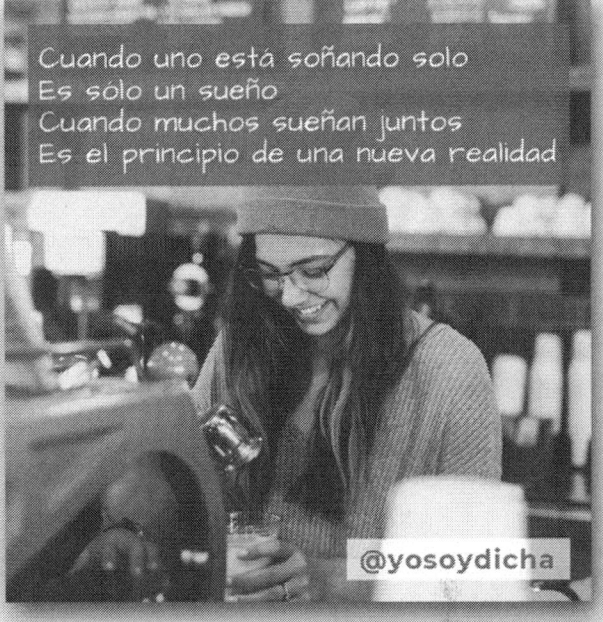

No hay ninguna necesidad de saber
hacia donde estás yendo
No hay ninguna necesidad de saber
porqué estás yendo
Todo lo que necesitas saber
es si vas disfrutando
Porque cuando se va gozando,
No se puede estar equivocado

@yosoydicha

Donde nada es seguro, todo es posible

SABIDURÍA PARA DISFRUTAR LA ERA DE ACUARIO

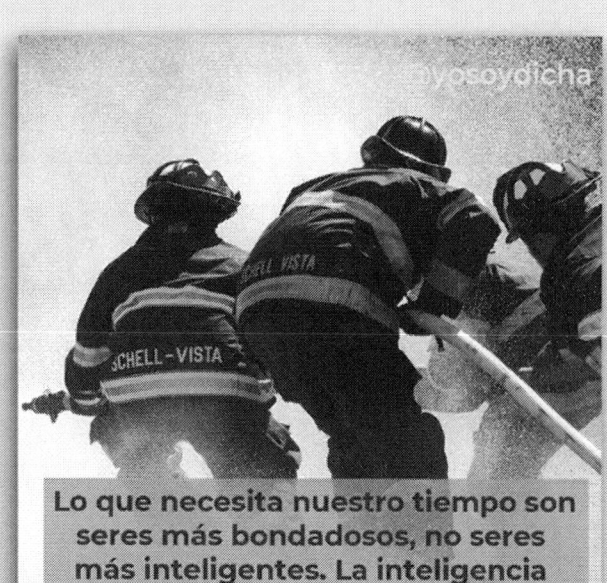

Y si te toca comenzar desde cero otra vez pues comienza

No se trata de saber todas las respuestas sino de aprender a escuchar tu corazón

Lo que necesita nuestro tiempo son seres más bondadosos, no seres más inteligentes. La inteligencia sin bondad es una mutación fallida

Mantente loca pero compórtate como persona normal. Corre el riesgo de ser diferente, pero aprende a serlo sin llamar la atención.

Yo Soy la encarnación de la Confianza y la Consciencia

GUÍA DE VIAJE HACIA TU INTERIOR

HOY DECRETO
Que en mi Vida hay Alegría, Amor y Abundancia.
Hoy sólo fluyo hacia lo bueno, lo real y positivo.
Hoy sólo atraigo a mi Vida a Seres de Luz que me guiarán hacia todo lo bueno que deseo Ser y Hacer.
Hoy libero dolores del pasado pues aquí y ahora sólo hay lugar para el bienestar y la tranquilidad
Así Es.... Gracias Gracias Gracias

@yosoydicha

Una persona no envejece cuando se le arruga la piel, sino cuando se le arrugan los sueños y las esperanzas.

@yosoydicha

La vida te niega los bienes y la grandeza,
hasta que dejas de querer bienes y grandeza,
y comienzas a servir.

La vida te corta las alas y te poda las raíces,
hasta que no necesitas ni alas ni raíces,
sino sólo desaparecer en las formas y
volar desde el Ser.

@yosoydicha

ESCUCHA ESTE SILENCIO
ALGO SAGRADO ESTÁ A PUNTO DE NACER

@yosoydicha

Todo llega a mi vida con facilidad, gozo y gloria

SABIDURÍA PARA DISFRUTAR LA ERA DE ACUARIO

VOY A VOLAR

dijo el gusano.
Todos se rieron,
excepto las mariposas.

@yosoydicha

CIERRA TUS OJOS PARA VER
Y ABRE TU ALMA PARA SENTIR

@yosoydicha

Los avances más sensacionales del Siglo XXI ocurrirán no por el desarrollo tecnológico, sino por la expansión del concepto de lo que significa Ser Humano

@yosoydicha

INHALO AMOR
EXHALO GRATITUD

@yosoydicha

Yo Soy un servidor de la Era de Acuario

GUÍA DE VIAJE HACIA TU INTERIOR

Lo que buscas también te está buscando
@yosoydicha

DEDÍCATE A HACER LO QUE TE GUSTA Y YA NO VOLVERÁS A TENER PROBLEMAS CON LOS LUNES
@yosoydicha

Estoy Abierto y Receptivo a TODO LO BUENO.
@yosoydicha

La gratitud nos abre a la plenitud de la vida. Convierte lo que tenemos en suficiente y más. La negación en aceptación, el caos en orden, la confusión en claridad... Transforma los problemas en dones, los fracasos en éxitos, lo inesperado en lo que llega en el momento prefecto y los errores en acontecimientos importantes. La gratitud da sentido a nuestro pasado, nos da paz en el presente y crea una visión del mañana
@yosoydicha

Yo Soy Libre. Yo soy Feliz. Yo soy Invencible

SABIDURÍA PARA DISFRUTAR LA ERA DE ACUARIO

AMATE TANTO QUE PUEDAS LIBERARTE DE TODO LO QUE YA NO QUIERES SER

@yosoydicha

EL ÚNICO ENEMIGO DEL HOMBRE ES EL MIEDO QUE HAY EN SU INTERIOR

@yosoydicha

Le llaman Suerte pero es Constancia
Le llaman Casualidad pero es Disciplina
Le llaman Genética pero es Sacrificio
Ellos Hablan
Tú Entrena

@yosoydicha

No son las cosas que te pasan es lo que HACES con las cosas que te pasan

@yosoydicha

Yo Soy Amor

GUÍA DE VIAJE HACIA TU INTERIOR

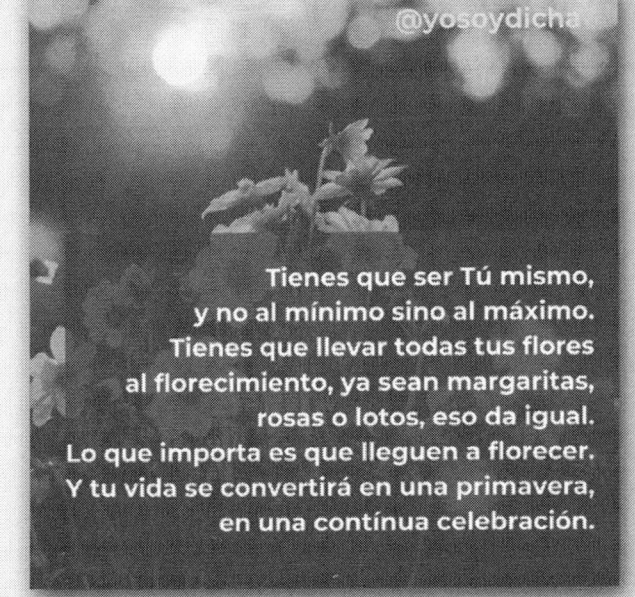

Nada de lo que ves permanecerá para siempre
Excepto el AMOR
@yosoydicha

Si te rindes hoy de nada sirvió el esfuerzo que hiciste ayer
@yosoydicha

@yosoydicha
Tienes que ser Tú mismo, y no al mínimo sino al máximo. Tienes que llevar todas tus flores al florecimiento, ya sean margaritas, rosas o lotos, eso da igual. Lo que importa es que lleguen a florecer. Y tu vida se convertirá en una primavera, en una contínua celebración.

AYUDA A CRECER A LOS DEMÁS Y CADA DÍA SERÁS MÁS GRANDE
@yosoydicha

Inhalo Amor. Exhalo Gratitud

SABIDURÍA PARA DISFRUTAR LA ERA DE ACUARIO

APRENDE A CONFIAR EN LO QUE ESTÁ OCURRIENDO

Si Hay SILENCIO
déjalo aumentar
algo surgirá

Si Hay TORMENTA
déjala rugir
se calmará

@yosoydicha

Ni lo Pasado Ni lo Futuro
SOY ESTE INSTANTE

@yosoydicha

Los grandes Logros no son hechos por la Fuerza sino por la Perseverancia

@yosoydicha

No todos hablan el mismo lenguaje, pero los que comparten el mismo sentimiento se entienden

@yosoydicha

Yo Soy Alegría, Yo Soy Abundancia, Yo Soy Plenitud

GUÍA DE VIAJE HACIA TU INTERIOR

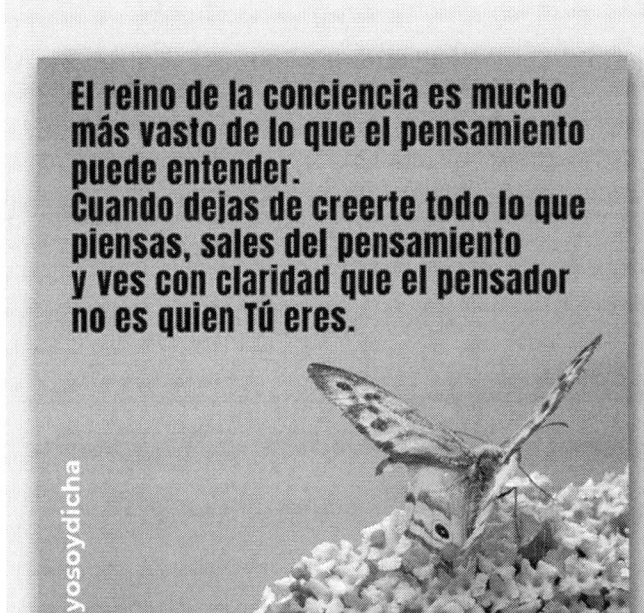

El reino de la conciencia es mucho más vasto de lo que el pensamiento puede entender.
Cuando dejas de creerte todo lo que piensas, sales del pensamiento y ves con claridad que el pensador no es quien Tú eres.

NO OLVIDES RECORDARTE

si quedas atrapado en una idea creyendo que es cierta pierdes la oportunidad de conocer la verdad

En el silencio recordarás lo que tu Alma ya sabe

Lo siento. Perdón. Gracias. Te amo

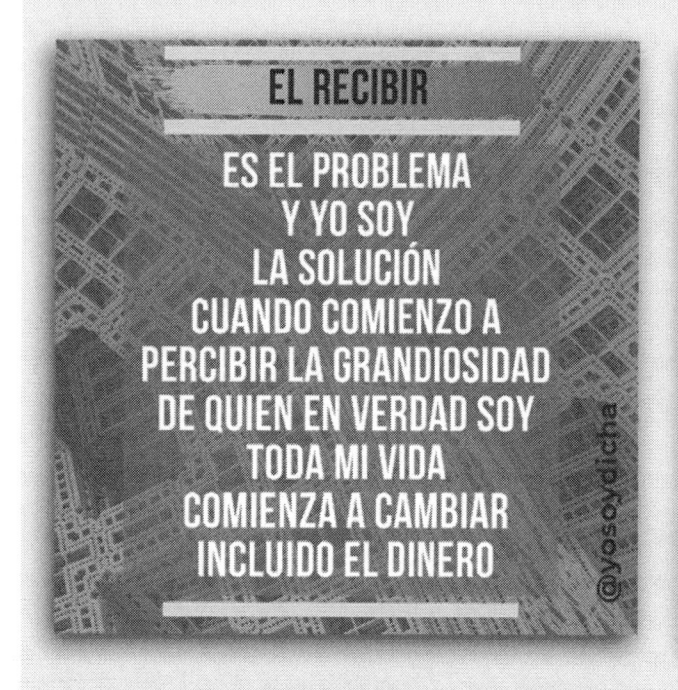

SABIDURÍA PARA DISFRUTAR LA ERA DE ACUARIO

EL RECIBIR
ES EL PROBLEMA
Y YO SOY
LA SOLUCIÓN
CUANDO COMIENZO A
PERCIBIR LA GRANDIOSIDAD
DE QUIEN EN VERDAD SOY
TODA MI VIDA
COMIENZA A CAMBIAR
INCLUIDO EL DINERO
@yosoydicha

Escucha el Silencio de una hoja cayendo
@yosoydicha

DECLARO UNA SEMANA VICTORIOSA
Gracias
Gracias
Gracias
@yosoydicha

Cree con todo tu corazón, y verás como el Universo se encargará de manifestarlo
@yosoydicha

Gracias Gracias Gracias por este magnífico desenlace

GUÍA DE VIAJE HACIA TU INTERIOR

HAZ CADA DÍA ALGO QUE TE DÉ MIEDO O TE SAQUE DE TU ZONA DE CONFORT

@yosoydicha

PEDID Y SE OS DARÁ
BUSCAD Y ENCONTRARÉIS
LLAMAD Y SE OS ABRIRÁ

Un guerrero de la luz presta atención a los ojos de un niño, porque ellos saben ver el mundo sin amargura.

QUE HOY ANTES DE DORMIR RECONOZCAS
AL MENOS ALGO QUE HAYAS HECHO BIEN
QUE TE PERDONES POR LO QUE
NO SALIÓ COMO ESPERABAS.
QUE CIERRES LOS OJOS,
RESPIRES PROFUNDO
AGRADEZCAS Y SONRÍAS
NO IMPORTA QUE PASÓ HOY
MAÑANA SERÁ UN GRAN DÍA

@yosoydicha

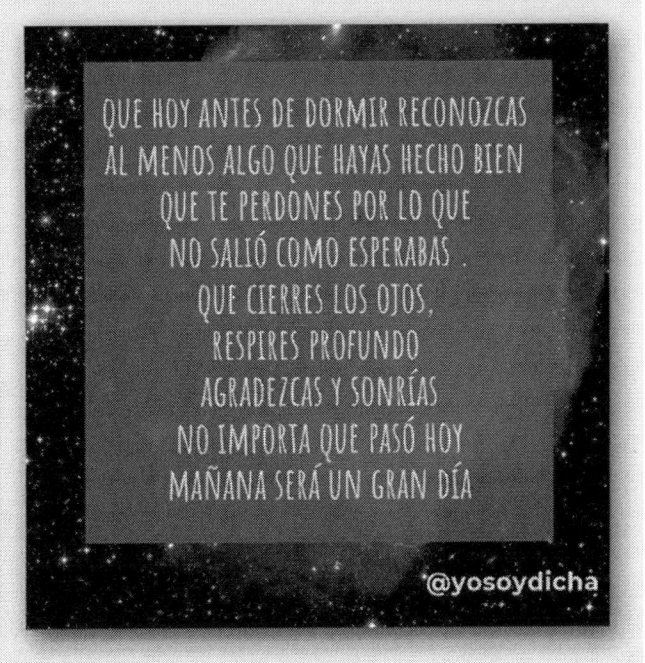

Yo Soy la Presencia Divina

SABIDURÍA PARA DISFRUTAR LA ERA DE ACUARIO

Imagen 1 (superior izquierda):
En mi Vida no hay nada de más AGRADEZCO cada acierto, cada tropiezo y cada experiencia.
@yosoydicha

Imagen 2 (superior derecha):
@yosoydicha
La verdadera pregunta no es si hay vida después de la muerte. La verdadera pregunta es SI ESTÁS VIVO antes de la muerte.

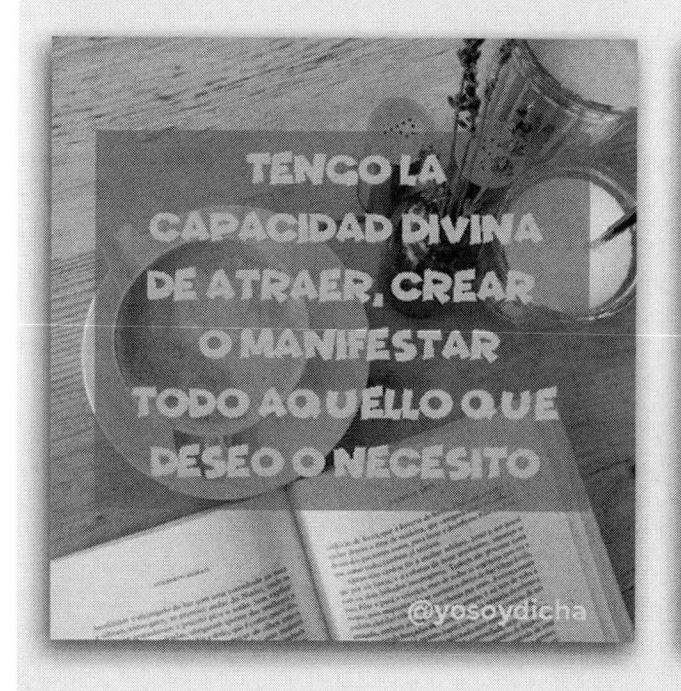

Imagen 3 (inferior izquierda):
TENGO LA CAPACIDAD DIVINA DE ATRAER, CREAR O MANIFESTAR TODO AQUELLO QUE DESEO O NECESITO
@yosoydicha

Imagen 4 (inferior derecha):
Tu tarea no es buscar el amor, sino buscar, encontrar y desmontar las barreras dentro de Ti mismo que has construido contra Él.
@yosoydicha

Esto también pasará

GUÍA DE VIAJE HACIA TU INTERIOR

RECUERDA QUE TU PERCEPCIÓN DEL MUNDO, ES UN REFLEJO DE TU ESTADO DE CONSCIENCIA

Hay tres cosas que nunca debes perder Tu SONRISA Tu ALEGRIA y tus GANAS de SALIR ADELANTE

En la Vida ni se gana
ni se pierde,
ni se fracasa, ni se triunfa.
En la Vida se aprende, se
crece, se descubre;
se escribe, borra y
reescribe;
se hila, se deshila
y se vuelve a hilar.

HOY DECRETO

ninguna persona, lugar o cosa
tiene el poder de enojarme
YO elijo estar en PAZ

¿Qué más es posible? ¿Cuáles son las infinitas posibilidades?

SABIDURÍA PARA DISFRUTAR LA ERA DE ACUARIO

NUESTRO CEREBRO SÓLO ACEPTA EL MODELO DE REALIDAD PARA EL QUE FUE ENTRENADO

INHALE THE FUTURE, EXHALE THE PAST.

Lo Siento, Perdón, Gracias, Te Amo

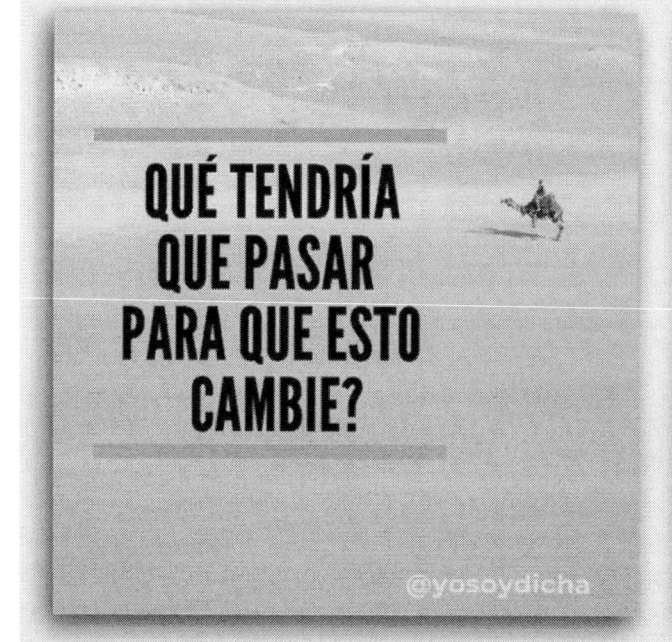

¿QUÉ TENDRÍA QUE PASAR PARA QUE ESTO CAMBIE?

Siempre lo intentaste
Siempre fracasaste,
No importa
Sigue intentándolo
Fracasa otra vez
Fracasa mejor

Yo Soy Paz, Yo Soy Luz, Yo Soy Armonía

GUÍA DE VIAJE HACIA TU INTERIOR

SALUDO ESTE DÍA CON AMOR EN MI CORAZÓN

@yosoydicha

Viniste a Ser FELIZ No te Olvides

@yosoydicha

No hay que apagar la luz de los demás para que brille la nuestra

@yosoydicha

QUE BONITO CUANDO ALGUIEN CON TUS MISMAS VIBRAS VIBRA CONTIGO

@yosoydicha

La vida comienza cuando el miedo termina

SABIDURÍA PARA DISFRUTAR LA ERA DE ACUARIO

PIDE AYUDA
Dile a la Vida lo que quieres y deja que suceda

El universo te está diciendo: muéstrame tu nueva vibración, y yo te mostraré milagros.

Mantén tu cara siempre hacia el Sol y las sombras caerán detrás de Ti

ELIJO CREER QUE LAS COSAS SON POSIBLES incluso cuando ni sé como sucederán de eso se hace cargo el UNIVERSO

Yo Soy un Guerrero de la Luz

GUÍA DE VIAJE HACIA TU INTERIOR

@yosoydicha

Aquellos que están lo suficientemente Locos para creer que pueden cambiar el Mundo Son los que lo cambian

@yosoydicha

SI TODOS NOS TOMAMOS DE LAS MANOS QUIEN SOSTENDRÁ LAS ARMAS ?

Yo Soy Riqueza
Yo Soy Abundancia
Yo Soy Alegría

@yosoydicha

YO SOY GRATITUD

DAR GRACIAS SIEMPRE
ES COMO UN IMÁN
CUANTO MÁS
AGRADECIDO SEAS
MÁS BENDICIONES
RECIBIRÁS

@yosoydicha

¿Qué energía requiero ser aquí para que esto cambie?

SABIDURÍA PARA DISFRUTAR LA ERA DE ACUARIO

DE TODO LO QUE LLEVAS PUESTO TU ACTITUD ES LO MÁS IMPORTANTE

@yosoydicha

EL AMOR ES LA ÚNICA REALIDAD ABSOLUTA, QUE NUNCA CAMBIA Y NUNCA MUERE, MIENTRAS A NUESTRO ALREDEDOR TODO CAMBIA CONSTANTEMENTE.

La capacidad de percibir o pensar de manera diferente es más importante que el conocimiento adquirido

@yosoydicha

Cada Pensamiento Positivo es una Oración en silencio que Cambiará tu Vida

@yosoydicha

Yo Soy la perfecta salud en este cuerpo

GUÍA DE VIAJE HACIA TU INTERIOR

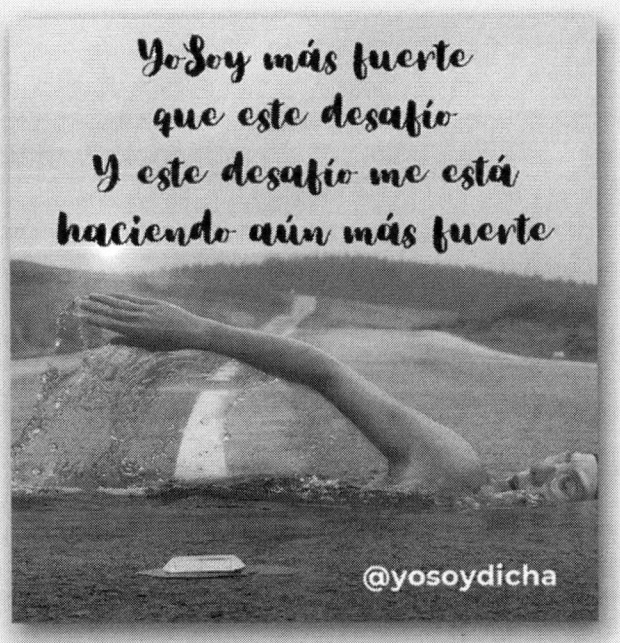

> Los que llevan Amor en el Alma, se les nota en la mirada
> @yosoydicha

> YoSoy más fuerte que este desafío Y este desafío me está haciendo aún más fuerte
> @yosoydicha

> @yosoydicha
> La caminata más difícil es la solitaria, pero sin duda es la que te hace más fuerte.

> COMO PUEDO MEJORAR ESTO ?
> @yosoydicha

Donde nada es seguro, todo es posible

SABIDURÍA PARA DISFRUTAR LA ERA DE ACUARIO

LAS GRANDES COSAS NUNCA VIENEN DESDE TU ZONA DE CONFORT

SI EL FUTURO NO TE EMOCIONA ESTÁS EN EL PRESENTE EQUIVOCADO

Usa tu Energía para crear
No para preocuparte
Usa tus pensamientos para creer
No para dudar
Usa tus emociones para atraer
No para alejar
Usa tu Vida para gozar
No para sufrir

Cuando te des cuenta que lo que haces a otros, te lo haces a ti misma. Habrás entendido la Gran Verdad

Yo Soy la encarnación de la Confianza y la Consciencia

GUÍA DE VIAJE HACIA TU INTERIOR

NO JUZGUEIS Y NO SEREIS JUZGADOS

AQUEL QUE PLANTA ARBOLES SABIENDO QUE QUIZÁS NUNCA SE SENTARÁ A SU SOMBRA, HA ENTENDIDO EL SIGNIFICADO DE LA VIDA

Podemos aprender a no mantener vivas en nuestra mente las situaciones o los acontecimientos, y en cambio dirigir contínuamente nuestra atención al momento presente, en lugar de dejarnos atrapar por películas mentales. Entonces nuestra misma Presencia se convierte en nuestra identidad, y no nuestros pensamientos y emociones.

La creatividad es la Inteligencia divirtiéndose

Todo llega a mi vida con facilidad, gozo y gloria

SABIDURÍA PARA DISFRUTAR LA ERA DE ACUARIO

CAMINAR ES EL MEJOR EJERCICIO

CAMINA LEJOS de discusiones que no te llevan a ningún otro lado más que al enojo

CAMINO LEJOS de gente que deliberadamente te minimiza

CAMINA LEJOS de cualquier pensamiento que reduce tu valor

CAMINA LEJOS de los fracasos y temores que paralizan tus sueños

CAMINA LEJOS de la gente que no se interesa en Ti y son oportunistas

MIENTRAS MÁS LEJOS CAMINES de las cosas que envenenan tu alma, tu vida serás más feliz.

Así que CAMINA

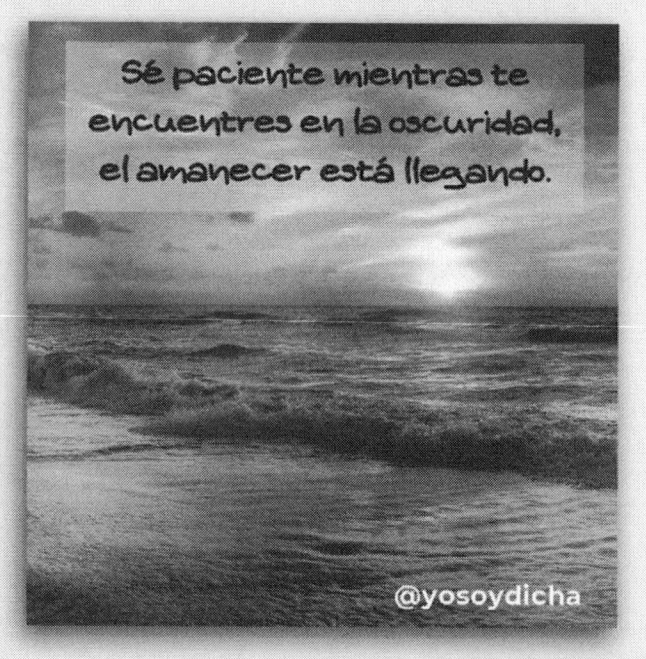

SIEMPRE PARECE IMPOSIBLE HASTA QUE SE HACE

SECUENCIAS NUMÉRICAS GRAVOBOI

1814321 PERFECTA SALUD

519 7148 TODO ES POSIBLE

318 798 ABUNDANCIA

91391 LOGRAR TODO OBJETIVO

Sé paciente mientras te encuentres en la oscuridad, el amanecer está llegando.

@yosoydicha

Yo Soy un servidor de la Era de Acuario

GUÍA DE VIAJE HACIA TU INTERIOR

Cuando ella se transformó en mariposa, las otras orugas no hablaron de su belleza, sino de lo rara que estaba
Querían que volviera a ser como antes
Pero ella ahora tenía alas ...

@yosoydicha

NO DESESPERES NUNCA JAMÁS, NI CUANDO ESTÉS EN LAS PEORES CONDICIONES PORQUE DE LAS NUBES MÁS NEGRAS, CAE AGUA LIMPIA

La muerte no puede quitarte tu baile, tus lágrimas de felicidad, la pureza de tu soledad, tu silencio, tu serenidad, tu éxtasis.
Tu verdadero tesoro es aquello que la muerte no se puede llevar; y lo que sí se puede llevar no es un tesoro, sólo está ahí para engañarte.

@yosoydicha

La gente que nos provoca sentir emociones negativas son mensajeros, de las partes no sanadas de nuestro ser

@yosoydicha

Yo Soy Libre. Yo soy Feliz. Yo soy Invencible

SABIDURÍA PARA DISFRUTAR LA ERA DE ACUARIO

Estoy creando la Vida de mis Sueños

AL FINAL TODO VA A SALIR BIEN. Y SI NO HA SALIDO BIEN, ES QUE TODAVÍA NO ES EL FINAL

No pienses que no pasa nada, simplemente porque no ves tu crecimiento, las grandes cosas crecen en silencio

Estoy creando un EXITO Financiero Total en forma Fácil Saludable y POSITIVA

GUÍA DE VIAJE HACIA TU INTERIOR

Siempre va a haber
alguien más elegante
Siempre va a haber
alguien más inteligente
Siempre va a haber
alguien más joven
PERO NUNCA
VA A HABER
ALGUIEN COMO TÚ

@yosoydicha

COMENCÉ A SER LIBRE, CUANDO DESCUBRÍ QUE LA JAULA ESTABA HECHA DE PENSAMIENTOS.

@yosoydicha

Cuando no puedas cambiar nada,
cámbiate a ti.
Cuando no puedas creer en nada,
cree en ti.
Cuando no puedas sentir nada
siéntete a ti y
cuando no puedas elegir nada,
elígete a ti, una y mil veces.

@yosoydicha

El mensajero sólo puede
entregar su mensaje
a quienes están en
el mismo nivel de
vibración,
así que no te preocupes
por decirle cosas a
personas que
"no pueden" oírte.

@yosoydicha

Inhalo Amor. Exhalo Gratitud

SABIDURÍA PARA DISFRUTAR LA ERA DE ACUARIO

> EL EGO NO ES MALO, SENCILLAMENTE ES INCONSCIENTE. CUANDO LO OBSERVAMOS COMENZAMOS A TRASCENDERLO.
>
> @yosoydicha

> CUANDO TE NIEGAS A MIRARTE LA VIDA TE PONE ESPEJOS
>
> @yosoydicha

> @yosoydicha
>
> La verdadera pregunta no es si hay vida después de la muerte
> La verdadera pregunta es SI ESTÁS VIVO antes de la muerte

> CADA PERSONA QUE VES ESTÁ LUCHANDO UNA BATALLA DE LA QUE TÚ NO SABES NADA
> SÉ SIEMPRE AMABLE
>
> @yosoydicha

Yo Soy Alegría, Yo Soy Abundancia, Yo Soy Plenitud

GUÍA DE VIAJE HACIA TU INTERIOR

Cuando camines
camina junto a los soñadores
a los que confían
a los que tienen coraje
a los alegres
a los que hacen planes
a los que actúan
a los que ríen
a los que aman
Con todos aquellos
que tienen la cabeza
en las nubes
y los pies en la Tierra.
Confía y que tu certeza
encienda tu fuego interno
para que entonces puedas
dejar el mundo mejor
de lo que lo encontraste

@yosoydicha

CONFÍO EN MIS CAPACIDADES
Y MUESTRO MIS HABILIDADES
AL MUNDO

@yosoydicha

No pierdas el tiempo
buscando resultados
tan sólo haz lo que sabes
que debes hacer
y déjame el resto a MI

@yosoydicha

VENCER EL MIEDO

**DESPOJARNOS
DE LA VERGUENZA**

**ATREVERNOS A
EMPRENDER**

@yosoydicha

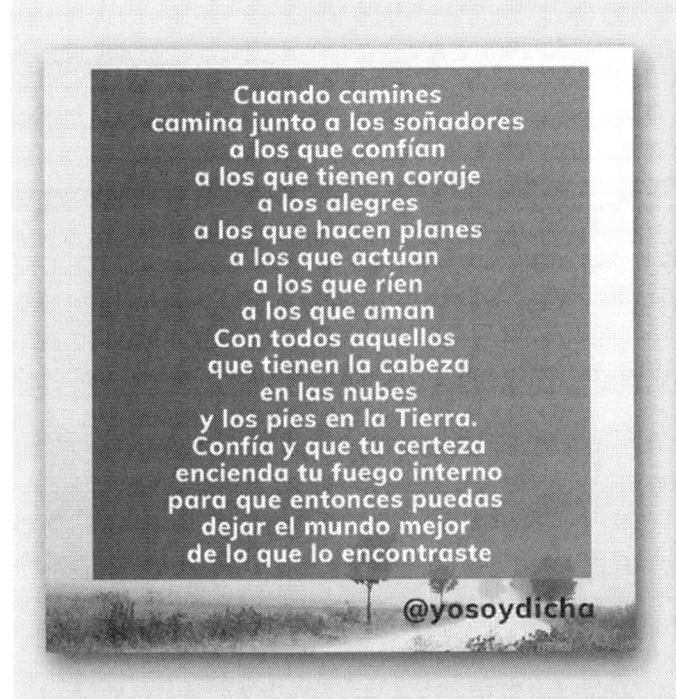

Lo siento. Perdón. Gracias. Te amo

SABIDURÍA PARA DISFRUTAR LA ERA DE ACUARIO

TE AMO
es el sonido más sanador
del Universo.
Esta frase cubre tu cuerpo y
viaja a través de tus pulmones
desobstruyendo tu respiración.
Recorre tus riñones
transmutando los miedos y
hace que millones de células
sonrientes le den vitaminas
a las células tristes
de tu sistema inmune.

@yosoydicha

**TODO LO QUE USTED
VÍVIDAMENTE IMAGINE,
ARDIENTEMENTE DESEE,
SINCERAMENTE CREA
Y CON ENTUSIASMO
EMPRENDA...
INEVITABLEMENTE LE
SUCEDERÁ**

@yosoydicha

**1er Acuerdo
SE IMPECABLE CON TUS PALABRAS**

Tus palabras son el Poder que tienes para
expresar, comunicar y crear tu mundo.
Según como las utilices las palabras te
liberarán o te esclavizarán.
Ser impecable es no ir contra ti mismo, es
asumir la responsabilidad de tus actos
pero sin juzgarte ni culparte.
Ser impecable con tus palabras significa
utilizar tu energía correctamente en la
dirección del amor y la verdad.

@yosoydicha

*Tu raíz está intacta
volverás a florecer*

@yosoydicha

Gracias Gracias Gracias por este magnífico desenlace

GUÍA DE VIAJE HACIA TU INTERIOR

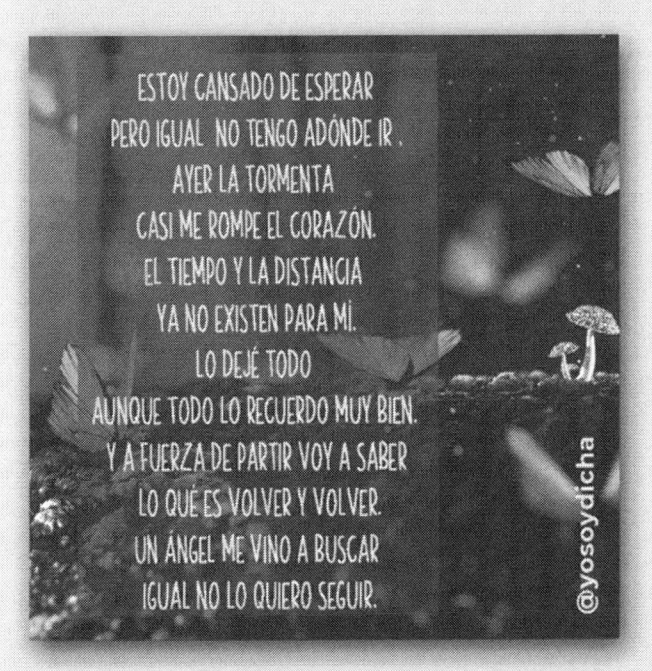

> Hay dos maneras de vivir la vida
> Una es vivirla como si
> Nada fuera un Milagro
> La otra es hacerlo como si
> Todo fuera un Milagro

> La comprensión trae consigo
> PERDÓN, COMPASIÓN y PAZ
> Al Ego no le gusta esto
> porque pierde fuerza cuando
> no puede mostrarse reactivo
> y tener razón

> ESTOY CANSADO DE ESPERAR
> PERO IGUAL NO TENGO ADÓNDE IR.
> AYER LA TORMENTA
> CASI ME ROMPE EL CORAZÓN.
> EL TIEMPO Y LA DISTANCIA
> YA NO EXISTEN PARA MÍ.
> LO DEJÉ TODO
> AUNQUE TODO LO RECUERDO MUY BIEN.
> Y A FUERZA DE PARTIR VOY A SABER
> LO QUÉ ES VOLVER Y VOLVER.
> UN ÁNGEL ME VINO A BUSCAR
> IGUAL NO LO QUIERO SEGUIR.

> Lo único que vemos de una
> persona en cualquier momento
> es una instantánea de su vida,
> ya sea de su riqueza o pobreza,
> felicidad o desesperación.
>
> Las instantáneas no muestran
> el millón de decisiones que la
> condujeron a ese momento

Yo Soy la Presencia Divina

SABIDURÍA PARA DISFRUTAR LA ERA DE ACUARIO

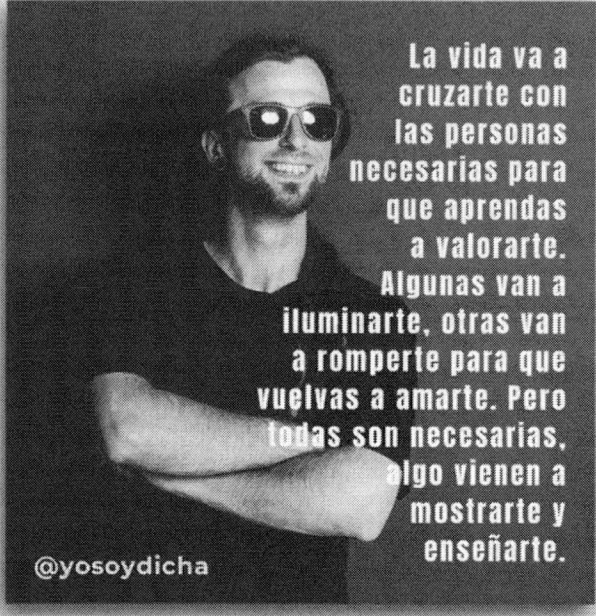

> La prueba para descubrir si tu misión en la tierra ha concluído, es sencilla: si estás vivo, no ha terminado
>
> @yosoydicha

> La vida va a cruzarte con las personas necesarias para que aprendas a valorarte. Algunas van a iluminarte, otras van a romperte para que vuelvas a amarte. Pero todas son necesarias, algo vienen a mostrarte y enseñarte.
>
> @yosoydicha

2do Acuerdo
NO TE TOMES NADA PERSONALMENTE

Nada de lo que los demás hacen es por ti. Lo hacen por ellos mismos. Todos vivimos en nuestro propio sueño, en nuestra propia mente. Cada uno tiene sus creencias, sus acuerdos personales, sus proyecciones, por lo tanto no son verdades. Sea lo que sea que los demás hagan, piensen o digan no te lo tomes personalmente. Si no tenemos miedo no dejamos espacio para que el enfado o tristeza de la película de otros se asiente.

@yosoydicha

> @yosoydicha
>
> La Paz no está afuera, búscala dentro de Ti.

Esto también pasará

GUÍA DE VIAJE HACIA TU INTERIOR

SERÁS FELIZ ME DIJO LA VIDA PERO PRIMERO TE HARÉ FUERTE

@yosoydicha

No veo la Vida como una competencia, la veo más bien como un viaje en el cual espero que todos lo logremos

Estoy agradecida por el aprendizaje que me regala, cada acontecimiento que sucede en mi vida.

@yosoydicha

NADA HA SALIDO MAL CONFÍA EN EL PROCESO

¿Qué más es posible? ¿Cuáles son las infinitas posibilidades?

SABIDURÍA PARA DISFRUTAR LA ERA DE ACUARIO

PARA QUE JUNTARSE CON LOBOS Y APRENDER A AULLAR

SI PUEDES JUNTARTE CON ESTRELLAS Y APRENDER A BRILLAR

@yosoydicha

Quien es FELIZ Tiene RAZÓN

@yosoydicha

Reivindico el espejismo de intentar ser uno mismo, ese viaje hacia la nada que consiste en la certeza de encontrar en tu mirada, la belleza

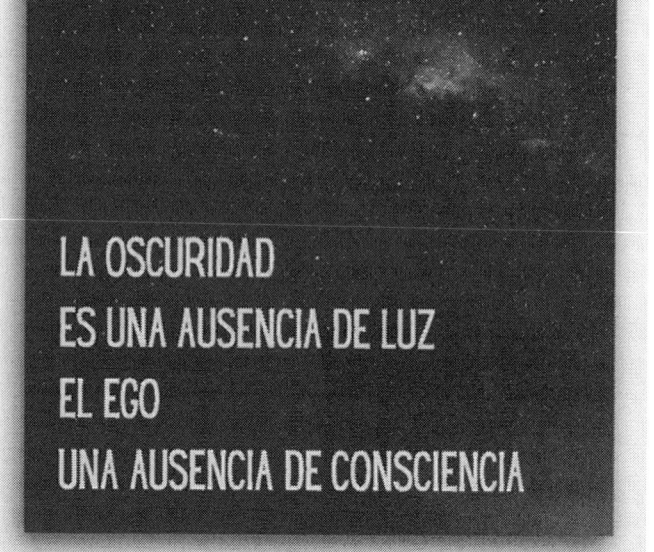

@yosoydicha

@yosoydicha

LA OSCURIDAD
ES UNA AUSENCIA DE LUZ
EL EGO
UNA AUSENCIA DE CONSCIENCIA

Yo Soy Paz, Yo Soy Luz, Yo Soy Armonía

GUÍA DE VIAJE HACIA TU INTERIOR

> No es verdad que soy invencible yo también me rompo en mil pedazos, sólo que aprendí a no hacer mucho ruido
>
> @yosoydicha

> RETOMÉ LOS HILOS DE MI VIDA PARA VOLVER A TEJERME PERO ESTA VEZ DE COLORES Y MUCHO MÁS FUERTE
>
> @yosoydicha

3er Acuerdo
NO HAGAS SUPOSICIONES

Tendemos a realizar suposiciones sobre todo, y al hacerlo creemos que lo que suponemos es cierto.
Todos los dramas y tristezas que hemos experimentado tienen su base en las suposiciones que hicimos y que nos tomamos personalmente.
Siempre es mejor preguntar que hacer una suposición, porque las suposiciones generan sufrimiento.
Suponemos que todo el mundo ve la vida del mismo modo que nosotros.
@yosoydicha

> QUIEN SOY YO HOY? Y QUE GRANDIOSAS Y FABULOSAS AVENTURAS TENDRÉ HOY?
>
> @yosoydicha

La vida comienza cuando el miedo termina

SABIDURÍA PARA DISFRUTAR LA ERA DE ACUARIO

> La visión de tu vecino es tan cierta para El como la tuya lo es para ti

> REALMENTE LA VIDA ES GENEROSA CON QUIEN VIVE SU LEYENDA PERSONAL

> SI CREES LO TENDRÁS

> Sé Consciente del Poder de tus Palabras Usalas para compartir AMOR

Yo Soy un Guerrero de la Luz

GUÍA DE VIAJE HACIA TU INTERIOR

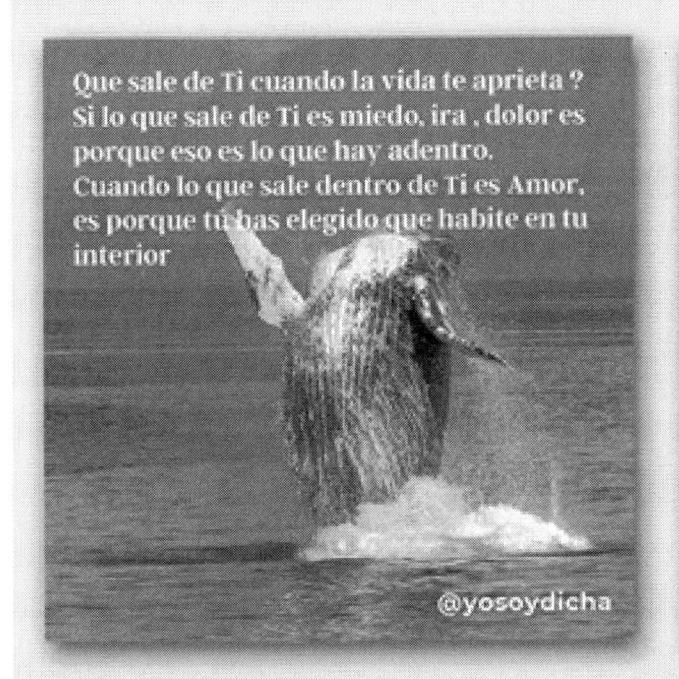

> Que sale de Ti cuando la vida te aprieta?
> Si lo que sale de Ti es miedo, ira, dolor es porque eso es lo que hay adentro.
> Cuando lo que sale dentro de Ti es Amor, es porque tú has elegido que habite en tu interior
>
> @yosoydicha

> Tú no eres accidental, la Existencia te necesita Sin Ti faltaría algo que nadie puede reemplazar Eso es lo que te da DIGNIDAD, GOZO y PLENITUD al sentir que eres parte de la Existencia y que Esta te cuida
>
> @yosoydicha

> Tu cuerpo envejece sin tu permiso
> Tu espíritu envejece si tú se lo permites
>
> @yosoydicha

> La vida te aleja de las personas que amas, hasta que comprendes que no somos este cuerpo, sino el alma que él contiene.
>
> La vida se ríe de ti tantas veces, hasta que dejas de tomarte todo tan en serio y te ríes de ti mismo.
>
> @yosoydicha

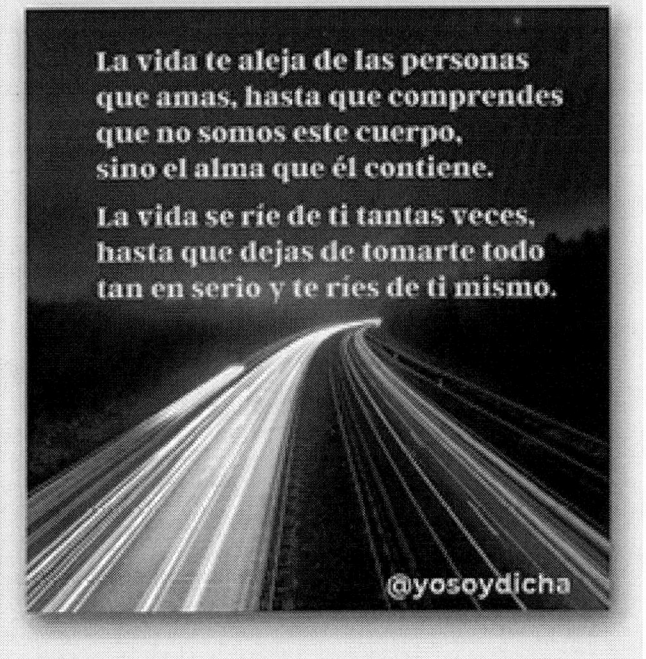

¿Qué energía requiero ser aquí para que esto cambie?

SABIDURÍA PARA DISFRUTAR LA ERA DE ACUARIO

HOY LOS GIMNASIOS ESTAN LLENOS DE GENTE Y LAS LIBRERIAS VACIAS. TENEMOS MUCHA GENTE CON HERMOSOS CUERPOS PERO NADA INTERESANTE QUE COMPARTIR

@yosoydicha

Quien no quiera escucharte, no lo hace ni siquiera si gritas, y quien quiera entenderte te entiende incluso si no hablas

@yosoydicha

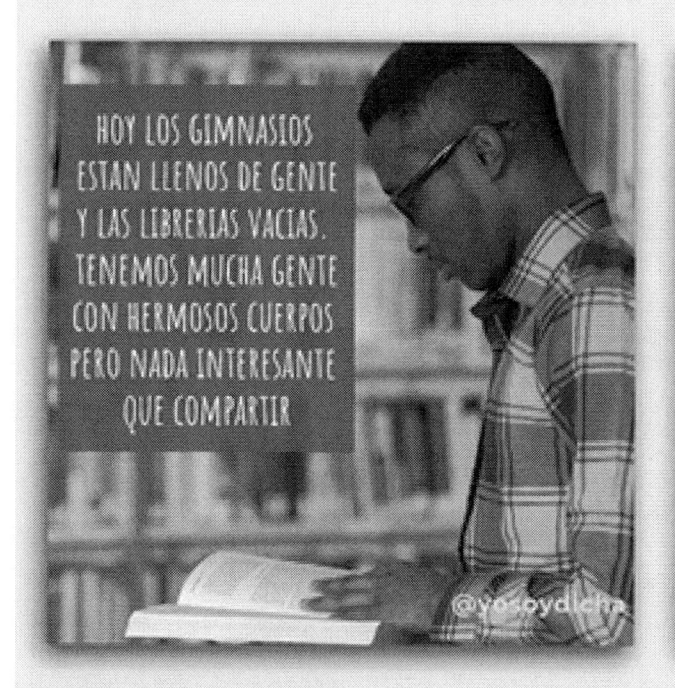

NO APURES EL CAMINO
QUE TODO LLEGARÁ
CADA LUZ, CADA MAÑANA
TODO ESPERA EN SU LUGAR
PUEDES CREER, PUEDES SOÑAR
ABRE TUS ALAS
AQUÍ ESTÁ TU LIBERTAD
ESCUCHA AL VIENTO
CANTA POR LO QUE VENDRÁ
NO ES TAN DIFÍCIL
QUE APRENDAS A VOLAR

@yosoydicha

@yosoydicha

Pensé en rendirme pero recordé que alguien seguía mis pasos

Yo Soy la perfecta salud en este cuerpo

GUÍA DE VIAJE HACIA TU INTERIOR

SI CON TODO LO QUE TIENES NO ERES FELIZ CON TODO LO QUE TE FALTA TAMPOCO LO SERÁS

@yosoydicha

Tu Mente cree todo lo que le dices
Háblale de FE
Háblale de HONESTIDAD
Háblale de INTEGRIDAD
Háblale de AMOR

@yosoydicha

No intentes cambiar a los otros, cambia tú.

Cada persona es distinta y tiene una perspectiva diferente de la vida. Su manera de pensar o de actuar puede parecerte errada, pero es su forma y debes respetarla. En lugar de generarte conflicto con el proceso de los demás, enfócate en tus cosas que debes mejorar. Trabaja la comprensión y la tolerancia. Haz énfasis en conocerte cada día más. Recuerda que todo eso que te molesta allí fuera por alguna razón te está moviendo por dentro.

@yosoydicha

Y SI SÓLO SE TRATARA DE CUANTO ESTOY DISPUESTO A RECIBIR

@yosoydicha

Donde nada es seguro, todo es posible

SABIDURÍA PARA DISFRUTAR LA ERA DE ACUARIO

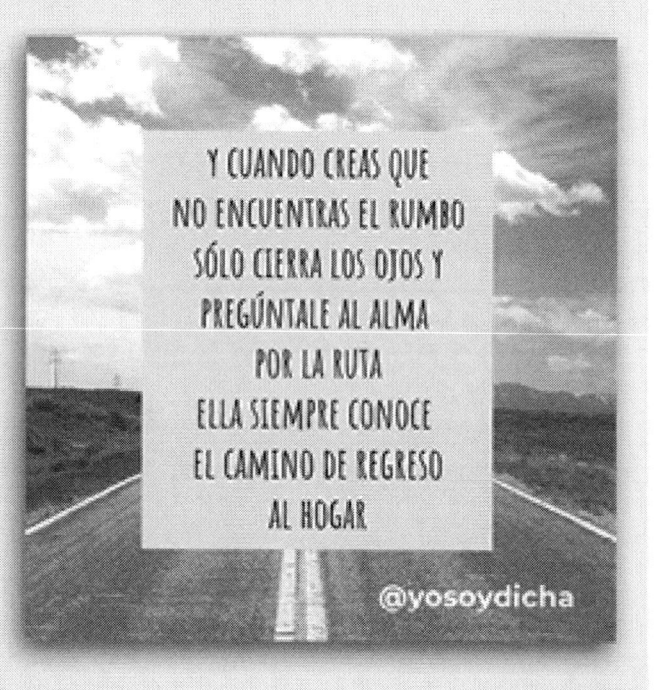

> TU MENTE SIEMPRE TE RECUERDA
> LO MALO, LO DIFÍCIL, LO NEGATIVO
> RECUÉRDALE TÚ A ELLA
> **TU GRANDEZA**
> **TU PASIÓN**
> **Y TU FORTALEZA**
>
> @yosoydicha

> LIBRE ES AQUEL, QUE SABE TRANSFORMARSE.
>
> @yosoydicha

> UN DESEO
> NO CAMBIA NADA
> UNA DECISIÓN
> LO CAMBIA TODO
>
> @yosoydicha

> Y CUANDO CREAS QUE
> NO ENCUENTRAS EL RUMBO
> SÓLO CIERRA LOS OJOS Y
> PREGÚNTALE AL ALMA
> POR LA RUTA
> ELLA SIEMPRE CONOCE
> EL CAMINO DE REGRESO
> AL HOGAR
>
> @yosoydicha

Yo Soy la encarnación de la Confianza y la Consciencia

GUÍA DE VIAJE HACIA TU INTERIOR

Las cosas importantes de la Vida no son COSAS. Son momentos, emociones, recuerdos, lecciones ...

Mi cuerpo está SANO
Gracias
Gracias
Gracias

QUE MÁS ES POSIBLE QUE NO HE CONSIDERADO

Solo se volverá clara tu visión cuando puedas mirar en tu corazón pues quien mira hacia afuera duerme y quien mira hacia adentro despierta

Todo llega a mi vida con facilidad, gozo y gloria

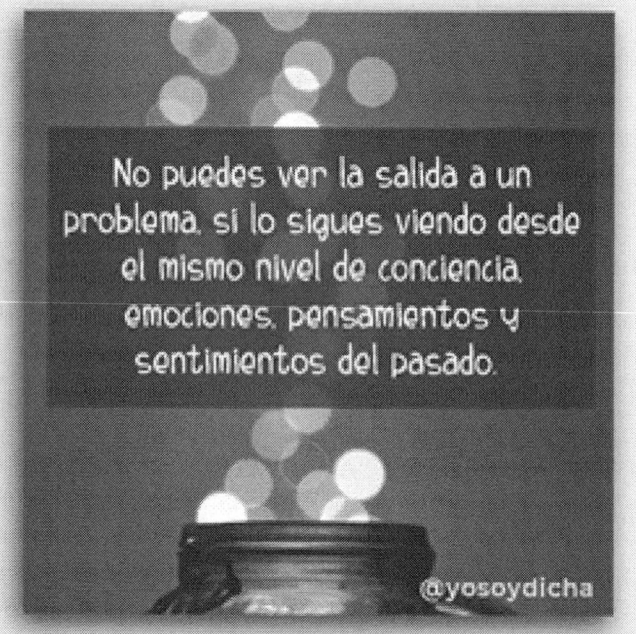

SABIDURÍA PARA DISFRUTAR LA ERA DE ACUARIO

> La familia, la sociedad, la cultura, nos ponen en un molde.
> Cuando nos salimos del molde, empieza la curación
> @yosoydicha

> NO PUEDES EVITAR QUE LOS PROBLEMAS GOLPEEN A TU PUERTA, PERO NO HAY NECESIDAD DE OFRECERLES UNA SILLA
> @yosoydicha

> Tu cuerpo es un templo pero sólo si lo tratas como tal
> @yosoydicha

> No puedes ver la salida a un problema, si lo sigues viendo desde el mismo nivel de conciencia, emociones, pensamientos y sentimientos del pasado.
> @yosoydicha

GUÍA DE VIAJE HACIA TU INTERIOR

Pongamos de moda la felicicidad
@yosoydicha

TODO EN LA VIDA TIENE UN PRECIO Y ESTO ES LO QUE LOS GUERREROS DE LA LUZ INTENTAN ENSEÑAR
@yosoydicha

ENAMORA CON ACCIONES, ABRAZA CON PASIÓN, BESA CON SENTIMIENTO, PIENSA CON EL CORAZÓN Y AMA CON TODA TU ALMA
@yosoydicha

4to Acuerdo
HAZ SIEMPRE LO MAXIMO QUE PUEDAS

Bajo cualquier circunstancia, haz siempre lo máximo que puedas. Al hacerlo no te juzgarás, no te harás reproches ni te culparás. Vivirás con gran intensidad y serás productivo, lo harás porque quieres hacerlo y no por obligación. Emprendes la acción porque disfrutas de ella y te sientes feliz.
Vives con plenitud porque sabes que cada acción es un ritual mediante el cual honrarás a Dios.
@yosoydicha

Yo Soy Libre. Yo soy Feliz. Yo soy Invencible

SABIDURÍA PARA DISFRUTAR LA ERA DE ACUARIO

NAMASTE
Mi Alma Honra Tu Alma
Honro ese lugar en Ti
en donde el universo entero reside
Honro la luz, el Amor, la Verdad,
belleza y paz dentro de Ti
pues también está dentro de mi
Al compartir esto,
estamos unidos
recordamos que somos
lo mismo, somos UNO

@yosoydicha

Si pudiese borrar todos los errores de mi pasado, estaría borrando toda la Sabiduría de mi presente

@yosoydicha

Si tu vida es tu proyecto ¿porqué no lo diseñas?

@yosoydicha

En esta noche mágica
de hermosa lluvia purificadora
me han vuelto a despertar
pero esta vez
para mostrarme
los rayos de sol
gracias gracias gracias

@yosoydicha

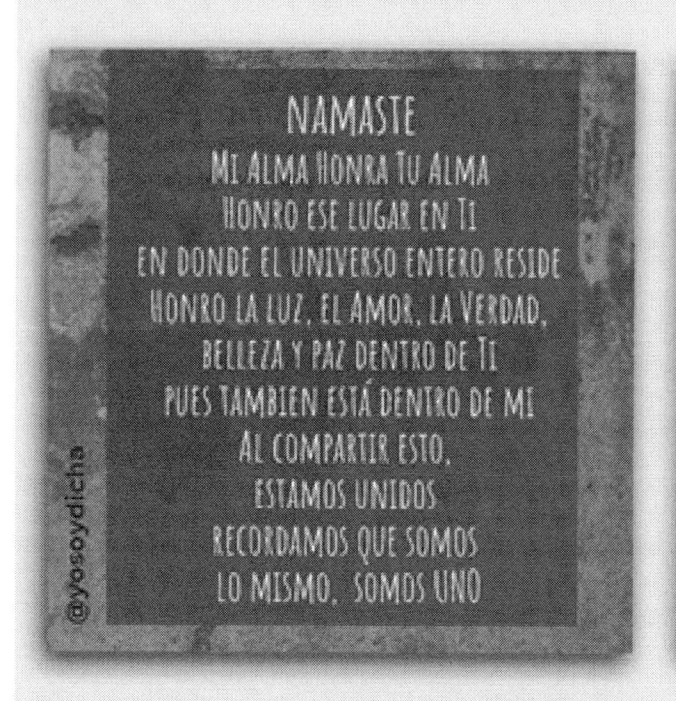

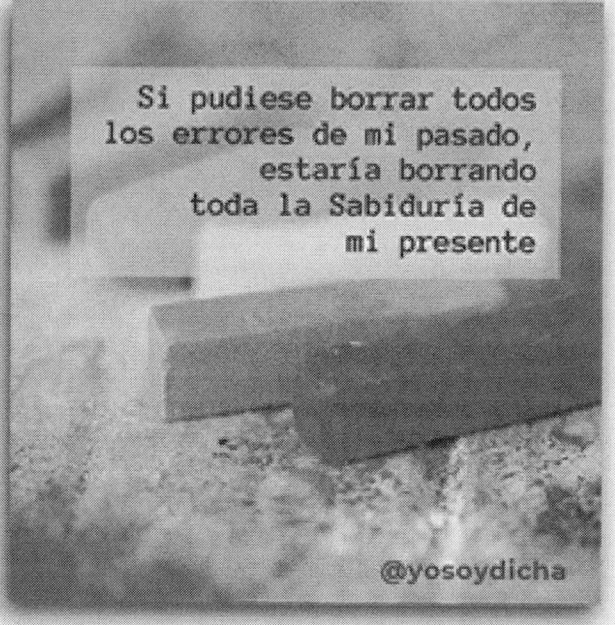

Yo Soy Amor

GUÍA DE VIAJE HACIA TU INTERIOR

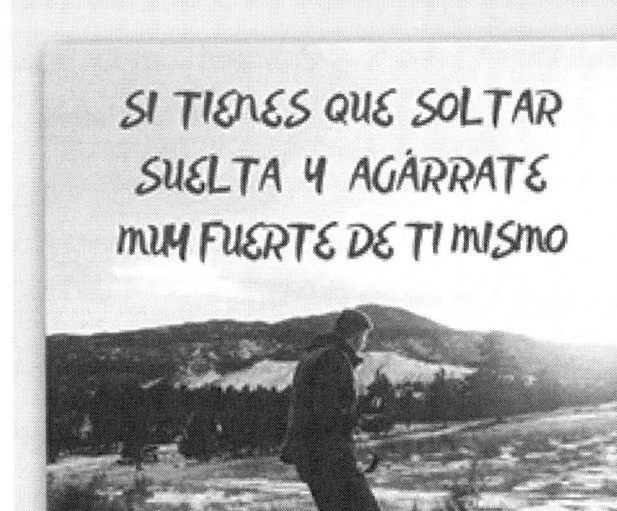

> SI TIENES QUE SOLTAR SUELTA Y AGÁRRATE MUY FUERTE DE TI MISMO
> @yosoydicha

> LAS PERSONAS MÁS FELICES SON LAS QUE SE EVALÚAN Y MEJORAN A ELLAS MISMAS. LAS PERSONAS INFELICES NORMALMENTE EVALÚAN Y JUZGAN A LOS OTROS
> @yosoydicha

> TÚ ERES LA RESPUESTA
>
> ESCÚCHATE
> @yosoydicha

> ERES UN IMÁN VIVIENTE
> Lo que atraes a tu vida está en armonía con tus pensamientos dominantes
> @yosoydicha

Inhalo Amor, Exhalo Gratitud

SABIDURÍA PARA DISFRUTAR LA ERA DE ACUARIO

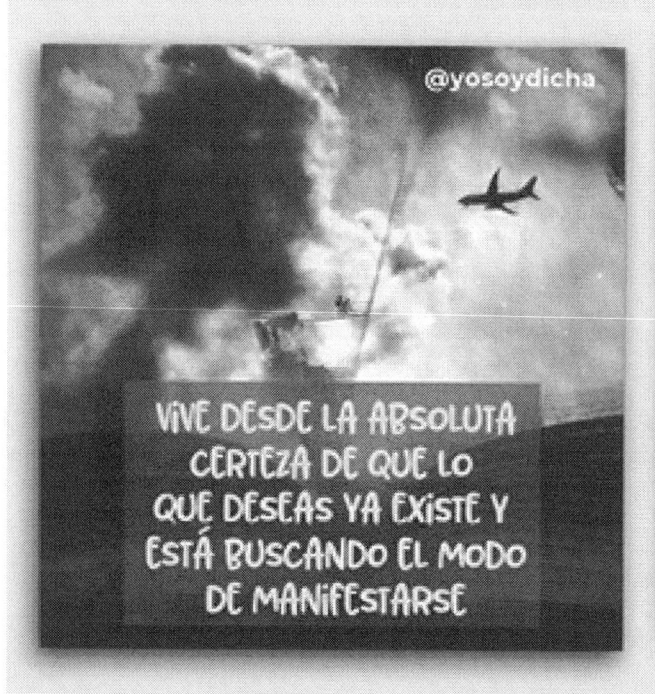

Algunos BUSCAN un Mundo más Bonito otros lo CREAN
@yosoydicha

REPITE CONMIGO
YO VINE A ESTE MUNDO A VIVIR EN PROSPERIDAD Y ABUNDANCIA
@yosoydicha

@yosoydicha
VIVE DESDE LA ABSOLUTA CERTEZA DE QUE LO QUE DESEAS YA EXISTE Y ESTÁ BUSCANDO EL MODO DE MANIFESTARSE

EL UNIVERSO OYE LO QUE SIENTES
@yosoydicha

Yo Soy Alegría, Yo Soy Abundancia, Yo Soy Plenitud

GUÍA DE VIAJE HACIA TU INTERIOR

La vida te repite el mismo mensaje, incluso con gritos y bofetadas, hasta que por fin escuchas.

La vida te envía rayos y tormentas, para que despiertes.

La vida te humilla y derrota, una y otra vez, hasta que decides dejar morir tu EGO.

@yosoydicha

La vida es corta
muy fugaz
¿y Tú la desperdicias
peleando?
Utiliza esa energía
para meditar
Es la misma energía;
puedes usarla
para pelear
o aprovecharla para
transformarte en Luz

@yosoydicha

RESPETA A TU CUERPO
CUANDO TE PIDE DESCANSO
RESPETA A TU MENTE
CUANDO ESTÉ BUSCANDO
UNA PAUSA
HONRA TU ALMA CUANDO
TENGA NECESIDAD DE UN MOMENTO
LO MERECES

@yosoydicha

Cada vez que te veo sonreír, no sé quien de los dos es más feliz

@yosoydicha

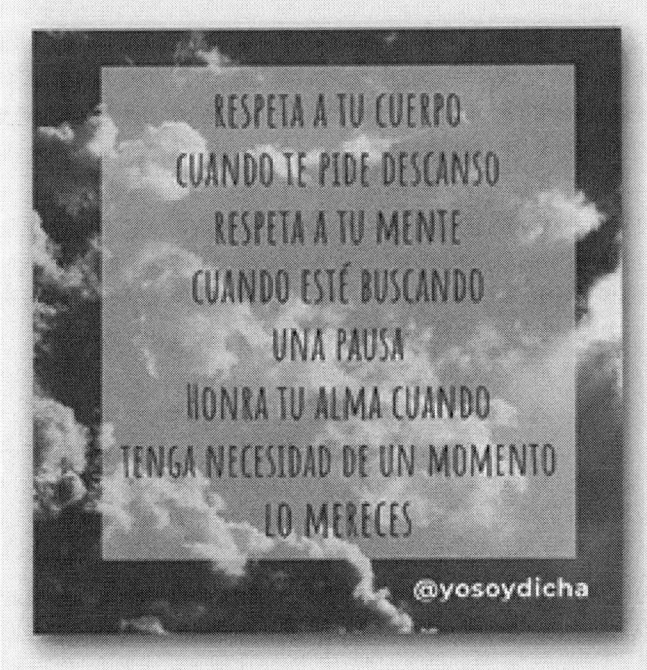

Lo siento. Perdón. Gracias. Te amo

SABIDURÍA PARA DISFRUTAR LA ERA DE ACUARIO

Cuando sueltas todo lo que no te hace bien Apareces Tú

@yosoydicha

LA DIVISIÓN DE LA VIDA EN PRESENTE, PASADO Y FUTURO ES OBRA DE LA MENTE Y EN DEFINITIVA ILUSORIA, LO ÚNICO QUE ES REAL LO ÚNICO QUE LLEGA A TENER EXISTENCIA ES EL AHORA

@yosoydicha

No hay errores en esta vida, sólo decisiones que en su momento parecían buenas. No te equivocaste estabas aprendiendo.

@yosoydicha

Para vivir el momento presente, el ahora, este momento, no necesitas usar la mente. Sólo ser consciencia

@yosoydicha

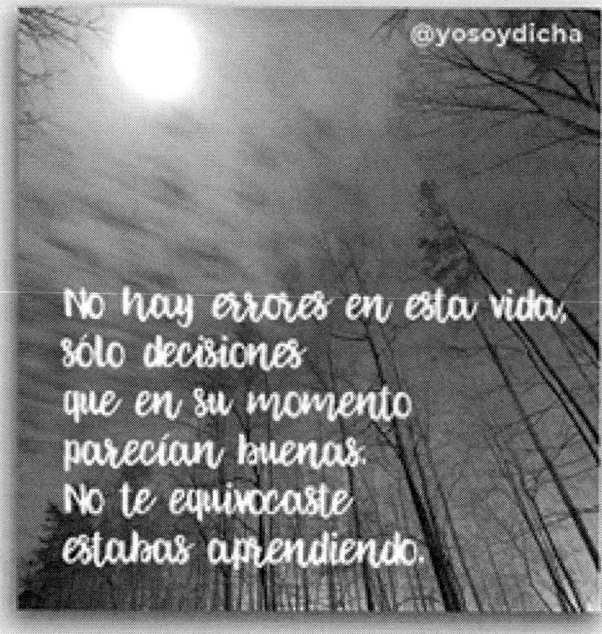

Gracias Gracias Gracias por este magnífico desenlace

GUÍA DE VIAJE HACIA TU INTERIOR

NECESITAMOS SILENCIO
TANTO COMO NECESITAMOS AIRE
TANTO COMO LAS PLANTAS
NECESITAN LUZ
SI NUESTRAS MENTES ESTÁN LLENAS
DE PALABRAS Y PENSAMIENTOS
NO HAY ESPACIO
PARA NOSOTROS

@yosoydicha

Cuando llegue el otoño deja las hojas caer y jugar con el viento. Suéltalo todo, deja que muera el pasado, ábrele espacio a lo nuevo y toma las cosas con calma, porque lo viejo se fue y un regalo te está esperando en el camino del Alma

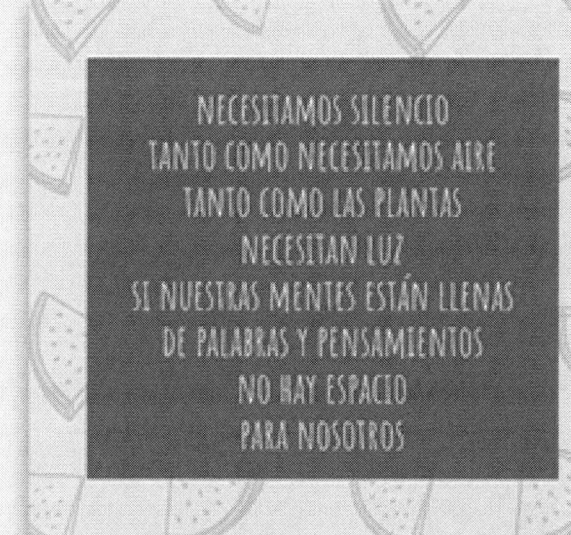

@yosoydicha

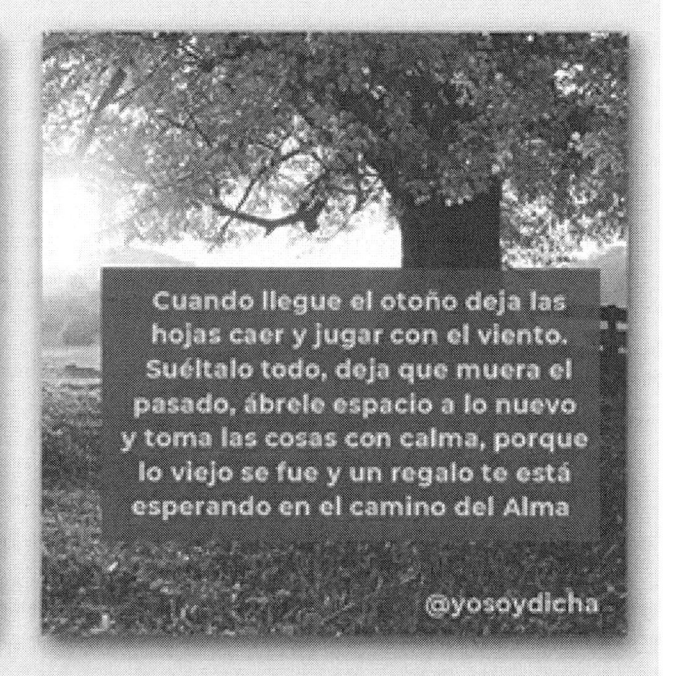

Debes brindar AMOR
para después pedir
Hay que PERDONAR para poder seguir
Y hay que darle GRACIAS
    Siempre a la VIDA
OYE abre tus ojos mira hacia arriba
    DISFRUTA las cosas buenas que
        tiene la VIDA
CAER es permitido
    LEVANTARSE es Obligado
con la Bendición de tus Ancestros
        LLEGARÁS

@yosoydicha

Comencé a CREER en MÍ
y no PARO de CRECER

Yo Soy la Presencia Divina

SABIDURÍA PARA DISFRUTAR LA ERA DE ACUARIO

> YA NO ARREGLO MIS PROBLEMAS, ARREGLO MIS PENSAMIENTOS Y LOS PROBLEMAS SE ARREGLAN SOLOS
>
> @yosoydicha

> En este mundo el odio nunca ha disipado al odio. Sólo el Amor disipa al odio. Esta es la ley ancestral e inagotable
>
> @yosoydicha

> *Cuida de tu cuerpo*
> *Es el único lugar*
> *donde has de vivir*
>
> @yosoydicha

> LA VIDA ES COMO UN GRAN BOOMERANG TODO LO QUE DAS DESINTERESADO REGRESA A TI MULTIPLICADO
>
> @yosoydicha

Esto también pasará

GUÍA DE VIAJE HACIA TU INTERIOR

LA VIDA TIENE QUE PONER A PRUEBA TU VALOR
EL CORAJE ES EL DON MAS IMPORTANTE
PARA QUIEN BUSCA EL LENGUAJE DEL MUNDO

@yosoydicha

YO SOY TÚ
Y TÚ ERES YO
Y TODOS
SOMOS UNO

@yosoydicha

NO ES EL OTRO
EL QUE TE HACE DAÑO
EL OTRO SOSTIENE
EL ESPEJO
PARA MOSTRARTE
DONDE ESTÁS LASTIMADO
Y NECESITAS SANAR

@yosoydicha

La vida te niega los milagros, hasta que comprendes que todo es un milagro.

La vida te acorta el tiempo, para que te apures en aprender a vivir.

La vida te ridiculiza hasta que te vuelves nada, hasta que te haces nadie, y así te conviertes en todo.

@yosoydicha

¿Qué más es posible? ¿Cuáles son las infinitas posibilidades?

SABIDURÍA PARA DISFRUTAR LA ERA DE ACUARIO

@yosoydicha

Siempre Bendecir y nunca condenar es el poder espiritual más fuerte que existe

NAMASTE

Intenta escuchar el sonido de tu corazón bajando el volumen de tus pensamientos

@yosoydicha

NO PODEMOS VOLVER A LA NORMALIDAD, PORQUE JUSTAMENTE ESA NORMALIDAD, ERA EL PROBLEMA. NECESITAMOS DAR UN GIRO, TOMAR CONSCIENCIA Y EVOLUCIONAR.

@yosoydicha

¿Sabes qué pasa cuando abres tu corazón?
Que TE SANAS

@yosoydicha

Yo Soy Paz, Yo Soy Luz, Yo Soy Armonía

GUÍA DE VIAJE HACIA TU INTERIOR

NADA VA A DETENERME

TODO LO QUE NO PUEDES CONTROLAR TE ESTÁ ENSEÑANDO A SOLTAR

En cada problema o adversidad, se esconde algo valioso.

NO TEMAS CONFÍA
La misma fuerza que mueve todo el Universo está haciendo latir tu CORAZÓN

La vida comienza cuando el miedo termina

SABIDURÍA PARA DISFRUTAR LA ERA DE ACUARIO

> No dejes de creer que las palabras y las poesías SI pueden Cambiar al Mundo
> @yosoydicha

> Todos nosotros somos hojas de un solo árbol
> Todos nosotros somos olas de un mismo océano
> @yosoydicha

> COMO PUEDO SER LA ENERGÍA QUE PERMITIRÍA QUE EL UNIVERSO ME REGALE MÁS ALLÁ DE MIS SUEÑOS MÁS DESEADOS
> @yosoydicha

> A veces tienes que perder el Norte para darte cuenta que puedes ir en muchas direcciones
> @yosoydicha

Yo Soy un Guerrero de la Luz

GUÍA DE VIAJE HACIA TU INTERIOR

ES DE VALIENTES SONREIR, MIENTRAS ESTÁS HECHA PEDAZOS POR DENTRO.
@yosoydicha

NO SALGAS DE TI, PARA SER UNA VÍCTIMA VE DENTRO DE TI ABRÁZATE Y SÉ TU MAESTRO
@yosoydicha

SOMOS ESTRELLAS CUBIERTAS DE PIEL LA LUZ QUE TÚ BUSCAS YA ESTÁ DENTRO DE TI
@yosoydicha

Lo que Tú tienes muchos lo pueden tener, pero lo que Tú eres, Nadie lo puede SER
@yosoydicha

¿Qué energía requiero ser aquí para que esto cambie?

SABIDURÍA PARA DISFRUTAR LA ERA DE ACUARIO

CUANTAS COSAS PERDEMOS POR MIEDO A PERDER
@yosoydicha

CUMPLIR TU LEYENDA PERSONAL ES LA ÚNICA OBLIGACIÓN. Y CUANDO QUIERES ALGO, TODO EL UNIVERSO CONSPIRA PARA QUE REALICES TU SUEÑO
@yosoydicha

La mente siempre está intentando concluir e interpretar.
Tiene miedo de no saber.
Por eso cuando puedas sentirte cómodo en el no saber, ya has ido más allá de la mente.
De ese estado surge un conocimiento más profundo que es no-conceptual.
@yosoydicha

@yosoydicha
Recuerda que el énfasis está en el corazón.
La mente por su propia naturaleza nunca puede ser una y vive en la duda.
El corazón vive en el Amor y en la Confianza

Yo Soy la perfecta salud en este cuerpo

GUÍA DE VIAJE HACIA TU INTERIOR

VIBRACION PODEROSA
GRACIAS GRACIAS GRACIAS
Por Todo lo que Soy
Por Todo lo que tengo
Por Todo lo que aprendo
Por todo lo vivido
Por cada paso que me condujo
hasta aquí
Por los regalo que recibo
Por las bendiciones que
ya han llegado
y por Todo lo que vendrá
GRACIAS GRACIAS GRACIAS
TODO ES PERFECTO
AQUI Y AHORA

@yosoydicha

LIBERACION DEL DOLOR
Cuanto más capaz sea de honrar y aceptar el ahora, más libre estará del dolor, del sufrimiento y de la mente egótica. La mente siempre busca negar el ahora y escapar de él.
En otras palabras, cuanto más identificado esté usted con su mente más sufre

@yosoydicha

Nuestra recompensa se encuentra en el esfuerzo y no en el resultado. Un esfuerzo total es un victoria completa.

@yosoydicha

MADURAR
Es un proceso de evolución, donde dejas de culpar a otros por tu sufrimiento.

Es cuando comienzas a vivir en paz en el ahora

@yosoydicha

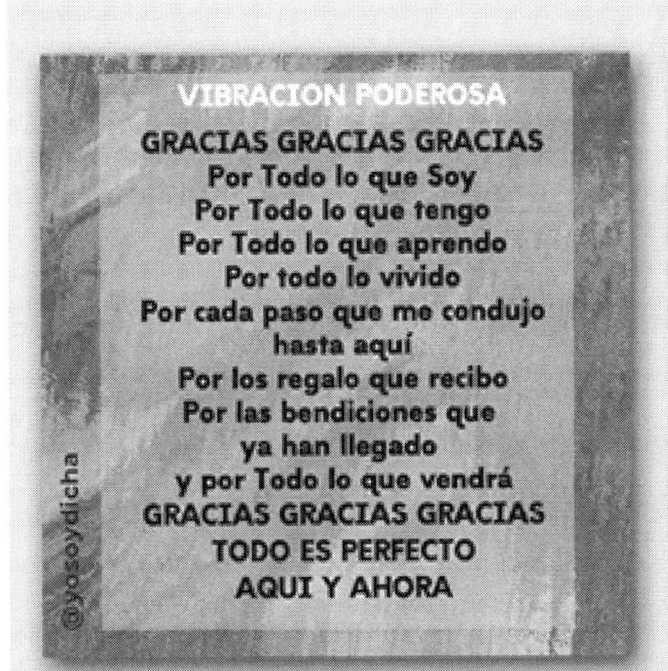

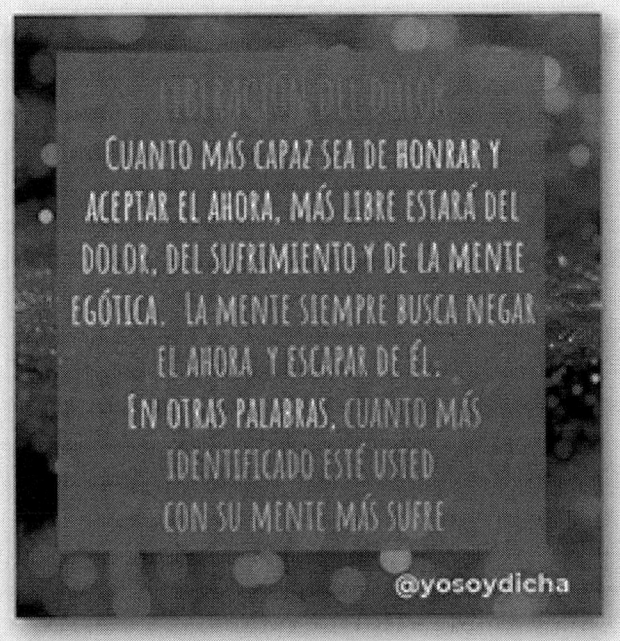

Donde nada es seguro, todo es posible

SABIDURÍA PARA DISFRUTAR LA ERA DE ACUARIO

CUANDO TU MUNDO SE VENGA ABAJO....
Estabilízate con cosas simples. Lava los trastes, ordena tu cuarto, dobla la ropa, limpia los muebles y date un buen baño. La simplicidad atrae la grandeza y la sabiduría.
Y ASÍ CADA DÍA HASTA QUE PASE LA TORMENTA

@yosoydicha

SÉ LA RAZÓN de que alguien se sienta escuchado entendido y apoyado

@yosoydicha

@yosoydicha

Tener miedo a equivocarse es una forma de tratar de ocultar nuestras inseguridades ante los demás.
El perfeccionismo es una fantasía del ego, que siempre cree cómo deberían ser las cosas.

@yosoydicha

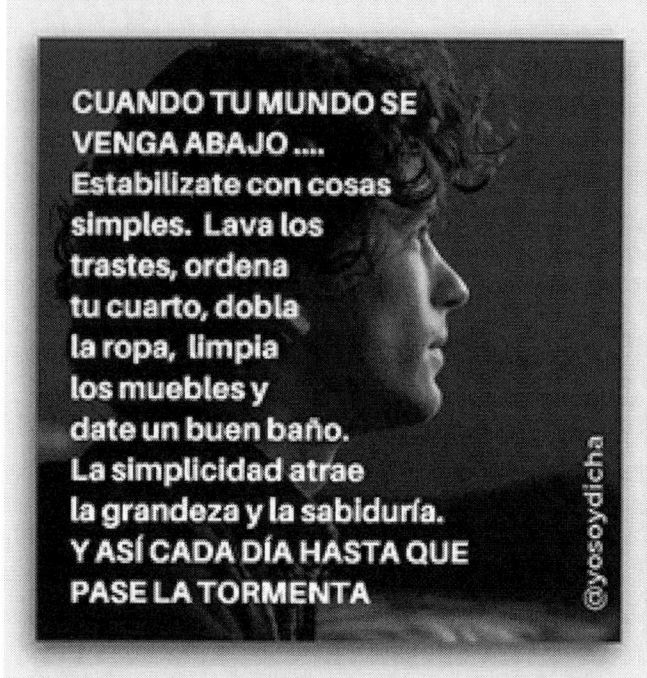

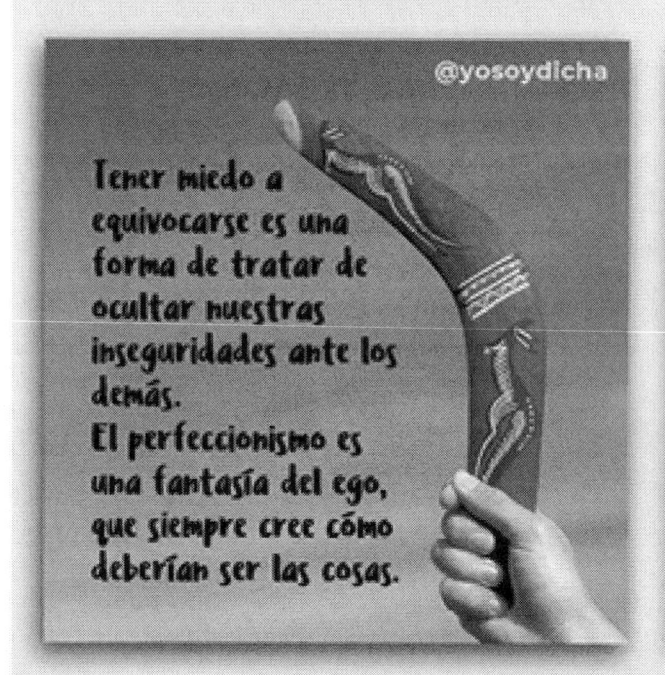

No es por lo que eres
Es por lo que transmites

AHÍ ESTÁ TU MAGIA

Yo Soy la encarnación de la Confianza y la Consciencia

GUÍA DE VIAJE HACIA TU INTERIOR

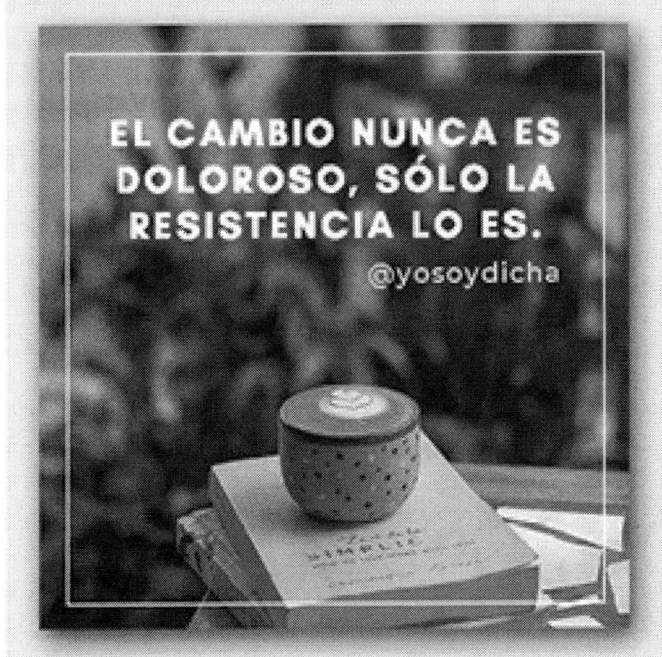

AGRADEZCO SIEMPRE POR ESTE MOMENTO, EL PRESENTE, SIN IMPORTAR COMO LUZCA

Lo que aceptes completamente te hará sentir en paz, incluyendo la aceptación de que no puedes aceptar, de que te estás resistiendo.

EL CAMBIO NUNCA ES DOLOROSO, SÓLO LA RESISTENCIA LO ES.
@yosoydicha

CUANDO TU MENTE SE PONE AL SERVICIO DE TU ALMA, SE RINDE A UN PODER SUPERIOR Y DESDE AHÍ COMIENZAN A APARECER LOS MILAGROS

Todo llega a mi vida con facilidad, gozo y gloria

SABIDURÍA PARA DISFRUTAR LA ERA DE ACUARIO

Yo Soy Magnífico

@yosoydicha

DILES A LAS PERSONAS, TODO LO BUENO QUE VES EN ELLAS, NO PARA QUE TE AMEN, SINO PARA QUE SE AMEN.

@yosoydicha

Cuando tengas un conflicto no se lo des al Ego para que lo resuelva dáselo al Alma

@yosoydicha

SI SOLO HACES LO QUE YA SABES HACER NO VAS A LLEGAR A SER MÁS DE LO QUE ERES HOY

@yosoydicha

Yo Soy un servidor de la Era de Acuario

GUÍA DE VIAJE HACIA TU INTERIOR

Querido Universo
Siéntete libre de sorprenderme

CERO PREOCUPACIONES
Todo llega
Todo pasa
Todo Cambia

La vida no te da lo que quieres, sino lo que necesitas para evolucionar.

La vida te lastima, te hiere, te atormenta, hasta que dejas tus caprichos y berrinches y agradeces respirar.

Tendrás que seguir las señales. Dios escribió en el mundo el camino que cada hombre debe seguir. Sólo hay que leer lo que Él escribió para Ti.

Yo Soy Libre, Yo soy Feliz, Yo soy Invencible

SABIDURÍA PARA DISFRUTAR LA ERA DE ACUARIO

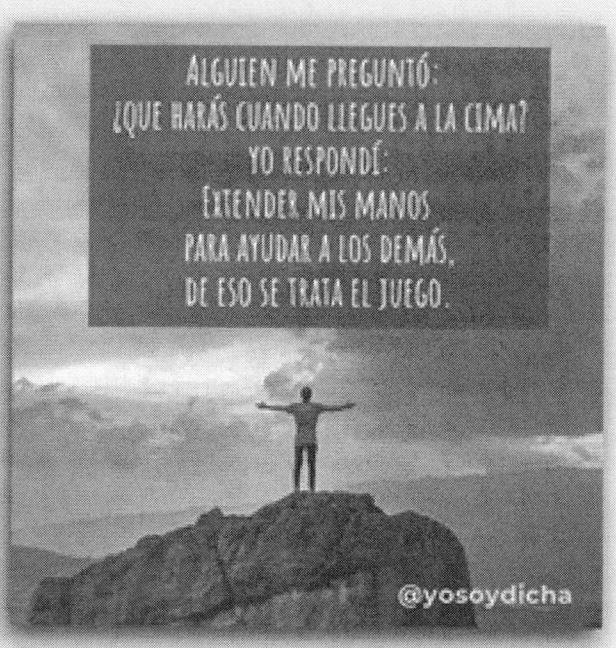

LA VIDA ES UNA AVENTURA NO UN VIAJE ORGANIZADO

Alguien me preguntó: ¿Qué harás cuando llegues a la cima? Yo respondí: Extender mis manos para ayudar a los demás, de eso se trata el juego.

En el momento que dejas de pensar en lo que puede pasar, empiezas a disfrutar lo que está pasando.

Quien esté libre de pecado que tire la primera piedra.

Yo Soy Amor

GUÍA DE VIAJE HACIA TU INTERIOR

Es bueno tener un destino cuando se viaja, pero al final, lo que importa es el viaje.

Lo único que debemos hacer para liberarnos del ego es tomar conciencia de él, puesto que la conciencia y el ego son incompatibles.

Que todo el amor que llevas dentro, resuelva aquello que tus pensamientos no pueden. Que te quieras mucho. Que te perdones. Que te agradezcas. Que te mires con bondad.

Miré en los templos, iglesias y mezquitas, pero me di cuenta que lo Divino está dentro de mi corazón.

Inhalo Amor Exhalo Gratitud

SABIDURÍA PARA DISFRUTAR LA ERA DE ACUARIO

SÉ CONSCIENTE DE TU DIÁLOGO INTERIOR ES UNA CONVERSACIÓN CON EL UNIVERSO

@yosoydicha

LA VIDA CIERTAMENTE ES UN ARTE EL MÁS GRANDE Y LA FÓRMULA MÁS BREVE ES CONCIENCIA SIN ELECCIÓN APLICABLE EN TODAS LAS SITUACIONES Y PARA TODOS LOS PROBLEMAS

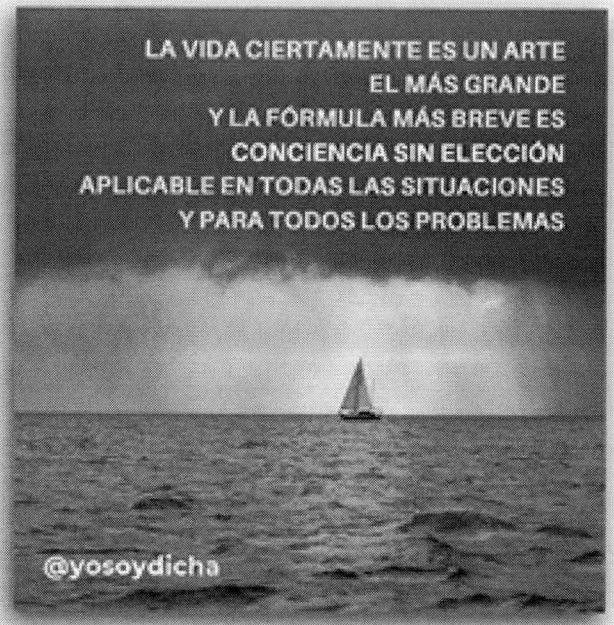

@yosoydicha

El AMOR
es la única realidad absoluta

que nunca cambia y nunca muere.
Morar en lo inmutable,
mientras todo a nuestro alrededor
cambia constantemente,
es nuestra clave para conectar
con nuestra paz interior.

@yosoydicha

Te pasas toda la Vida buscando la Felicidad cuando ella no se ha movido de tu lado...

@yosoydicha

Yo Soy Alegría, Yo Soy Abundancia, Yo Soy Plenitud

GUÍA DE VIAJE HACIA TU INTERIOR

NOS MERECEMOS BELLOS MILAGROS Y OCURRIRÁN

@yosoydicha

Aprende a confiar en lo que está sucediendo.
Si hay silencio, déjalo aumentar algo surgirá.
Si hay tormenta, déjala rugir, ya se calmará.
La Paz proviene de tu estado de Confianza.

@yosoydicha

En el momento que te valoras a ti mismo, el mundo entero te valora

@yosoydicha

El secreto para vivir más y mejor:

Comer la mitad
Caminar el doble
Reir el triple
Amar sin medida

@yosoydicha

Lo siento. Perdón. Gracias. Te amo

SABIDURÍA PARA DISFRUTAR LA ERA DE ACUARIO

La belleza de tu alma se proyecta con amor a través de tu mirada en todo lo que sientas mires y toques

Saca del cajón las alas que tuviste que guardar mientras cuidabas el vuelo de alguien más.
Es momento de volver a usarlas.

Jamás olvides que tu vida es más grande que tus miedos. Que tus fuerzas son mayores que tus dudas. Que aunque tu mente esté confundida tu corazón siempre sabrá la respuesta. Con el tiempo lo que hoy es difícil, mañana será un tesoro. Pelea por lo que realmente te llene el alma y ten la virtud de saber esperar. Todo lo que tiene que ser: SERÁ

El respeto que das a los demás, es un claro reflejo del respeto, que te das a ti misma.

Gracias Gracias Gracias por este magnífico desenlace

Si alguna vez no te dan la sonrisa esperada. Sé generosa y da la tuya. Porque nadie tiene tanta necesidad de una sonrisa, como aquel que no sabe sonreír a los demás.

@yosoydicha

No evalúes tu Vida desde tus inseguridades sino desde la certeza que

LO MERECES TODO

@yosoydicha

@yosoydicha

UN GUERRERO DE LA LUZ SABE QUE LA ESTRELLA MÁS DISTANTE DEL UNIVERSO, SE MANIFIESTA EN LAS COSAS QUE ESTÁN A SU ALREDEDOR.

Cuando haces las cosas con Amor y pensando en hacerle bien al otro, nunca pierdes. Quédate con esa Paz de haber hecho lo correcto.

@yosoydicha

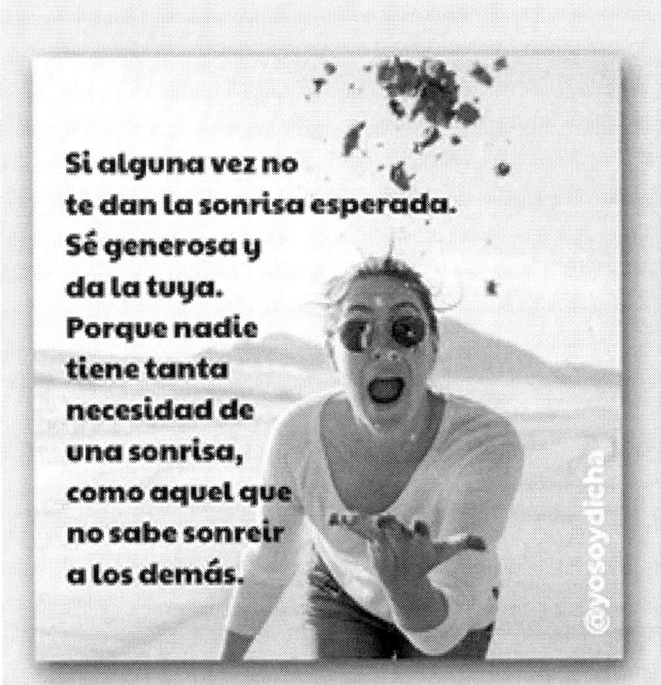

Yo Soy la Presencia Divina

SABIDURÍA PARA DISFRUTAR LA ERA DE ACUARIO

> JAMÁS PERMITAS QUE EL ÉXITO TE LLEGUE A LA CABEZA, NI EL FRACASO AL CORAZÓN
>
> @yosoydicha

> **APRENDÍ que**
> No existen los errores, existen las lecciones.
> APRENDÍ que no existen los problemas, existen las bendiciones.
> APRENDÍ que no existen los finales, existen las transformaciones.
> APRENDÍ que todo es Energía y que Tú eliges donde la pones.
>
> @yosoydicha

> No te confundas... lo que publico no es porque me sobra filosofía, sino porque lo que me falta lo encuentro en la sabiduría de otros, resuena en mi alma y con amor lo comparto para los sedientos (que, como yo) andan en la búsqueda
>
> @yosoydicha

> No eres responsable de la programación recibida en tu infancia, pero como adulto, eres 100% responsable de solucionarlo.
>
> @yosoydicha

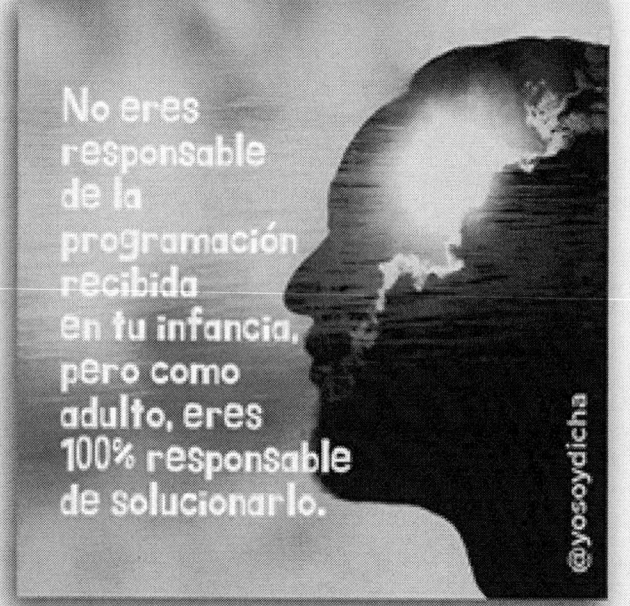

Esto también pasará

GUÍA DE VIAJE HACIA TU INTERIOR

AGRADEZCO POR TODO lo recibido y lo que aún está por llegar

@yosoydicha

SIEMPRE HABRÁ ALGUIEN QUE DUDE DE TI SÓLO ASEGÚRATE QUE ESA PERSONA NO SEAS TÚ

@yosoydicha

PIENSA COMO ADULTO
VIVE COMO JOVEN
ACONSEJA COMO ANCIANO
Y NUNCA DEJES DE SOÑAR
COMO UN NIÑO

@yosoydicha

La mente que se abre a una nueva idea nunca volverá a su tamaño original

@yosoydicha

¿Qué más es posible? ¿Cuáles son las infinitas posibilidades?

SABIDURÍA PARA DISFRUTAR LA ERA DE ACUARIO

El AMOR no es una relación entre dos personas, es un estado de Paz dentro de Ti

SI QUIERES HACER REIR A DIOS CUENTALE TUS PLANES

RECONOCER es tan importante que se escribe igual al derecho que al revés

Escucha el viento ... que inspira
Escucha el silencio ... que habla
Escucha tu corazón.... que sabe

Yo Soy Paz, Yo Soy Luz, Yo Soy Armonía

GUÍA DE VIAJE HACIA TU INTERIOR

> Hay personas mágicas, las he visto. Se encuentran escondidas por todos los rincones del planeta. Disfrazadas de normales. Disimulando su especialidad. Procuran comportarse como los demás, por eso a veces, es tan difícil encontrarlas. Pero cuando las descubres ya no hay marcha atrás. No puedes deshacerte de su recuerdo. No se lo digas a nadie, pero su magia es tan fuerte, que si se toca una vez, lo hace para siempre.
>
> @yosoydicha

> La verdadera belleza no tiene nada que ver con el color de tus ojos o de tu cabello, la verdadera belleza tiene que ver con el tipo de ser humano que eres, con tus principios y tu orientación ética.
>
> @yosoydicha

> @yosoydicha
>
> NO TE PRESIONES EN HACER LAS COSAS DE MANERA PERFECTA. OCÚPATE DE HACERLAS CON AMOR.

> **Tu corazón siente, recuerda y piensa.**
>
> @yosoydicha

La vida comienza cuando el miedo termina

SABIDURÍA PARA DISFRUTAR LA ERA DE ACUARIO

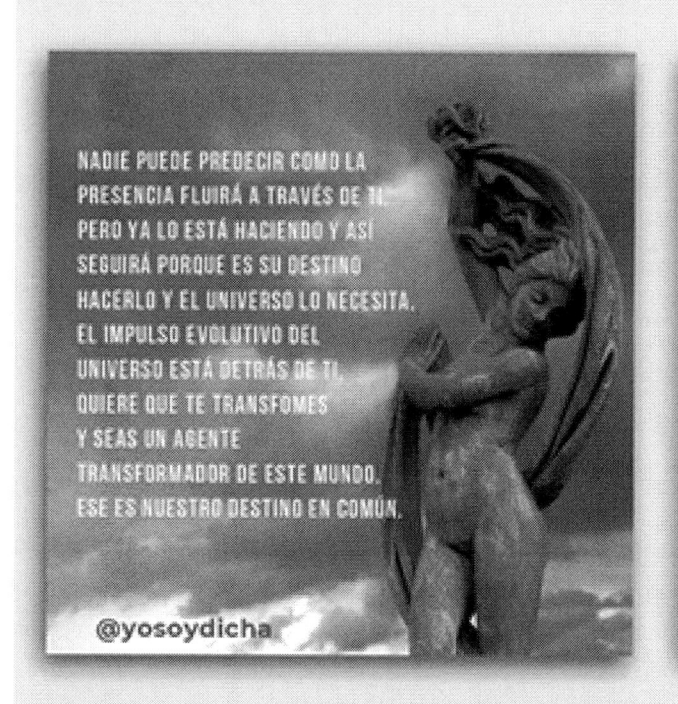

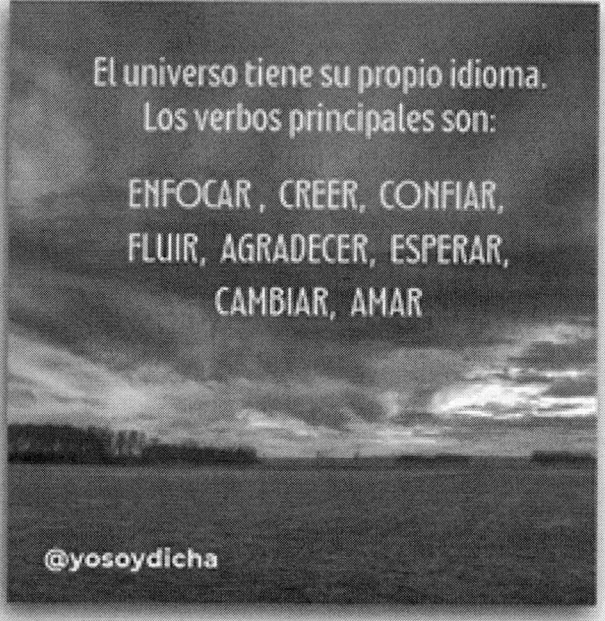

> NADIE PUEDE PREDECIR COMO LA PRESENCIA FLUIRÁ A TRAVÉS DE TI, PERO YA LO ESTÁ HACIENDO Y ASÍ SEGUIRÁ PORQUE ES SU DESTINO HACERLO Y EL UNIVERSO LO NECESITA. EL IMPULSO EVOLUTIVO DEL UNIVERSO ESTÁ DETRÁS DE TI, QUIERE QUE TE TRANSFOMES Y SEAS UN AGENTE TRANSFORMADOR DE ESTE MUNDO. ESE ES NUESTRO DESTINO EN COMÚN.
>
> @yosoydicha

> El universo tiene su propio idioma.
> Los verbos principales son:
>
> ENFOCAR, CREER, CONFIAR, FLUIR, AGRADECER, ESPERAR, CAMBIAR, AMAR
>
> @yosoydicha

> La vida te rompe y te quiebra en tantas partes como sean necesarias para que por allí entre la luz.
> La vida te enfrenta con rebeldes, hasta que dejas de tratar de controlar.
>
> @yosoydicha

> **Dar las GRACIAS incluso antes de recibir Eso es lo que crea Los Milagros**
>
> @yosoydicha

Yo Soy un Guerrero de la Luz

GUÍA DE VIAJE HACIA TU INTERIOR

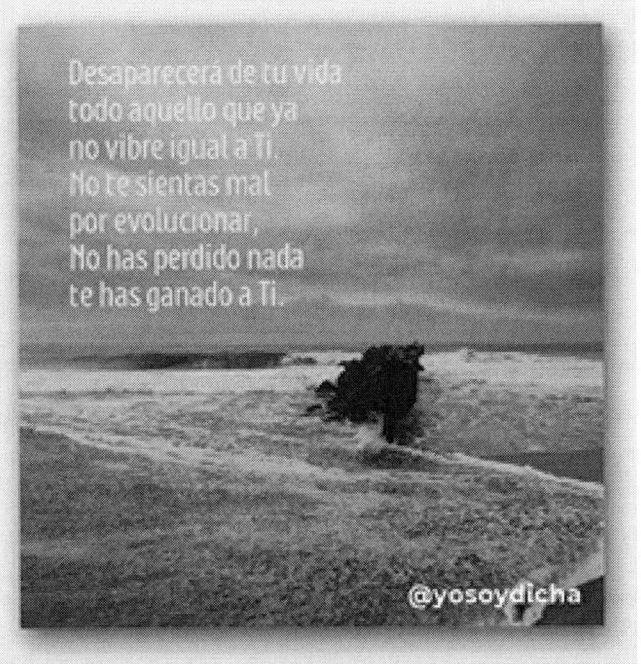

**EN EL AMOR
NO HAY ESPACIO
PARA LA GUERRA
PORQUE EN EL AMOR
NO CABE EL MIEDO**

Desaparecerá de tu vida
todo aquello que ya
no vibre igual a Ti.
No te sientas mal
por evolucionar,
No has perdido nada
te has ganado a Ti.

Enséñales a tus ojos
a Bendecir todo lo que ven

A veces, rendición
significa renunciar
a tratar de comprender,
y sentirse cómodo
en el desconocimiento.

¿Qué energía requiero ser aquí para que esto cambie?

SABIDURÍA PARA DISFRUTAR LA ERA DE ACUARIO

LO ÚNICO IMPOSIBLE ES AQUELLO QUE NO INTENTAS

@yosoydicha

La gente le teme a su interior sin saber que es el único lugar en donde encontrarán lo que necesitan

@yosoydicha

@yosoydicha

Este sufrimiento no es para que te sientas triste.
Este dolor es simplemente para que estés más alerta.
El dolor es para hacerte más consciente.
Y cuando eres consciente la desdicha desaparece.

NO REACCIONAR ANTE LA INCONSCIENCIA DE LOS DEMÁS, ES LA PRINCIPAL PRÁCTICA ESPIRITUAL.

@yosoydicha

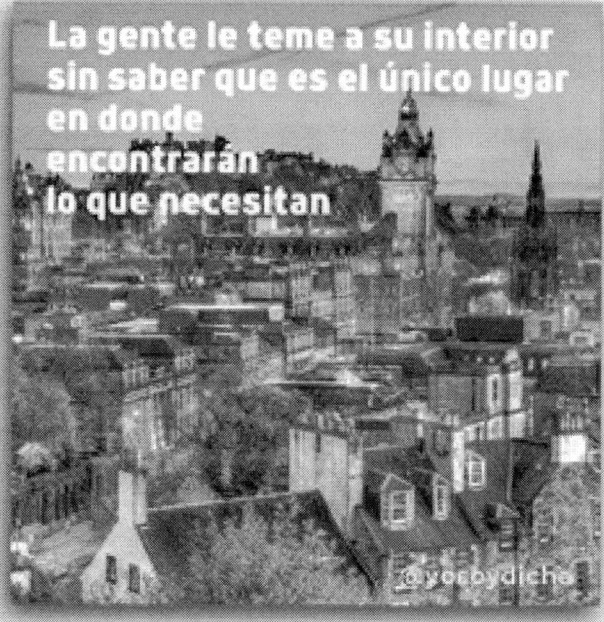

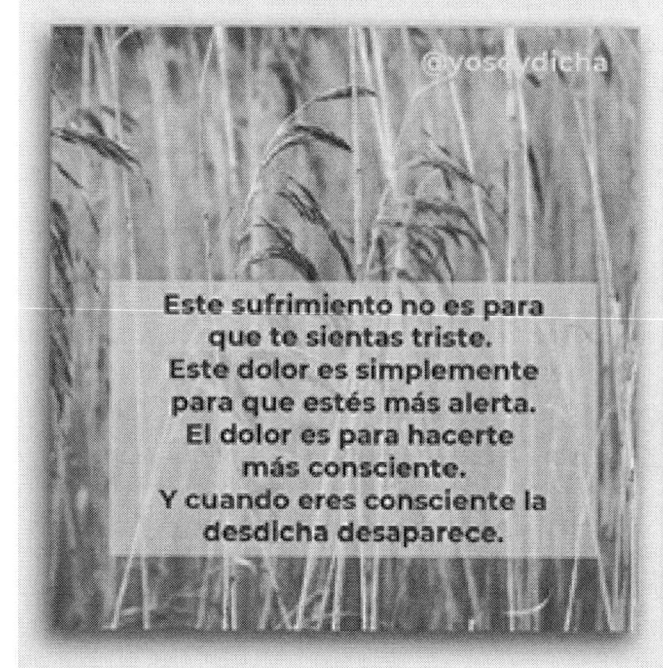

Yo Soy la perfecta salud en este cuerpo

GUÍA DE VIAJE HACIA TU INTERIOR

CUANDO PIERDES CONTACTO
CON LA QUIETUD INTERIOR
PIERDES CONTACTO CONTIGO MISMA
AL DESCONECTARTE DE TI MISMA
TE PIERDES EN EL MUNDO

Fluye,
respira,
sé consciente,
mira todo con nuevos ojos,
no pongas límites,
acepta regalos
y permite todo lo bueno
que te traiga la vida,
sin cuestionar,
Hecho Está

Si eres agradecido
te aseguro
que cada día
tendrás
más y más

Un Sanador no es
alguien al que vas
para que El te cure.
Un Sanador es una
persona que
despierta en ti,
tu propia conciencia
para sanarte
a ti mismo.

Donde nada es seguro, todo es posible

SABIDURÍA PARA DISFRUTAR LA ERA DE ACUARIO

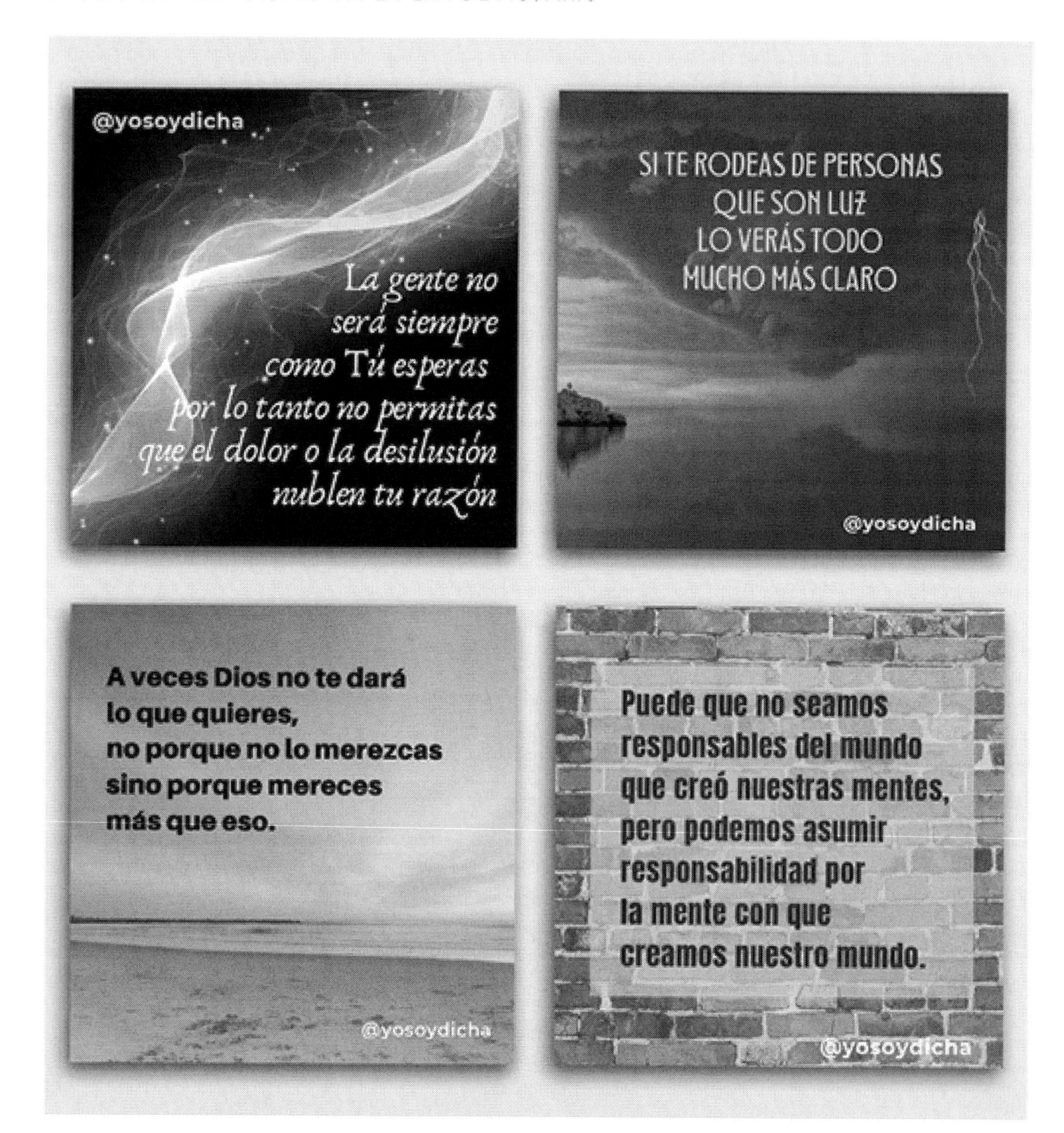

La gente no será siempre como Tú esperas por lo tanto no permitas que el dolor o la desilusión nublen tu razón

SI TE RODEAS DE PERSONAS QUE SON LUZ LO VERÁS TODO MUCHO MÁS CLARO

A veces Dios no te dará lo que quieres, no porque no lo merezcas sino porque mereces más que eso.

Puede que no seamos responsables del mundo que creó nuestras mentes, pero podemos asumir responsabilidad por la mente con que creamos nuestro mundo.

Yo Soy la encarnación de la Confianza y la Consciencia

GUÍA DE VIAJE HACIA TU INTERIOR

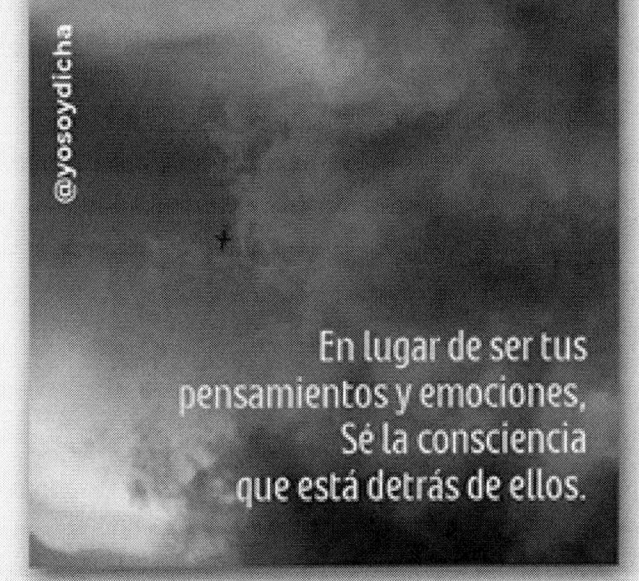

El verdadero **Éxito** es estar **FELIZ** con tu propia **VIDA**

CREE EN TI CON TANTA FUERZA QUE EL MUNDO NO PUEDA EVITAR CREER EN TI TAMBIEN

En lugar de ser tus pensamientos y emociones, Sé la consciencia que está detrás de ellos.

Cuando esparces semillas de **AMOR** Eres Tú quien **FLORECE**

Todo llega a mi vida con facilidad, gozo y gloria

SABIDURÍA PARA DISFRUTAR LA ERA DE ACUARIO

> No puedes controlar todo en la vida.
> A veces simplemente tienes
> que relajarte y tener confianza
> en que las cosas van a salir bien.
> Tú enfócate en lo tuyo
> y hazlo muy bien hecho.
> Ve y deja que la vida suceda.
>
> @yosoydicha

> Camina lento
> No te apresures
> que a donde
> tienes que
> llegar es
> a Ti mismo
>
> @yosoydicha

> Hay cosas que llevan su tiempo y hay otras que el tiempo se lleva
>
> @yosoydicha

> La intuición es el susurro del Alma.
>
> @yosoydicha

Yo Soy un servidor de la Era de Acuario

GUÍA DE VIAJE HACIA TU INTERIOR

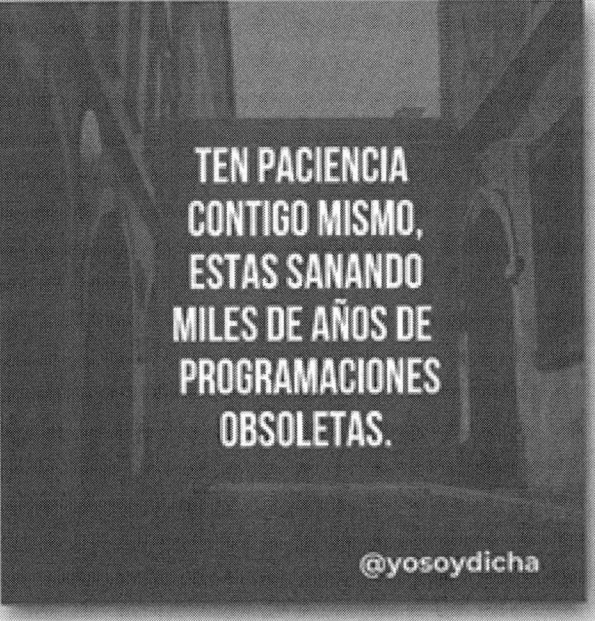

Cuando eres el Observador Todo el mundo es tu Maestro
@yosoydicha

TEN PACIENCIA CONTIGO MISMO, ESTAS SANANDO MILES DE AÑOS DE PROGRAMACIONES OBSOLETAS.
@yosoydicha

@yosoydicha
EL QUE TEME, AÚN NO ES PERFECTO EN EL AMOR

@yosoydicha
Si cuando naces no traes nada Y cuando mueres no te llevas nada... DEDICATE ENTONCES A SER FELIZ

Yo Soy Libre, Yo soy Feliz, Yo soy Invencible

SABIDURÍA PARA DISFRUTAR LA ERA DE ACUARIO

AGRADEZCO CADA RESPIRO CADA LATIDO DE MI CORAZÓN Y MI BENDITO CUERPO EN PERFECTO FUNCIONAMIENTO

Gratitud!

@yosoydicha

LA VIDA LE DA LAS BATALLAS MÁS DIFÍCILES A LOS MEJORES LUCHADORES

@yosoydicha

NO ERES LO QUE LOGRAS

ERES LO QUE SUPERAS

@YOSOYDICHA

@yosoydicha

Tu sueño se manifestará
La preocupación se calmará
Aparecerán las personas correctas
Los resultados que tanto buscabas ocurrirán
Ese amor crecerá
El Universo te bendecirá. Hecho está

Yo Soy Amor

GUÍA DE VIAJE HACIA TU INTERIOR

Ni antes ni después
Los tiempos de Dios
son Perfectos
@yosoydicha

Recuerda Marinero
Quien es Tu Capitán
@yosoydicha

ESTE ES EL MOMENTO
@yosoydicha

RECUERDA QUE ERES AGUA
LLORA, LIMPIA, FLUYE

RECUERDA QUE ERES FUEGO
ARDE, ILUMINA, ENCIENDE

RECUERDA QUE ERES AIRE
MUÉVETE, REFRESCA, INSPIRA

RECUERDA QUE ERES TIERRA
CONECTA, CONSTRUYE, ENSEÑA

@yosoydicha

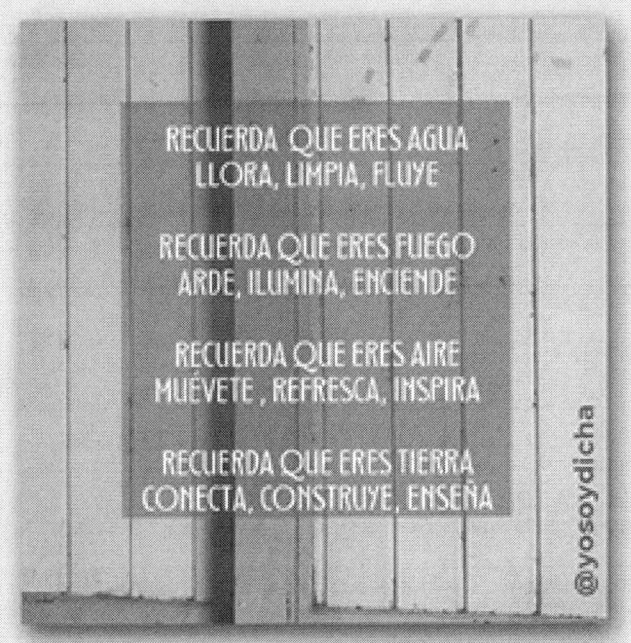

Inhalo Amor Exhalo Gratitud

SABIDURÍA PARA DISFRUTAR LA ERA DE ACUARIO

El Señor es mi pastor nada me faltará

@yosoydicha

QUE VALIENTE TE VES TEMBLANDO DE MIEDO, PERO ARRIESGÁNDOTE **A VIVIRLO**

CUANDO LA VIDA SE VUELVA MUY DURA RECUERDA:
TÚ NO HUBIERAS ENCARNADO EN ESTE PERÍODO DE VIDA, SI TU ALMA NO PUDIESE MANEJAR ESTE DESAFÍO.

@yosoydicha

GRACIAS SEÑOR PORQUE MÁS QUE PEDIRTE TENGO QUE AGRADECERTE.

Yo Soy Alegría, Yo Soy Abundancia, Yo Soy Plenitud

GUÍA DE VIAJE HACIA TU INTERIOR

**NO COMEN
PORQUE ENGORDAN
NO LO INTENTAN
PORQUE FRACASAN
NO AMAN
PORQUE DUELE
MEJOR NO VIVAN
PORQUE SE MUEREN**

@yosoydicha

Lo que llevas en las manos
es temporal,
Lo que llevas en el alma
es eterno.

@yosoydicha

GRACIAS
al lugar donde estoy
Aquí y Ahora
pués este lugar
necesita de mi
y yo de él

@yosoydicha

@yosoydicha

Confía en el plan que tiene tu alma,
aunque no lo entiendas.
Y ten la certeza, que Todo
tiene un propósito.

Lo siento. Perdón. Gracias. Te amo

SABIDURÍA PARA DISFRUTAR LA ERA DE ACUARIO

NO ES QUE TU PROBLEMA SEA ENORME ES QUE NO DEJAS DE PENSAR EN ÉL

Primero creamos nuestros hábitos y después nuestros hábitos nos crean a nosotros

QUE HOY ANTES DE DORMIR, RECONOZCAS AL MENOS ALGO QUE HAYAS HECHO BIEN. QUE TE PERDONES POR LO QUE NO SALIÓ COMO ESPERABAS. QUE CIERRES LOS OJOS, RESPIRES PROFUNDO, AGRADEZCAS Y SONRÍAS. NO IMPORTA QUE PASÓ HOY MAÑANA SERÁ UN GRAN DÍA.

@yosoydicha

Con el tiempo y la madurez, descubrirás que tienes dos manos: una para ayudarte a ti misma y otra para ayudar a los demás.

@yosoydicha

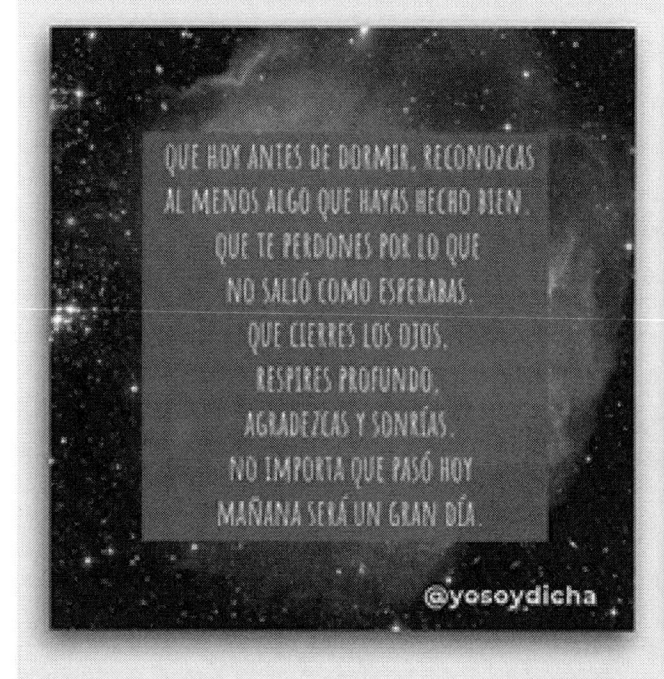

Gracias Gracias Gracias por este magnífico desenlace

GUÍA DE VIAJE HACIA TU INTERIOR

No busques el momento perfecto, sólo busca el momento y hazlo perfecto.

Sólo una cosa hace que un sueño sea imposible, EL MIEDO A FRACASAR.

GRACIAS POR EL AIRE QUE RESPIRO Y ME PERMITE ESTAR VIVO.
GRACIAS POR TODO LO QUE VEO Y TODO LO QUE SOY.
GRACIAS POR ESTE HERMOSO UNIVERSO DEL QUE SOY UNA PIEZA ÚNICA E INDISPENSABLE.
GRACIAS GRACIAS GRACIAS

Lo que en esta Vida hagas sólo por Ti, desaparecerá cuando trasciendas; lo que hagas por otras personas permanecerá eternamente.

Yo Soy la Presencia Divina

SABIDURÍA PARA DISFRUTAR LA ERA DE ACUARIO

**No dejes que te roben tu sueños,
Sigue a tu corazón pase lo que pase.**

@yosoydicha

Que valiente fuiste cuando decidiste cambiar tu Dolor, por Paz.

@yosoydicha

ENTIENDE
lo bonito de la Vida es tener historias que contar, no cosas que mostrar.

@yosoydicha

MIENTRAS ALGO EMPIEZA, ALGO ACABA... ES CÍCLICO. AGRADECE LAS NUEVAS PUERTAS QUE SE ABREN Y TAMBIEN LAS QUE SE CIERRAN. PORQUE ESTAS TE LLEVAN AL VERDADERO PROPÓSITO.

Esto también pasará

GUÍA DE VIAJE HACIA TU INTERIOR

> LA VIDA ES LA MEJOR FIESTA A LA QUE TE HAN INVITADO DE TI DEPENDE SI BAILAS O TE QUEDAS SENTAD@
>
> @yosoydicha

> Yo no soy mis pensamientos,
> mis emociones,
> mis percepciones sensorias,
> y mis experiencias
> Yo no soy el contenido
> de mi Vida
>
> **Yo Soy La Vida**
>
> Yo Soy el espacio donde
> transcurren todas las cosas
> Yo Soy Consciencia
> Yo Soy el AHORA
> YO SOY
>
> @yosoydicha

> **Todo sufrimiento**
> contiene una invitación
> más profunda.
> Ser capacidad para
> este momento, en lugar
> de ser cautivo de él.
>
> @yosoydicha

> No te responsabilizas
> definitivamente de la Vida hasta
> que te responsabilizas de
> ESTE MOMENTO, del Ahora.
> Esto se debe a que en el Ahora es el
> único lugar donde se halla la Vida.
> Responsabilizarte de este momento
> significa no oponerse internamente
> a la "cualidad" del Ahora, no
> discutir con lo que Es.
> Significa estar alineado con la Vida.
>
> @yosoydicha

¿Qué más es posible? ¿Cuáles son las infinitas posibilidades?

SABIDURÍA PARA DISFRUTAR LA ERA DE ACUARIO

> Lo blando es más fuerte que lo duro
> El agua es más fuerte que la roca
> El amor es más fuerte que la violencia
>
> @yosoydicha

> **ENTRENO MI MENTE PARA VER SIEMPRE LO POSITIVO, EN CADA SITUACIÓN.**

> **CUANDO SIENTAS QUE VAS A RENDIRTE RECUERDA PORQUE EMPEZASTE**
>
> @yosoydicha

> **TÚ ERES EL UNIVERSO**
> Expresándose a si mismo como ser humano por un tiempo
>
> @yosoydicha

Yo Soy Paz, Yo Soy Luz, Yo Soy Armonía

GUÍA DE VIAJE HACIA TU INTERIOR

La Vida es un Eco
Lo que envío regresa
Lo que siembro, cosecho
Lo que doy, obtengo
Lo que veo en los demás
existe en Mi
Hoy recuerdo
Que la Vida es un Eco
Todo lo que haga o
Como trate a los demás
Regresa a Mi multiplicado

@yosoydicha

Donde te encuentras hoy
es donde debes estar

CONFÍA

Todos los sitios son
parte del viaje

@yosoydicha

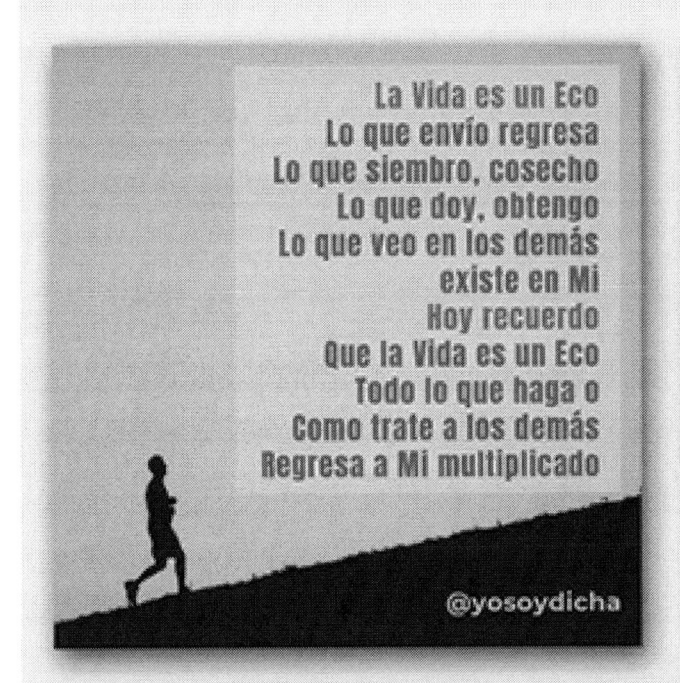

RECUERDA
NO EXISTE UN MUNDO EXTERNO,
NO EXISTE UN MUNDO FUERA DE TI
POR LO TANTO
PORQUE QUIERES CAMBIAR
UN MUNDO QUE NO EXISTE ?
LO QUE QUIERES ES CAMBIAR
UN PENSAMIENTO QUE TE DICE
QUE EXISTE UN MUNDO ALLÁ AFUERA.

@yosoydicha

Bucea en tu interior
y descubrirás que el odio,
los celos, la ira,
sólo existen
en la superficie
En el fondo,
en lo más íntimo
de tu Ser
sólo hay
AMOR

@yosoydicha

La vida comienza cuando el miedo termina

SABIDURÍA PARA DISFRUTAR LA ERA DE ACUARIO

> No tienes un Alma
> ERES UN ALMA
> Lo que tienes
> ES UN CUERPO

> CUANDO TE DIGAN QUE ALGO ES IMPOSIBLE, RECUERDA QUE ES IMPOSIBLE PARA ELLOS, NO PARA TI.

> PARA SER FUERTE NO SE NECESITA LEVANTAR MUCHO PESO. CON LEVANTAR EL TUYO CADA VEZ QUE TE CAIGAS, ES MÁS QUE SUFICIENTE.

> EL FRACASO ES PARTE DE LA VIDA. SI NO FRACASAS NO APRENDES, Y SI NO APRENDES NO CAMBIAS.

Yo Soy un Guerrero de la Luz

GUÍA DE VIAJE HACIA TU INTERIOR

AMATE
Y nunca vuelvas al mismo lugar que te hizo sentir una persona insegura, triste, molesta, malamada
CRÉEME
allí
NO PERTENECES

@yosoydicha

Un pájaro en el árbol nunca tiene miedo de que la rama se rompa, porque su confianza no está en la rama, sino en sus alas.
CONFÍA SIEMPRE EN TI

@yosoydicha

@yosoydicha

La mente pregunta:
Y ahora que sigue ?
Y el corazón responde:
No sigue nada, sólo hay AHORA

MILES DE VELAS PUEDEN ENCENDERSE CON UNA SOLA VELA Y LA FUERZA DE ESA VELA NO DISMINUYE. LO MISMO SUCEDE CON LA FELICIDAD AL SER COMPARTIDA.

@yosoydicha

¿Qué energía requiero ser aquí para que esto cambie?

SABIDURÍA PARA DISFRUTAR LA ERA DE ACUARIO

No esperes a que tu barco llegue hasta Ti. Nada hacia él
@yosoydicha

CONFIAR
ES DEJAR DE PENSAR EN EL PROBLEMA.
TE OCUPAS DE TU PAZ
DE RESPIRAR,
DE SENTIRTE BIEN...
SABES QUE LO CORRECTO Y PERFECTO
SIEMPRE LLEGARÁ A TI
@yosoydicha

SOY INTOCABLE — SOY VULNERABLE
SOY INMENSO — SOY PEQUEÑO
SOY ETERNO — NECESITO AYUDA

entre estos dos .....
mi VIDA fluye
@yosoydicha

ALQUIMISTA
Es aquel que deja de sentirse víctima para convertirse en el dueño de su experiencia. Es quien deja fluir su esencia y transmuta el Miedo en Amor.
@yosoydicha

Yo Soy la perfecta salud en este cuerpo

GUÍA DE VIAJE HACIA TU INTERIOR

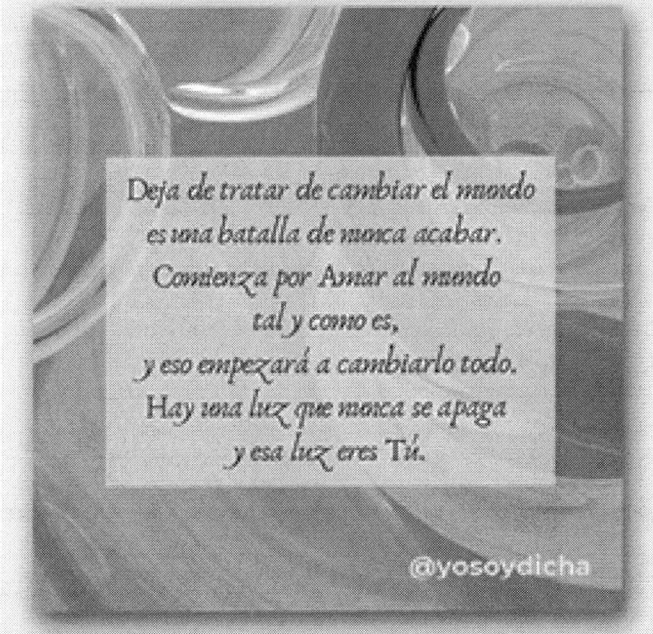

La verdadera espiritualidad no hace que tu vida sea perfecta, hace que tu vida sea Arte.
@yosoydicha

CUANDO APRENDAS LA LECCIÓN LA LECCIÓN DEJARÁ DE MANIFESTARSE EN TU VIDA
@yosoydicha

Deja de tratar de cambiar el mundo es una batalla de nunca acabar. Comienza por Amar al mundo tal y como es, y eso empezará a cambiarlo todo. Hay una luz que nunca se apaga y esa luz eres Tú.
@yosoydicha

Dentro de Ti habita un Universo ... **Explóralo**
Todos hemos venido con un Don ... **Encuéntralo**
Aquello que te haga único y especial .... **Poténcialo**
Todo el Universo vibra cuando eres tú mismo
Entiéndelo
@yosoydicha

Donde nada es seguro, todo es posible

SABIDURÍA PARA DISFRUTAR LA ERA DE ACUARIO

> Cuando te sanes, también sanarás a tus ancestros y cuando esto suceda, te convertirás en el antepasado que ayudó a sanar a las generaciones venideras.
>
> @yosoydicha

> PARA TRAER ALGO EN TU VIDA **IMAGINA** QUE YA ESTA AHI
>
> @yosoydicha

> @yosoydicha
>
> La verdadera curación no pasa por arreglar lo que está roto, sino por redescubrir lo que no se puede romper.

> Cuando cambias algo en Ti una parte de cada persona que te rodea cambia también
>
> @yosoydicha

Yo Soy la encarnación de la Confianza y la Consciencia

GUÍA DE VIAJE HACIA TU INTERIOR

En medio del movimiento y del caos la calma sigue en tu interior

@yosoydicha

CAMBIA TU VIDA EN UN AÑO
Elimina a las personas negativas de tu vida
Mantente comprometido con tus metas
Aprende de tus errores
Canaliza tus aciertos
Sigue aprendiendo a diario
Invierte en ti mismo
Sé humilde y agradecido
Disfruta de la Vida

@yosoydicha

Recuerda que la Magia comienza contigo

@yosoydicha

SIEMPRE QUE SIENTAS LA NEGATIVIDAD SURGIENDO EN TI, CAUSADA POR UN FACTOR EXTERNO, POR UN PENSAMIENTO O POR NADA EN PARTICULAR DE LO QUE SEAS CONCIENTE, MÍRALA COMO UNA VOZ QUE TE DICE:
¡¡¡ ATENCIÓN !!! AQUÍ Y AHORA
DESPIERTA

@yosoydicha

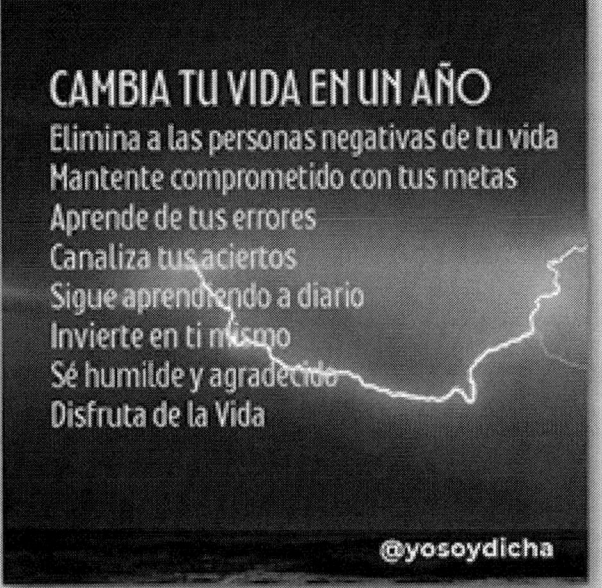

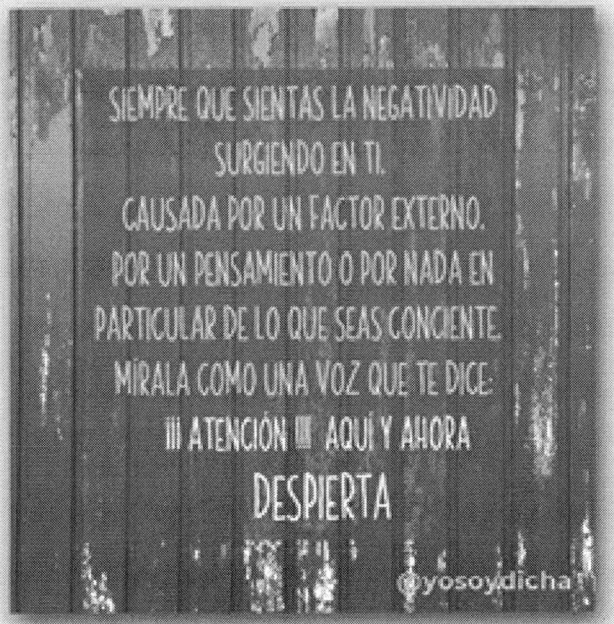

Todo llega a mi vida con facilidad, gozo y gloria

SABIDURÍA PARA DISFRUTAR LA ERA DE ACUARIO

HOY
*No juzgues
ningún sentimiento
como negativo
ni trates de sofocarlo
con positividad
Simplemente siéntelo
permite que su energía
se mueva en tu cuerpo*

@yosoydicha

La vida está llena de razones
para continuar,
motivos para sonreír,
y personas por las cuales
levantarnos cada día.

@yosoydicha

El sol no espera que por
iluminar el universo
alguien le agradezca.
Por eso quizás los
pájaros le honran
cantando desde la Tierra.
No esperes a que los
demás te valoren
y te comprendan.
Tú expande tu propia luz
y que venga lo que sea.

@yosoydicha

Cuando no se defiende
ninguna imagen todos los
pensamientos son bienvenidos

@yosoydicha

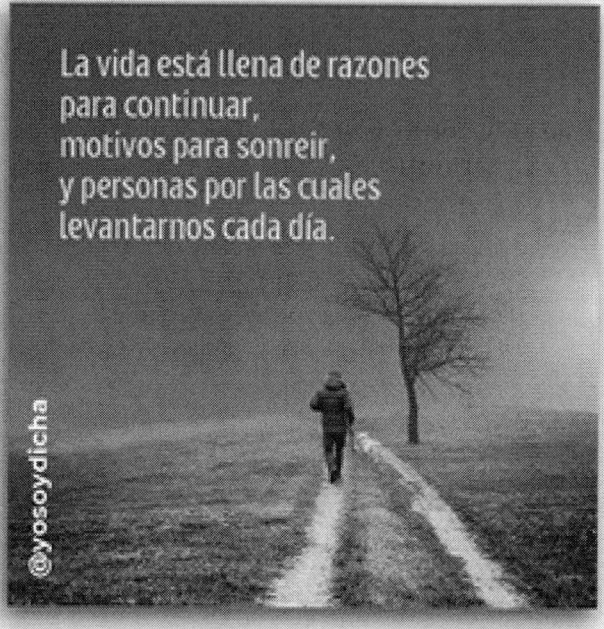

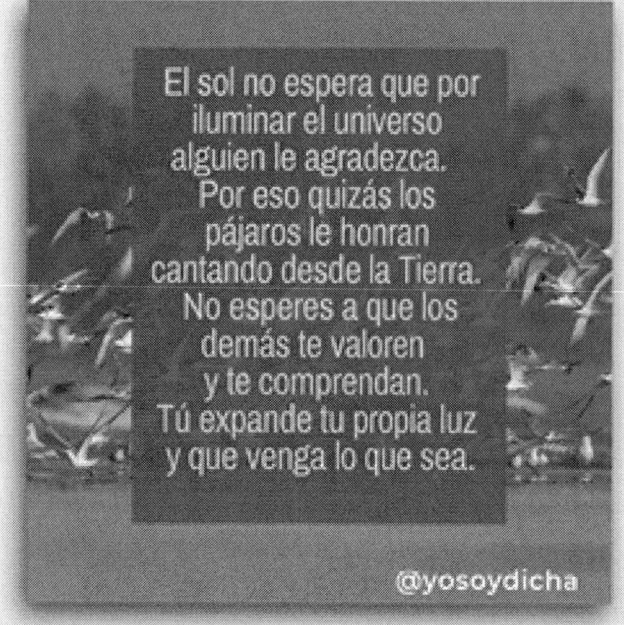

Yo Soy un servidor de la Era de Acuario

GUÍA DE VIAJE HACIA TU INTERIOR

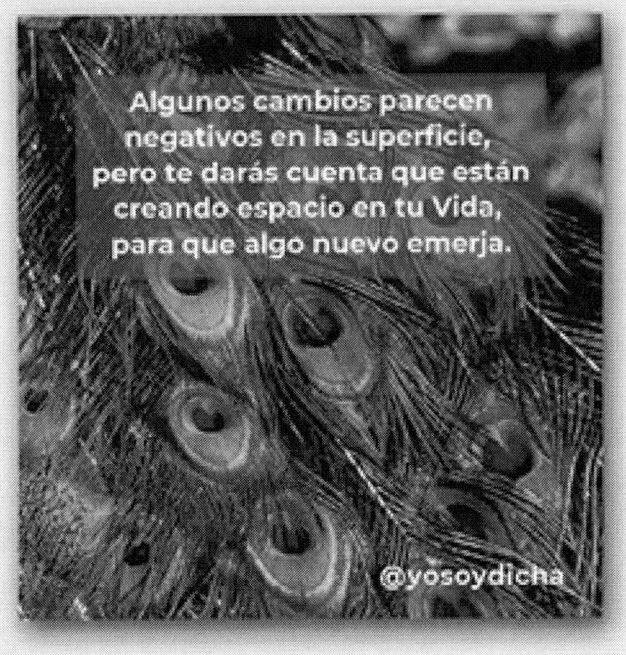

La mano izquierda representa el pasado
La mano derecha representa el futuro
Al unirse en plegaria nos conectan al PRESENTE

Si das mucho es porque ERES MUCHO nadie da lo que no tiene

Cuando entiendas que no se trata de luchar sino de aceptar y fluir, habrás entendido la Vida

Algunos cambios parecen negativos en la superficie, pero te darás cuenta que están creando espacio en tu Vida, para que algo nuevo emerja.

Yo Soy Libre, Yo soy Feliz, Yo soy Invencible

SABIDURÍA PARA DISFRUTAR LA ERA DE ACUARIO

Las personas que ayudan a otras a brillar saben que hay espacio para Tod@s

Lloraba porque no tenía zapatos, hasta que encontré un hombre que no tenía pies

Cuando encuentres que estás del lado de la mayoría, es hora de hacer una pausa y reflexionar

Nada que fuera real murió nunca, sólo los nombres, las formas y las ilusiones

Yo Soy Amor

GUÍA DE VIAJE HACIA TU INTERIOR

> EL MUNDO ESTÁ LLENO DE BUENAS PERSONAS, SI NO LAS ENCUENTRAS, SÉ UNA DE ELLAS.
>
> @yosoydicha

> Eres Vida olvidando y recordando lo que ERES.
> Un juego divino sin ganadores y sin perdedores.
>
> @yosoydicha

> El Ego dice:
> Cuando todas las cosas estén en su lugar, yo encontraré la paz.
>
> El Espíritu dice:
> Encuentra la paz y todo lo demás estará en su lugar.
>
> @yosoydicha

> @yosoydicha
>
> No es la impermanencia lo que nos hace sufrir. Lo que nos hace sufrir es querer que las cosas sean permanentes, cuando no lo son.

Inhalo Amor Exhalo Gratitud

SABIDURÍA PARA DISFRUTAR LA ERA DE ACUARIO

@yosoydicha

Quien no se sumerge en su mundo interno, no descubre las riquezas que posee.

AGRADECER abre caminos
BENDECIR los ilumina

@yosoydicha

EN EL MOMENTO QUE DEJAS DE PENSAR. EN LO QUE PUEDE PASAR. EMPIEZAS A DISFRUTAR LO QUE ESTÁ PASANDO.

@yosoydicha

@yosoydicha

Todo lo que te sucede tiene un propósito
TRANSFORMARTE

Yo Soy Alegría, Yo Soy Abundancia, Yo Soy Plenitud

GUÍA DE VIAJE HACIA TU INTERIOR

@yosoydicha

LOS ERRORES NO SON LO CONTRARIO AL ÉXITO, LOS ERRORES SON UNA PARTE DEL PROCESO PARA LLEGAR AL ÉXITO.

@yosoydicha

Acuestate Agradeciendo y te despertarás Recibiendo

Mirando atrás
Estoy lleno de gratitud
Mirando hacia adelante
Me lleno de visión
Mirando hacia arriba
Me lleno de fuerza
Mirando hacia dentro
Descubro la paz

@yosoydicha

CUANDO SEA HORA DE ALGO NUEVO LO SENTIRÁS. SENTIRÁS UN DESEO DE SOLTARTE, ELIMINAR CAPAS, MOVERTE, RECREAR. LO SABRÁS PORQUE HABRÁ CAMBIOS SUTILES A TU ALREDEDOR. CONFÍA EN ESTE PROCESO. ENTIENDE QUE LA VIDA NO NOS QUITA NADA, A MENOS QUE HAYA ALGO MÁS ESPERANDO SU REEMPLAZO DE FORMA INMINENTE.

@yosoydicha

Lo siento. Perdón. Gracias. Te amo

SABIDURÍA PARA DISFRUTAR LA ERA DE ACUARIO

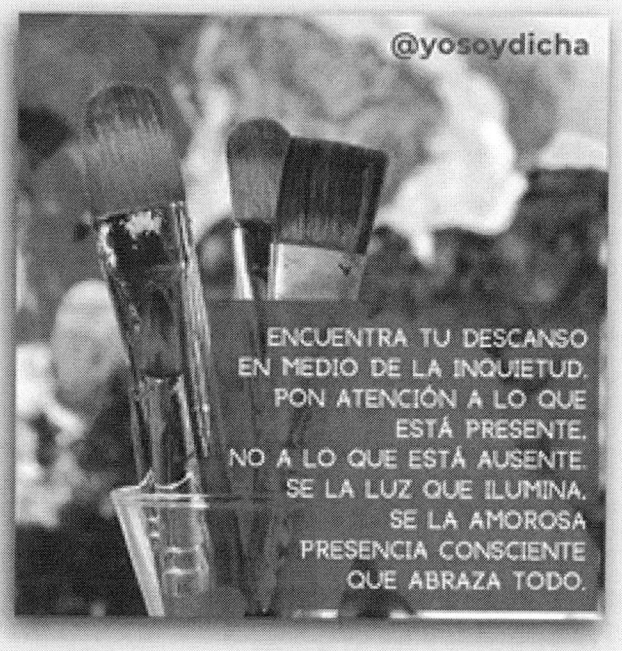

LA GENTE FELIZ NO HABLA MAL DE LOS DEMÁS

ENCUENTRA TU DESCANSO EN MEDIO DE LA INQUIETUD. PON ATENCIÓN A LO QUE ESTÁ PRESENTE, NO A LO QUE ESTÁ AUSENTE. SE LA LUZ QUE ILUMINA. SE LA AMOROSA PRESENCIA CONSCIENTE QUE ABRAZA TODO.

A veces, cuando hemos sufrido una herida profunda, hay un tiempo durante el cual tenemos que dejar que nuestras almas sangren, aceptar el dolor y esperar a que se complete el ciclo. No se puede acelerar el flujo de un río ni el de un corazón destrozado. Basta saber que "Esto También Pasará"

La Vida y el Tiempo son los mejores maestros. La Vida nos enseña a aprovechar el Tiempo y el Tiempo nos enseña a valorar la Vida.

Gracias Gracias Gracias por este magnífico desenlace

GUÍA DE VIAJE HACIA TU INTERIOR

SI PIERDES EL MOMENTO PRESENTE, PIERDES TU CITA CON LA VIDA.

@yosoydicha

Tu valía no está ligada a lo que los demás piensan de Ti. Está ligada a la luna, a la inmensidad del cosmos, a los cometas volando a destinos desconocidos, al olvido del tiempo, al Amor, a la soledad y a esta inefable gratitud por cada nuevo amanecer, inesperado, regalado.

@yosoydicha

LA GENTE EXITOSA TIENE IDEAS LOS DEMÁS... OPINIONES

@yosoydicha

La Energía no nace ni se muere, se transforma. La ira es energía, el enojo es energía, el amor es energía. Todo es energía. Cuando usas el enojo y la ira como energía puedes ser peligroso porque cuando estás enojado no estás lúcido.
No tenemos que deshacernos de ninguna energía, sólo debemos aprender a transformar las energías negativas en energías de comprensión, de la compasión y del amor.

@yosoydicha

Yo Soy la Presencia Divina

SABIDURÍA PARA DISFRUTAR LA ERA DE ACUARIO

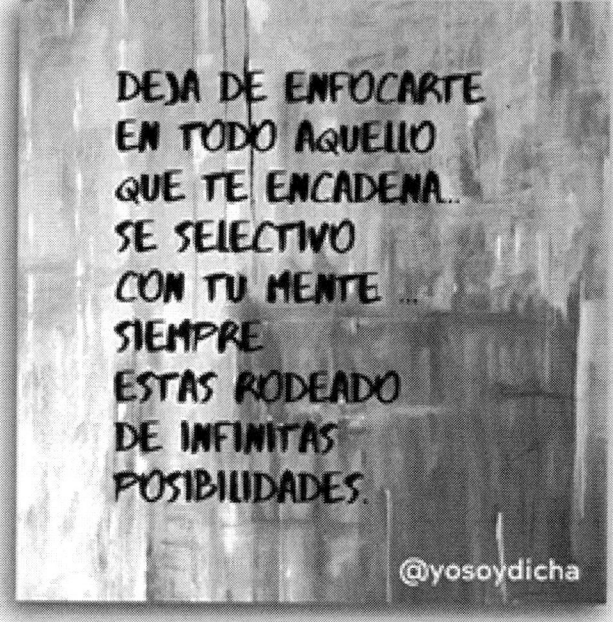

La gratitud es el sentimiento que más humildad concentra y más amor expande.
@yosoydicha

DEJA DE ENFOCARTE EN TODO AQUELLO QUE TE ENCADENA... SE SELECTIVO CON TU MENTE... SIEMPRE ESTAS RODEADO DE INFINITAS POSIBILIDADES.
@yosoydicha

Necesitamos muy poquito para ser felices. El problema es que necesitamos mucha experiencia para realmente comprenderlo.
@yosoydicha

ASUME que hay sabiduría en toda devastación y un gran poder de iluminación en toda herida
@yosoydicha

Esto también pasará

GUÍA DE VIAJE HACIA TU INTERIOR

LAS COSAS SE ACEPTAN LUEGO SE CAMBIAN O SE DEJAN

@yosoydicha

La Vida es un Eco
lo que envías vuelve a Ti.
Lo que siembras cosechas.
Lo que das, recibes.
Lo que ves en los demás
existe en Ti.
Si juzgas serás juzgado.
Irradia y da Amor
y el Amor multiplicado
volverá a Ti.

@yosoydicha

Mira de frente a ese asunto difícil y pregúntale:

¿QUE ME QUIERES ENSEÑAR?

@yosoydicha

@yosoydicha

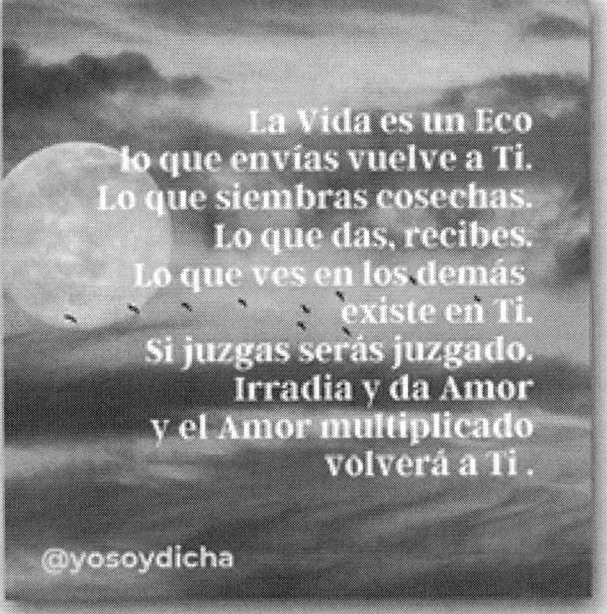

Para ser felices se necesita eliminar dos cosas: el temor de un mal futuro y el recuerdo de un mal pasado.

¿Qué más es posible? ¿Cuáles son las infinitas posibilidades?

SABIDURÍA PARA DISFRUTAR LA ERA DE ACUARIO

HOY SOY LO QUE SOY PORQUE APRENDÍ QUE EL **AGRADECER** ES EL **AGRADO DE SER**

@yosoydicha

Se llama CALMA y me costó muchas tormentas obtenerla

@yosoydicha

Tu peor enemigo siempre será tu Mente, no sólo porque es quien conoce tus debilidades, sino porque ES quien las crea.

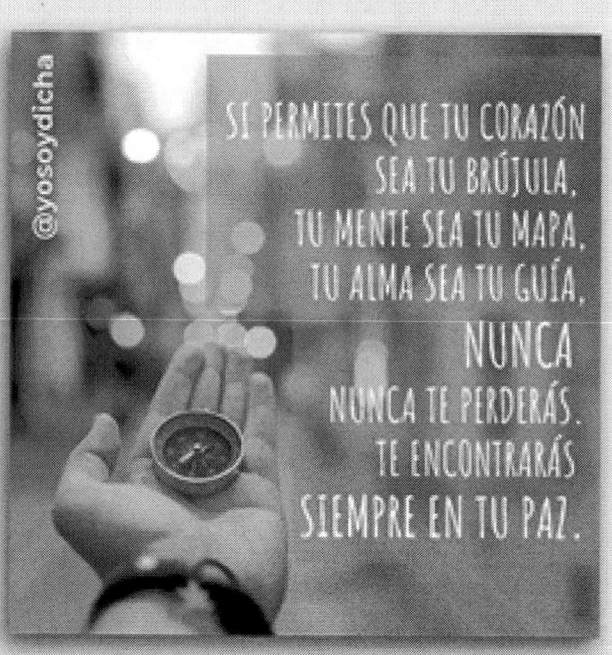

@yosoydicha

SI PERMITES QUE TU CORAZÓN SEA TU BRÚJULA, TU MENTE SEA TU MAPA, TU ALMA SEA TU GUÍA, NUNCA NUNCA TE PERDERÁS. TE ENCONTRARÁS SIEMPRE EN TU PAZ.

@yosoydicha

Yo Soy Paz, Yo Soy Luz, Yo Soy Armonía

GUÍA DE VIAJE HACIA TU INTERIOR

DE ESTO
ESTEN SEGUROS
UNA VIDA
FELIZ
NO SE
ENCUENTRA
SE HACE

PARA RECORDAR
QUIEN ERES
DEBES OLVIDAR
QUIEN TE DIJERON
SER

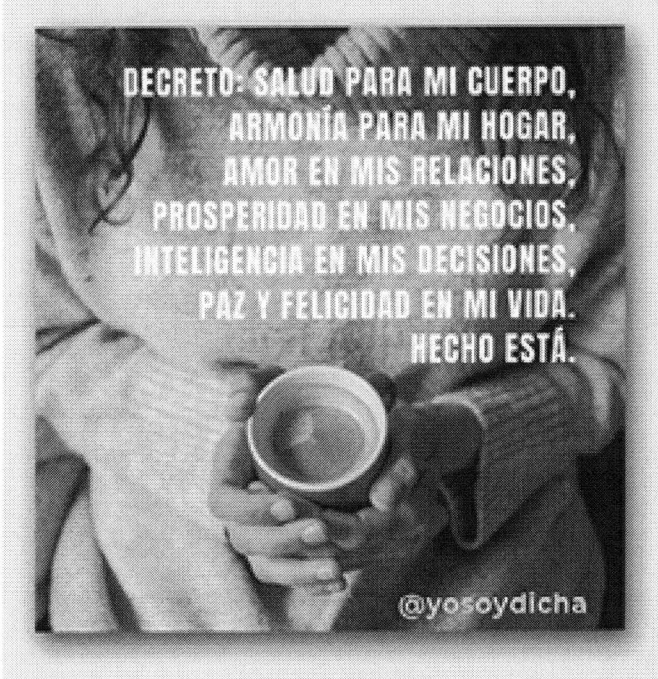

DECRETO: SALUD PARA MI CUERPO,
ARMONÍA PARA MI HOGAR,
AMOR EN MIS RELACIONES,
PROSPERIDAD EN MIS NEGOCIOS,
INTELIGENCIA EN MIS DECISIONES,
PAZ Y FELICIDAD EN MI VIDA.
HECHO ESTÁ.

GRACIAS GRACIAS GRACIAS
POR ESTE
MAGNÍFICO DESENLACE

La vida comienza cuando el miedo termina

SABIDURÍA PARA DISFRUTAR LA ERA DE ACUARIO

**EMPUJA TUS LÍMITES
EXPERIMENTA LA VIDA
CONQUISTA TUS MIEDOS
CONFÍA EN TI**

@yosoydicha

SIN SABERLO
PUEDES ESTAR
VIVIENDO
LOS MEJORES AÑOS
DE TU VIDA ....
DISFRUTA,
RÍE Y AGRADECE
CADA INSTANTE.

@yosoydicha

Si ignoras los mensajes
que te sacuden sutilmente,
la Vida siempre
buscará otros modos.

@yosoydicha

**La ALEGRIA es la Piedra Filosofal
que todo lo convierte en ORO**

@yosoydicha

Yo Soy un Guerrero de la Luz

GUÍA DE VIAJE HACIA TU INTERIOR

ME GUSTA LA GENTE QUE OFRECE LUZ, AUNQUE EL DÍA ESTÉ NUBLADO.
@yosoydicha

EL SECRETO PARA ARRANCAR ES DEJAR DE HABLAR Y EMPEZAR A HACER
@yosoydicha

@yosoydicha
Cuando te des cuenta que estar preocupada o enojada es una pérdida de tiempo y energía, verás las cosas de otra manera.

Que si he cambiado?
Por supuesto.
Hoy me valoro más,
no permito que
las palabras de otras
personas me afecten.
No lloro más por lo
que no vale la pena,
descarto la falsedad
y no corro detrás
de quien no quiere
estar conmigo.
@yosoydicha

¿Qué energía requiero ser aquí para que esto cambie?

SABIDURÍA PARA DISFRUTAR LA ERA DE ACUARIO

CAMBIA TU FORMA DE VER LAS COSAS Y LAS COSAS CAMBIARÁN DE FORMA

EL UNIVERSO SIEMPRE ESCUCHA por eso deja tus intenciones bien claras.

El Universo responde a la Actitud y Vibración que estás emitiendo

Tus miedos terminan cuando te das cuenta, que eres Tú quien los crea.

Yo Soy la perfecta salud en este cuerpo

146

GUÍA DE VIAJE HACIA TU INTERIOR

Cuanto mayor sea tu Tormenta Más brillante será tu Arco Iris

Un Maestro no enseña lo que sabe, enseña lo que ES.

REGLA BÁSICA:
NO SE OBSESIONE CON CAMBIAR SU PATRIMONIO, OBSESIÓNESE POR CAMBIAR SU MENTALIDAD QUE ELLA CAMBIARÁ SU PATRIMONIO.

LAS PALABRAS SON SEMILLAS PARA COSECHAR COSAS BUENAS EN LA VIDA, SIEMBRA PALABRAS POSITIVAS, DE CARIÑO, ENERGÍA Y VICTORIA.

Donde nada es seguro, todo es posible

SABIDURÍA PARA DISFRUTAR LA ERA DE ACUARIO

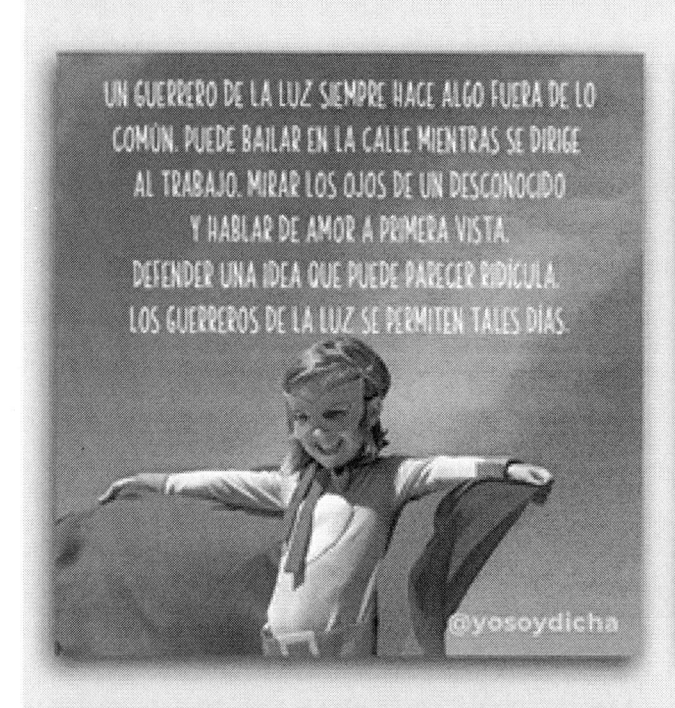

> UN GUERRERO DE LA LUZ SIEMPRE HACE ALGO FUERA DE LO COMÚN. PUEDE BAILAR EN LA CALLE MIENTRAS SE DIRIGE AL TRABAJO, MIRAR LOS OJOS DE UN DESCONOCIDO Y HABLAR DE AMOR A PRIMERA VISTA, DEFENDER UNA IDEA QUE PUEDE PARECER RIDÍCULA. LOS GUERREROS DE LA LUZ SE PERMITEN TALES DÍAS.
> @yosoydicha

> QUIZÁS NO PUEDA CAMBIAR AL MUNDO PERO SI EL PEDACITO QUE ME TOCA
> @yosoydicha

> @yosoydicha
> **NO DEJES** que las heridas se infecten **PERDONA** Todos los Días

> Es justamente la posibilidad de realizar un sueño lo que hace que la vida sea Interesante.
> @yosoydicha

Yo Soy la encarnación de la Confianza y la Consciencia

GUÍA DE VIAJE HACIA TU INTERIOR

DEFINITIVAMENTE LOS MILAGROS EXISTEN, Y NO OCURREN CON NUESTRAS QUEJAS, SINO CON NUESTRA CONFIANZA.

@yosoydicha

@yosoydicha

No tienes una relación directa con otra persona. Tu relación siempre es con tus pensamientos, con tu historia, respecto de esa persona.
Tu relación es siempre contigo.

---

aunque parezca imposible

CONFIA

@yosoydicha

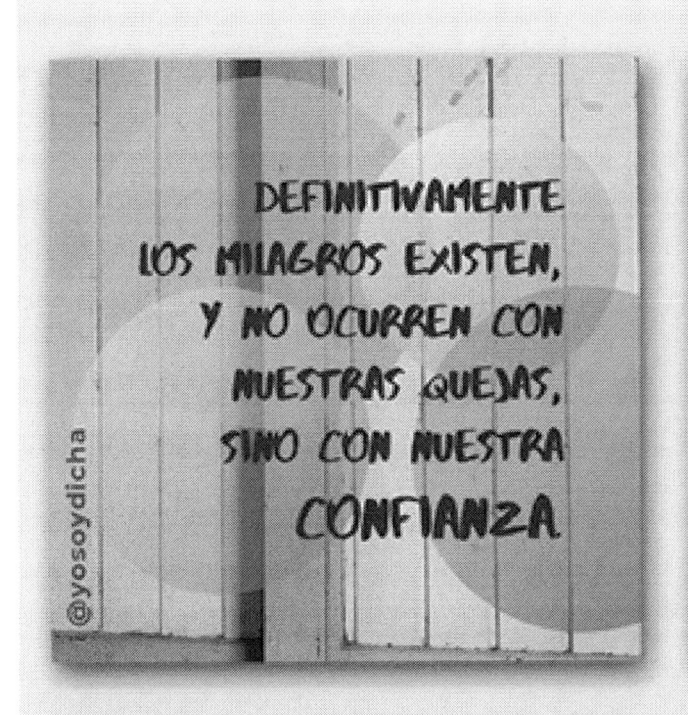

VAS A EXPERIMENTAR UN GRAN CAMBIO.
TODO EN TU VIDA COMENZARÁ A AVANZAR.
NOTARÁS QUE EL MIEDO SE TRANSFORMA EN AMOR.
LA CARENCIA SE CONVIERTE EN ABUNDANCIA.
LA CONFUSIÓN SE VUELVE CLARIDAD.
LO BLOQUEADO COMIENZA A MOVERSE Y EL DOLOR SE TRANSFORMA EN SALUD.

▮ ESTE ES TU PUNTO DE INFLEXIÓN ▮

@yosoydicha

Todo llega a mi vida con facilidad, gozo y gloria

SABIDURÍA PARA DISFRUTAR LA ERA DE ACUARIO

DEPENDE DE TI

Todo lo que les hagas a los demás te lo estás haciendo a Ti, porque las cosas retornan de todas partes, ampliadas mil veces. Si colmas de flores a los demás, las flores te colmarán a ti. Si llenas de espinas el camino ajeno, acabará siendo tuyo.

@yosoydicha

SEA LO QUE SEA QUE HAYAS PASADO PARA ENSEÑARTE ALGO

@yosoydicha

Confía en Ti, Confía en la Vida y en tu proceso individual. Eres un ser maravilloso y perfecto en cualquier fase de la evolución en la que te encuentres.

@yosoydicha

@yosoydicha

Un sabio médico dijo: "La mejor medicina es amor y cuidados". Alguien preguntó: Y si eso no funciona? El sonrió y contestó: "Pues aumenta la dósis"

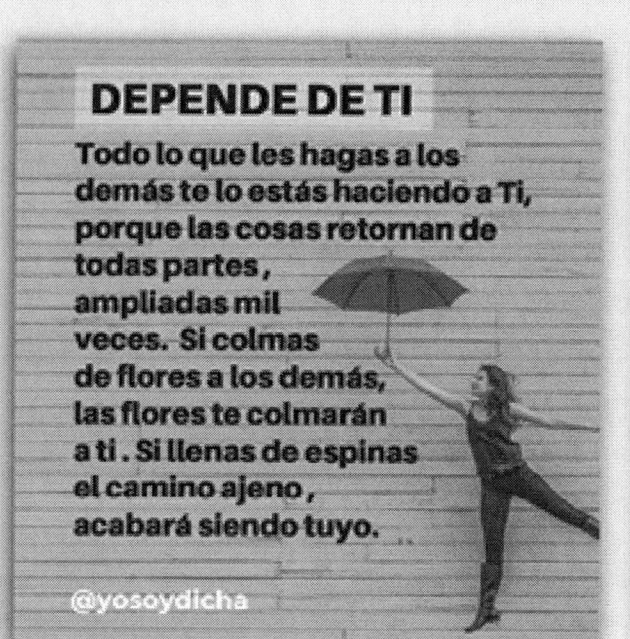

Yo Soy un servidor de la Era de Acuario

GUÍA DE VIAJE HACIA TU INTERIOR

**POR FAVOR
DECIDE POR MI
ME RINDO
LO DEJO EN TUS MANOS
GRACIAS GRACIAS GRACIAS**

@yosoydicha

SI SE PUEDE

@yosoydicha

Te fascinará lo que atraerás después de que comiences a CREER en que te lo MERECES

@yosoydicha

Las *víctimas* son muy peligrosas. Alguien que se queja de lo malo que le trata el mundo, no está buscando arreglar su situación, está tratando de arrastrar a todos a su estado. Todos los que no estén de acuerdo con su queja, serán *malos*. Cuídate de las *víctimas*, porque tratan de volver a todos culpables.

@yosoydicha

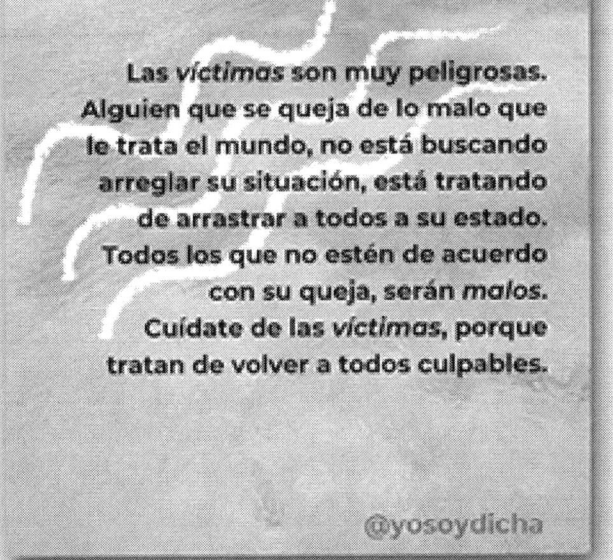

Yo Soy Libre, Yo soy Feliz, Yo soy Invencible

SABIDURÍA PARA DISFRUTAR LA ERA DE ACUARIO

AL SALIR POR LA PUERTA HACIA MI LIBERTAD, SUPE QUE SI NO DEJABA ATRÁS TODA LA IRA, EL ODIO Y EL RESENTIMIENTO, SEGUIRÍA SIENDO UN PRISIONERO.

@yosoydicha

DEJA DE FROTAR LAMPARAS Y DATE CUENTA QUE EL GENIO ERESTU

@yosoydicha

RESPIRA

Cuando algo duela,
Cuando haya enojo,
Cuando estés triste
RESPIRA

Porque el soplo
del GRAN ESPÍRITU
es VIDA.

@yosoydicha

No vemos las cosas como son
Vemos las cosas como somos

@yosoydicha

Yo Soy Amor

GUÍA DE VIAJE HACIA TU INTERIOR

Cuando más agradecido seas, más cosas para agradecer te llegarán.

@yosoydicha

JAMÁS PERMITAS QUE MENTES PEQUEÑAS TE HAGAN CREER QUE TUS SUEÑOS **SON DEMASIADO GRANDES**

MADUREZ
Es aprender a retirarte de la gente y situaciones que amenazan tu paz mental, valores, respeto propio, moral y merecimientos.

@yosoydicha

CAMBIA EL MUNDO CON TUS ACCIONES NO CON TUS OPINIONES

@yosoydicha

Inhalo Amor Exhalo Gratitud

SABIDURÍA PARA DISFRUTAR LA ERA DE ACUARIO

HO 'OPONOPONO
Niño interior deja ir todos estos dolores que tengo en mi cuerpo. No se cuales son esas memorias pero tu si sabes y podemos pedir a la Divinidad que las libere, te pido permiso para abrazarte y gracias por ser parte de mi.

Lo siento, Perdoname, Gracias, Te Amo.

@yosoydicha

Las personas especiales no se buscan, la Vida te las presenta.

Abrazar es regar tu corazón con los latidos de otro

@yosoydicha

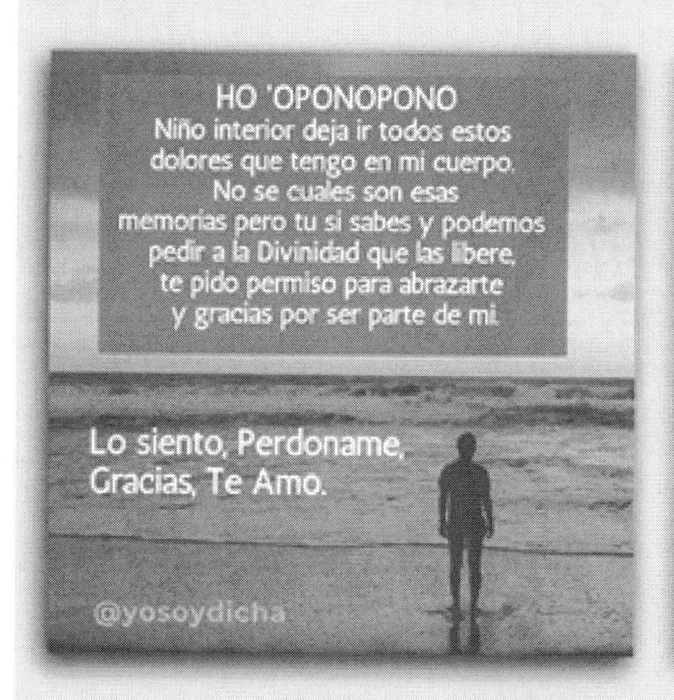

DONDE QUIERA QUE ESTÉS ES DONDE TIENES QUE ESTAR. CUALQUIER COSA QUE ESTÉS HACIENDO AHORA ES LO QUE TIENES QUE HACER.

Yo Soy Alegría, Yo Soy Abundancia, Yo Soy Plenitud

@yosoydicha

LO VOY A LOGRAR

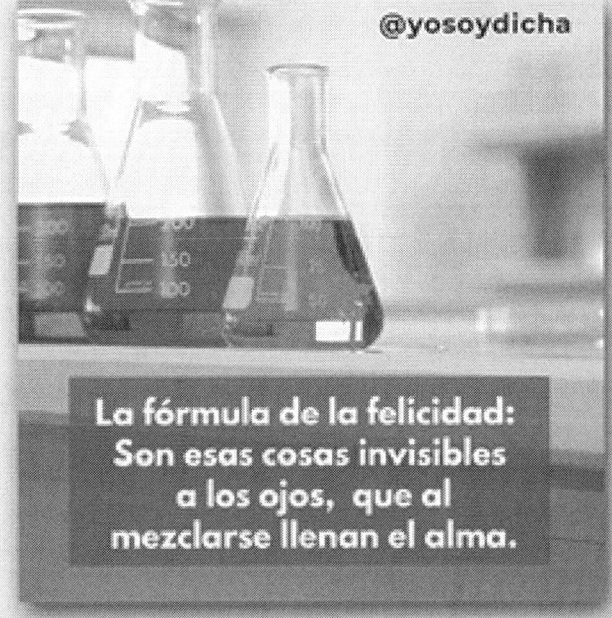

@yosoydicha

La fórmula de la felicidad:
Son esas cosas invisibles
a los ojos, que al
mezclarse llenan el alma.

Ten Calma,
mucha Calma,
Todo se está
organizando
de la mejor manera
para Tú mayor bien.
CONFÍA

@yosoydicha

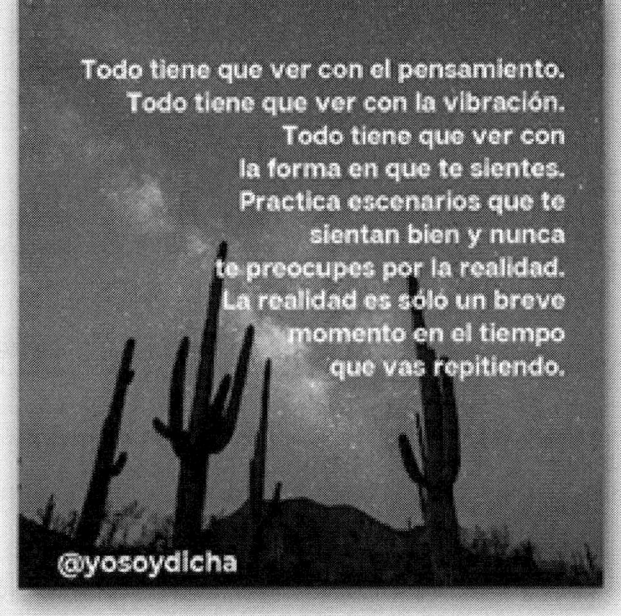

Todo tiene que ver con el pensamiento.
Todo tiene que ver con la vibración.
Todo tiene que ver con
la forma en que te sientes.
Practica escenarios que te
sientan bien y nunca
te preocupes por la realidad.
La realidad es sólo un breve
momento en el tiempo
que vas repitiendo.

@yosoydicha

SABIDURÍA PARA DISFRUTAR LA ERA DE ACUARIO

**DENTRO DE MUY POCO DIRÉ:
NO FUE FÁCIL,
¡¡¡ PERO LO LOGRÉ !!!**

Un corazón agradecido es un imán para los Milagros.

RIQUEZA
Saber Ser FELIZ
con lo que Tienes

El despertar espiritual ya no es una opción, sino una necesidad, si queremos que la humanidad y el planeta sobrevivan.

Gracias Gracias Gracias por este magnífico desenlace

GUÍA DE VIAJE HACIA TU INTERIOR

ERES TAN GRANDE QUE PUEDES CONTIGO A PESAR DE TI

@yosoydicha

Deja que la Abundancia fluya.

La Abundancia está en tu interior, forma parte de ti, de tu esencia. Toma consciencia de esto para que se materialice en tu vida.

El Universo reside en Ti.

@yosoydicha

Me ARMO de LIBROS
Me LIBRO de ARMAS

@yosoydicha

DECLARO

Abundancia absoluta en tu Vida, hogar y familia. Porque la mano de Dios no se aparta de los que en El confían.

Gracias Gracias Gracias

@yosoydicha

Yo Soy la Presencia Divina

SABIDURÍA PARA DISFRUTAR LA ERA DE ACUARIO

Que nadie te haga dudar
Cuida tu "rareza" como la flor
más preciada de tu árbol.
Eres el sueño realizado
de todos tus ancestros.

Cambia en tu vocabulario
Necesito por ELIJO
y observa la Magia

LA VERDAD
no se revela a sí misma en el
parloteo de una conversación,
ni puede ser persuadida de
traicionar sus secretos a una
página impresa.
La verdad habla sólo en la
profunda quietud de
EL SILENCIO.

Cuando dejo Ir
lo que soy
Me convierto
en lo que
PODRÍA SER

Esto también pasará

GUÍA DE VIAJE HACIA TU INTERIOR

Somos la conciencia, la quietud, la presencia que oye, mira, toca y habla.
Somos el Ser detrás de la acción.

@yosoydicha

YA NO MIRES HACIA ATRÁS TU SITIO NO ES EL NIDO DE DONDE VIENES, SINO EL CIELO HACIA DONDE VUELAS.

@yosoydicha

Sé consciente de las palabras que usas.
Ellas son trozos de Energía, que de manera invisible, vas sembrando en tu entorno.
Observa lo que dices y cómo lo dices.

@yosoydicha

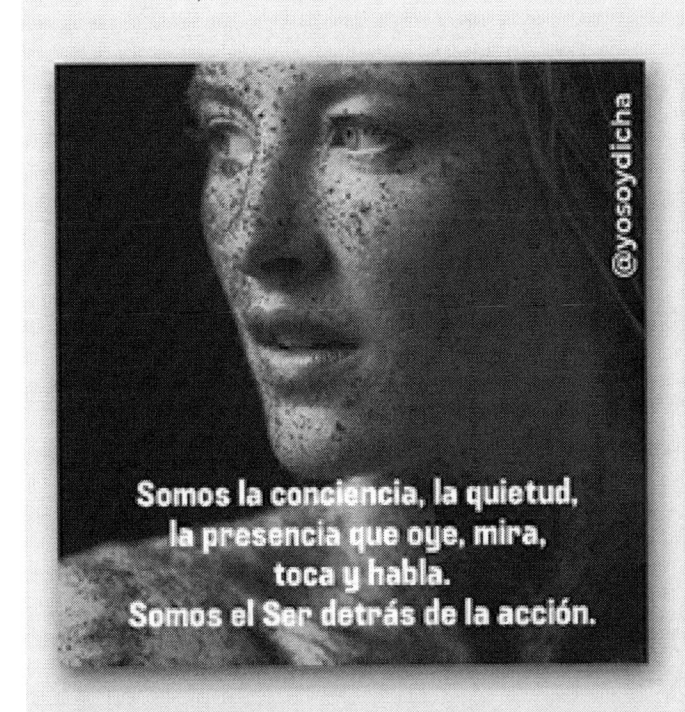

Deseo que lo que desees para mi, lo recibas duplicado
Y lo que yo desee para Ti, me vuelva dos veces.
Porque así se mueve el Universo, pero lo hemos olvidado.

@yosoydicha

¿Qué más es posible? ¿Cuáles son las infinitas posibilidades?

SABIDURÍA PARA DISFRUTAR LA ERA DE ACUARIO

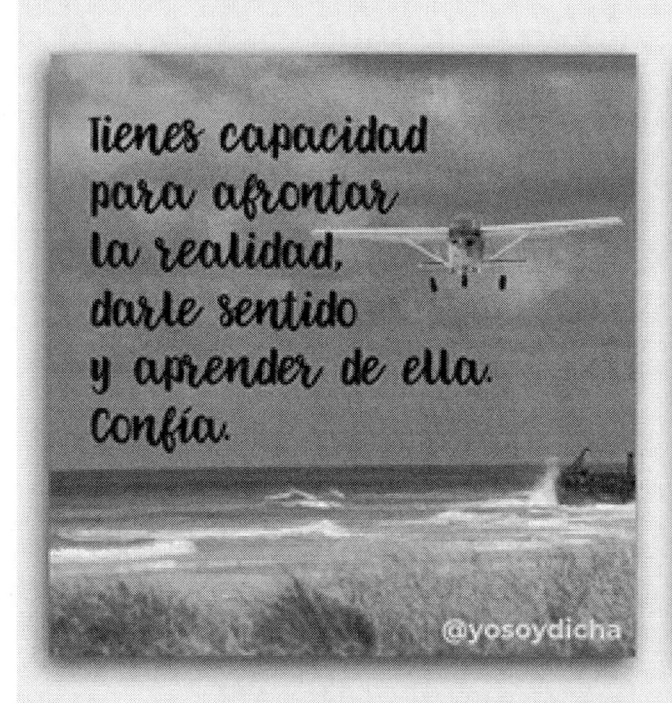

Tienes capacidad para afrontar la realidad, darle sentido y aprender de ella. Confía.

TU Y YO SOMOS LA MISMA COSA NO PUEDO HACERTE DAÑO SIN HERIRME

Sé el adulto que necesitabas cuando eras Niño

¿RENDIRME? NO, LO SIENTO... DIOS ESTÁ CONMIGO.

Yo Soy Paz, Yo Soy Luz, Yo Soy Armonía

GUÍA DE VIAJE HACIA TU INTERIOR

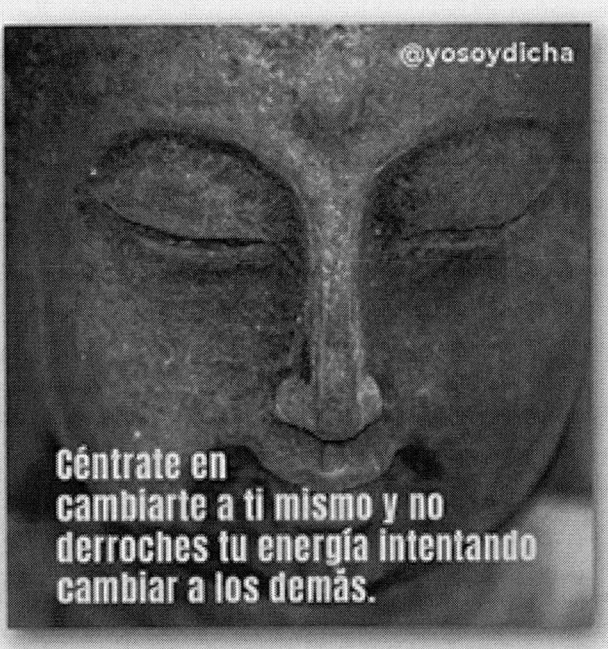

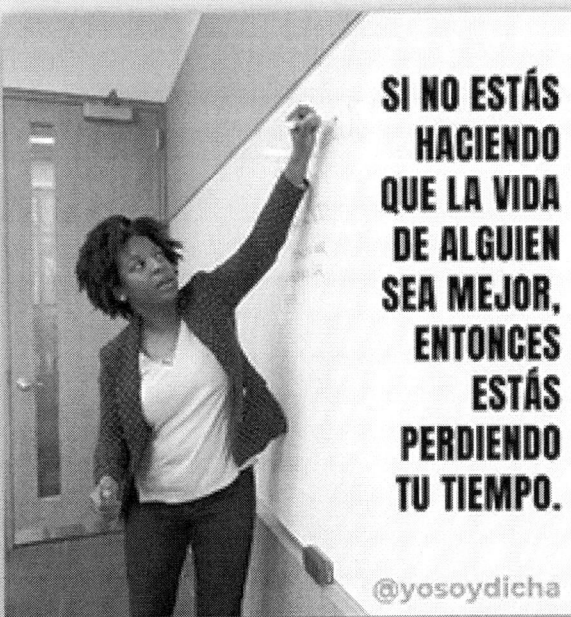

No es lo que hago, sino la emoción con que lo hago.
@yosoydicha

Céntrate en cambiarte a ti mismo y no derroches tu energía intentando cambiar a los demás.
@yosoydicha

SI NO ESTÁS HACIENDO QUE LA VIDA DE ALGUIEN SEA MEJOR, ENTONCES ESTÁS PERDIENDO TU TIEMPO.
@yosoydicha

YO SOY UN IMÁN PARA TODO LO BUENO. YO SOY UN IMÁN PARA LAS OPORTUNIDADES.
@yosoydicha

La vida comienza cuando el miedo termina

SABIDURÍA PARA DISFRUTAR LA ERA DE ACUARIO

Lo bueno de tocar fondo, es que ahora sólo te queda subir.

@yosoydicha

DESPERTAR no significa abrir los ojos, despertar significa abrir la mente y el corazón ante aquello que no ves pero te llena el ALMA.

@yosoydicha

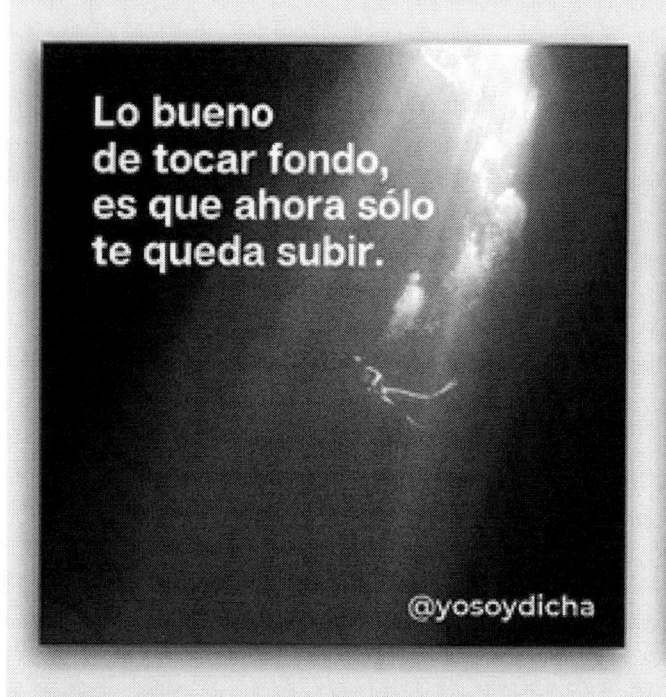

QUIEN TE ENFADA TE DOMINA

Me apruebo a mi misma
Merezco ser amada
Estoy dispuesta a cambiar
y a experimentar la Vida.
Ahora empiezo a aceptarme
exactamente como soy.
Soy un canal abierto
para la Abundancia.
Agradezco mi buena salud y
las Bendiciones que me rodean.
Gracias Gracias Gracias

@yosoydicha

Yo Soy un Guerrero de la Luz

GUÍA DE VIAJE HACIA TU INTERIOR

ERES
la Vida misma
inseparable de la energía
que hace crecer
las flores y crea
las galaxias
@yosoydicha

Trabaja en tu interior
Yo trabajaré en el mío
Y allá nos encontraremos
@yosoydicha

PERDONAR
Es liberar el alma
Aligerar la carga
Vivir en libertad
Te Bendigo y libero con Amor
Agradezco y me libero
@yosoydicha

ERES LO QUE DAS
@yosoydicha

¿Qué energía requiero ser aquí para que esto cambie?

SABIDURÍA PARA DISFRUTAR LA ERA DE ACUARIO

SER RICO NO ES TENER MUCHOS BIENES MATERIALES. LA AUTÉNTICA **RIQUEZA** ES TENER SALUD, UNA GRAN FAMILIA Y AMIG@S QUE TE QUIEREN DE VERDAD.

HAZ MORIR EL PASADO CADA MOMENTO
No lo necesitas.
Refiérete a él sólo cuando sea absolutamente relevante para el presente.
Siente el poder de ESTE MOMENTO y la plenitud del Ser.
Siente tu presencia.

Esta vida que viene y que se irá es una invitada preciosa. Respetarla es un deber. Cada soplo que respiras es una joya.

Llegamos sin nada y nos iremos sin nada. Excepto todo lo vivido, compartido, amado, reído, bailado, disfrutado.
Todo lo demás es prestado.

Yo Soy la perfecta salud en este cuerpo

GUÍA DE VIAJE HACIA TU INTERIOR

Sé suave
No dejes que el mundo
te endurezca.
No dejes que el dolor
te vuelva rencoroso.
No dejes que la amargura
te quite la paz y la calidez
a tu alma.
No dejes que la rutina y
el olvido marchiten
la nobleza de tu corazón.

@yosoydicha

@yosoydicha

PASAJEROS CON DESTINO AL ÉXITO
POR FAVOR ABRÓCHENSE LOS CINTURONES
A LO LARGO DEL VUELO HABRÁ POCA
VISIBILIDAD, TURBULENCIAS Y FUERTES
TORMENTAS QUE DEBEMOS SUPERAR PARA
PODER LLEGAR A LO MÁS ALTO.

El éxito es la suma de
pequeños esfuerzos
repetidos día tras día.

@yosoydicha

CANSADO
PERO JAMÁS
DERROTADO

@yosoydicha

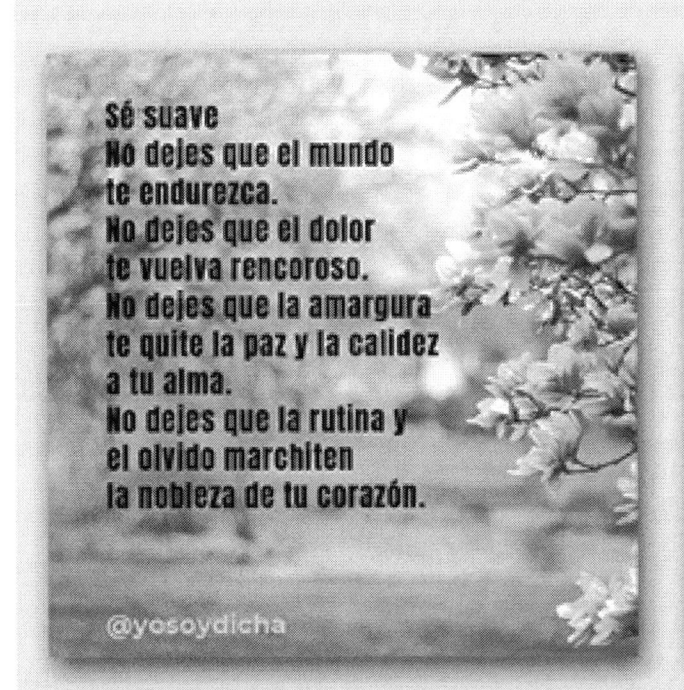

Donde nada es seguro, todo es posible

SABIDURÍA PARA DISFRUTAR LA ERA DE ACUARIO

TÚ PON EL CORAZÓN, EL RESTO LO PONDRÁ LA VIDA.

SÉ EL CAMBIO que deseas ver en El MUNDO

YO SOY UN IMÁN PARA TODO LO BUENO. YO SOY UN IMÁN PARA LAS RIQUEZAS. YO SOY UN IMÁN PARA ENCONTRAR A LOS MEJORES AMIGOS.

Haz de cada día tu hogar permite que sus alegrías te conmuevan hasta las lágrimas y déjate sorpender por sus tristezas

Yo Soy la encarnación de la Confianza y la Consciencia

GUÍA DE VIAJE HACIA TU INTERIOR

AGRADECE LO QUE TIENES, MIENTRAS CONSIGUES LO QUE QUIERES.
@yosoydicha

@yosoydicha
Ayuda al mundo a ser mejor
No dejes el mundo como
lo has encontrado
Hazlo más bondadoso
Hazlo más hermoso

@yosoydicha
**INHALO AMOR
EXHALO GRATITUD**

NO NECESITAS COMPETIR CON NADIE SÓLO SÉ TU MEJOR VERSIÓN CADA DÍA
@yosoydicha

Todo llega a mi vida con facilidad, gozo y gloria

SABIDURÍA PARA DISFRUTAR LA ERA DE ACUARIO

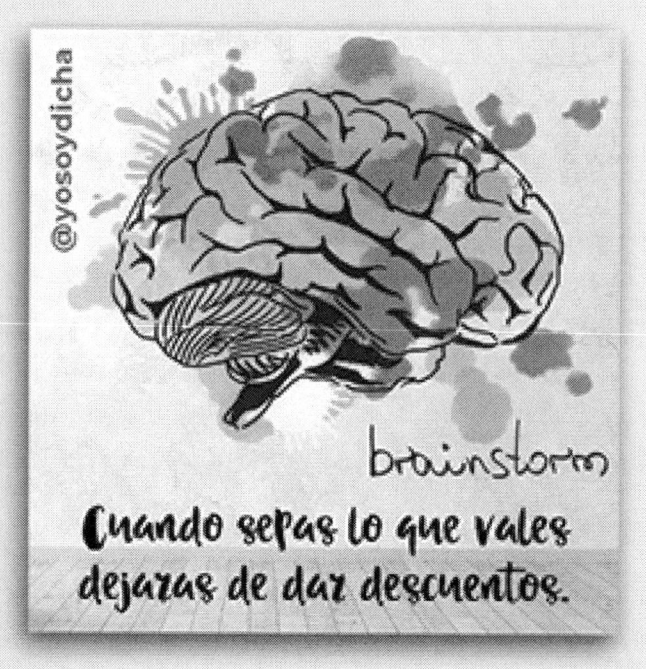

Lo intentaste, Fracasaste. No Importa, Sigue Intentándolo. Fracasa Otra vez, Fracasa Mejor...

Visualiza lo que quieres para tu vida. El Universo siempre nos está bendiciendo.

DESCANSA
LO QUE TANTO BUSCAS AFUERA YA VIVE EN TI

brainstorm
Cuando sepas lo que vales dejarás de dar descuentos.

Yo Soy un servidor de la Era de Acuario

GUÍA DE VIAJE HACIA TU INTERIOR

CADA UNO VIVE EN EL UNIVERSO QUE ES CAPAZ DE IMAGINAR.

Las sincronicidades son señales de que estás en el camino correcto.

LA FELICIDAD ES UN VIAJE, NO UN DESTINO.

LA VIDA ES TAN BUENA MAESTRA QUE SI NO APRENDISTE LA LECCIÓN TE LA REPITE.

Yo Soy Libre, Yo soy Feliz, Yo soy Invencible

SABIDURÍA PARA DISFRUTAR LA ERA DE ACUARIO

ELIJO CREER QUE LAS COSAS SON POSIBLES AUNQUE NO SEPA COMO SUCEDERÁN.

Todo lo que hagas con Amor y Fe Dará frutos

DEJA DE SUFRIR POR LO QUE TE FALTA Y EMPIEZA A DISFRUTAR DE LO QUE TIENES.

GRACIAS GRACIAS GRACIAS POR ESTE MAGNIFICO DESENLACE

Yo Soy Amor

GUÍA DE VIAJE HACIA TU INTERIOR

NO DEJES ESCAPAR A LAS PERSONAS QUE HACEN INCREÍBLE TU MUNDO.

ninguna idea funciona hasta que la llevas a cabo.

NO HAY NINGÚN MOTIVO PARA CASTIGARSE POR NO HABERLO HECHO MEJOR. LO HICISTE TODO TAN BIEN COMO PUDISTE. LIBERA EL PASADO CON AMOR Y AGRADÉCELE QUE TE HAYA CONDUCIDO A ESTE NUEVO CONOCIMIENTO.

El aspecto de las cosas cambia según nuestras emociones, por lo tanto vemos la magia y la belleza en ellas cuando en realidad están en nosotros mismos.

Inhalo Amor Exhalo Gratitud

SABIDURÍA PARA DISFRUTAR LA ERA DE ACUARIO

> SOMOS INSTRUMENTOS Y VIVIMOS PARA DAR NUESTRA PROPIA NOTA EN EL MUNDO.
> @yosoydicha

> MI GRATITUD ES LA CLAVE QUE CONVIERTE LOS PROBLEMAS EN BENDICIONES Y LO INESPERADO EN REGALOS
> @yosoydicha

> HOY ES UNA IDEA LOCA MAÑANA SERÁ UN NEGOCIO MILLONARIO
> @yosoydicha

> CUANDO PUEDAS CONTAR TU HISTORIA SIN DERRAMAR LÁGRIMAS SABRÁS QUE POR DENTRO ESTÁS CURADO
> @yosoydicha

Yo Soy Alegría, Yo Soy Abundancia, Yo Soy Plenitud

GUÍA DE VIAJE HACIA TU INTERIOR

SERÉ BREVE
Te esperan cosas hermosas

Sólo resiste y mantén la confianza

@yosoydicha

APRENDE LA DIFERENCIA ENTRE LA CONEXIÓN Y EL APEGO, UNA TE DA ENERGÍA, EL OTRO TE LA ROBA.

@yosoydicha

@yosoydicha

Todos tenemos dentro una reserva de fuerza insospechada, que emerge cuando la vida nos pone a prueba.

@yosoydicha

En la infinitud de la Vida donde estoy, Todo es perfecto y completo. Todo funciona para mi mayor bien. Estoy en el lugar correcto y en el momento adecuado.
Gracias. Gracias. Gracias.

Lo siento. Perdón. Gracias. Te amo

SABIDURÍA PARA DISFRUTAR LA ERA DE ACUARIO

LA VIDA TE DA TODO LO QUE NECESITES, CON LA CONDICIÓN DE QUE NO DUDES QUE TE LO MERECES
@yosoydicha

AQUELLOS QUE CREEN EN LA MAGIA ESTÁN DESTINADOS A ENCONTRARLA
@yosoydicha

EL CONFLICTO EXISTE EN LA MENTE DEL OBSERVADOR, Y NO EN AQUELLO QUE ES OBSERVADO.
@yosoydicha

LA SONRISA ES UNA DE LAS MEJORES MANERAS DE RESOLVER MUCHOS PROBLEMAS Y EL SILENCIO ES LA MANERA DE EVITARLOS.
@yosoydicha

Gracias Gracias Gracias por este magnífico desenlace

GUÍA DE VIAJE HACIA TU INTERIOR

Cuando un niño aprende a caminar, se cae cientos de veces y jamás piensa: "Quizás esto no sea para mí."

A DIOS PÍDELE AYUDA NO LE DIGAS QUE TIENE QUE HACER

nunca se sabe cuando es el último abrazo, el último beso, el último día. Por eso hay que hacer siempre lo que nos hace felices

Cuando veas a un hombre bueno trata de imitarlo. Cuando veas uno malo, examínate a ti mismo.

Yo Soy la Presencia Divina

SABIDURÍA PARA DISFRUTAR LA ERA DE ACUARIO

> @yosoydicha
> Si tan sólo confiaras que todo lo que llega a tu vida es perfecto para tu crecimiento, sentirías PAZ en todo momento.

> Cuando ayudes a alguien, hazlo dando GRACIAS, pues la vida te ha puesto en el lugar del que da y no en el lugar del que necesita la ayuda.
> @yosoydicha

> @yosoydicha
> Tú puedes. Tú eres capaz. Tú lo vales. Tú importas. Tú haces la diferencia.

> NO SIEMPRE ESTARÁS MOTIVADA, APRENDE A SER DISCIPLINADA.
> @yosoydicha

Esto también pasará

GUÍA DE VIAJE HACIA TU INTERIOR

NADIE SANA SIENDO LA MISMA PERSONA. LA SANACIÓN ES UN VIAJE DE TRANSFORMACIÓN PERSONAL.
@yosoydicha

@yosoydicha
NO TE OLVIDES QUE TAL VEZ, **ERES EL FARO** EN LA TEMPESTAD DE ALGUIEN.

@yosoydicha
Tú lo pensaste
Tú lo creíste
Tú lo creaste

TUS OJOS TE MUESTRAN EL MUNDO DE TUS PROGRAMAS SUBCONSCIENTES. EL AFUERA ES LA GRAN PANTALLA DE TU MENTE SI QUIERES CAMBIAR ALGO, HAZLO DENTRO DE TI.
@yosoydicha

¿Qué más es posible? ¿Cuáles son las infinitas posibilidades?

SABIDURÍA PARA DISFRUTAR LA ERA DE ACUARIO

EL DOLOR ES INEVITABLE. EL SUFRIMIENTO ES OPCIONAL

No importa cuantas palabras sagradas hayas leído. No importa cuantas hayas dicho. No sirven de nada si no actúas de acuerdo a ellas.

La sabiduría viene al aquietarse.
Sólo mira, sólo escucha.
No hace falta nada más.
Aquietarse,
mirar y escuchar
activa la inteligencia
despierta la intuición
nos da la confianza
y el sentimiento de que
TODO ES PERFECTO.

LLEGARÁ EL DÍA QUE DIOS TE DARÁ TANTO, QUE NO SABRÁS COMO EXPRESAR TANTA GRATITUD.

Yo Soy Paz, Yo Soy Luz, Yo Soy Armonía

GUÍA DE VIAJE HACIA TU INTERIOR

@yosoydicha

El conflicto existe en la mente del observador, y no en aquello que es observado.

INSISTIR PERSISTIR, RESISTIR Y NUNCA DESISTIR

@yosoydicha

@yosoydicha

CUANDO ACTÚAS DESDE EL AMOR, EL RESULTADO SERÁ MÁS AMOR.

El Amor se expresa en todas las especies vivas y en todos los lugares. El Amor es el lenguaje que nos conecta y comunica. Todo lo que abarca tu vista es una expresión viva del Amor.

@yosoydicha

La vida comienza cuando el miedo termina

SABIDURÍA PARA DISFRUTAR LA ERA DE ACUARIO

DEJA QUE TU CORAZÓN TE INDIQUE EL CAMINO.

CONFÍA

@yosoydicha

Olvida el error, Recuerda la lección.

@yosoydicha

Usa la gratitud como un manto y alimentará cada rincón de tu vida.

@yosoydicha

EL MIEDO NO ES MÁS QUE UNA ALARMA, QUE TE AVISA DE QUE NO ESTÁS VIVIENDO EN EL PRESENTE.

Yo Soy un Guerrero de la Luz

GUÍA DE VIAJE HACIA TU INTERIOR

Si no das no pidas

@yosoydicha

**VIGILA A TU MENTE.
CUANDO MÁS TE QUEJAS
MÁS TE DEBILITAS.
CUANTO MÁS AGRADECES
MÁS TE FORTALECES.**

@yosoydicha

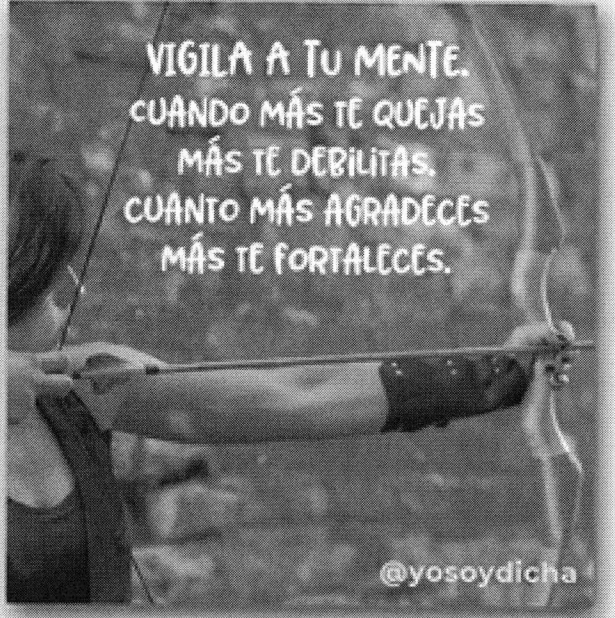

Ya sea que me paguen o no, que esté trabajando en el mundo o en mi jardín, hoy dedico lo que hago a enaltecer todas las cosas. Que la actividad de mi mente y el trabajo de mis manos sirvan para sanar el mundo. Hoy recuerdo que no hay más que una tarea: Colaborar para que el mundo sea un mejor lugar. Que mi vida pueda ser usada para crear algo más grande que yo mismo, y que el amor me use como un vehículo de su poder.

@yosoydicha

Comienza este día con un corazón rebosante de amor, de dicha y de gratitud, transportado por la alegría de estar vivo, por hacer lo que estás haciendo, por estar donde estás; y mira cómo brota la perfección de este día.
Benditas las almas que pueden ver la belleza, la alegría y la armonía a su alrededor y apreciarlas al máximo.

@yosoydicha

¿Qué energía requiero ser aquí para que esto cambie?

SABIDURÍA PARA DISFRUTAR LA ERA DE ACUARIO

VE A LO ESENCIAL. SIN MALGASTAR TUS ENERGÍAS EN LUCHAS Y DISCUSIONES INÚTILES

Las tormentas son temporales, pero las bendiciones de Dios son para siempre.

Eres la persona que alguien está rezando por conocer, no apagues tu luz, no dejes de ser tú.

RECONCÍLIATE CON TUS CÉLULAS, HÁBLALES CON AMOR, PARA ELLAS ERES SU UNIVERSO.

Yo Soy la perfecta salud en este cuerpo

GUÍA DE VIAJE HACIA TU INTERIOR

No te preocupes por lo que recibes, preocúpate por lo que das. Todas las cosas que salen de ti regresan a ti.

@yosoydicha

El amor es como un bálsamo curativo que sana todas las heridas, todos los daños, todas las penas.
Por eso Ama a aquello que puedes amar y a aquellos que parece imposible de amar.
Ama a las almas que no conocen el significado del amor.
Ama a los que crees tus enemigos. Cuando tu corazón esté lleno de amor, no conocerás enemigos.

@yosoydicha

Es justamente la posibilidad de realizar un sueño, lo que hace la VIDA interesante.

@yosoydicha

@yosoydicha

Nankurunaisa
Es una de las palabras más bellas. Es japonesa y significa "con el tiempo se ordena todo"

Donde nada es seguro, todo es posible

SABIDURÍA PARA DISFRUTAR LA ERA DE ACUARIO

> No todas las tormentas vienen a perturbar tu vida, algunas llegan para despejar tu camino
>
> @yosoydicha

> CADA DÍA ES UNA NUEVA OPORTUNIDAD QUE DIOS TE DA, PARA LLEVAR A CABO SU PROPÓSITO EN TU VIDA Y EN LA TIERRA.
>
> AMANACER
>
> @yosoydicha

> @yosoydicha
>
> Aquel que les echa las culpas a otros tiene un camino largo para recorrer.
> El que se echa culpa a sí mismo, ya ha recorrido la mitad del camino.
> Aquel que no le echa la culpa a nadie ya ha recorrido todo el camino.

> @yosoydicha
>
> COMO NO SABÍA QUE ERA IMPOSIBLE, LO LOGRÓ.

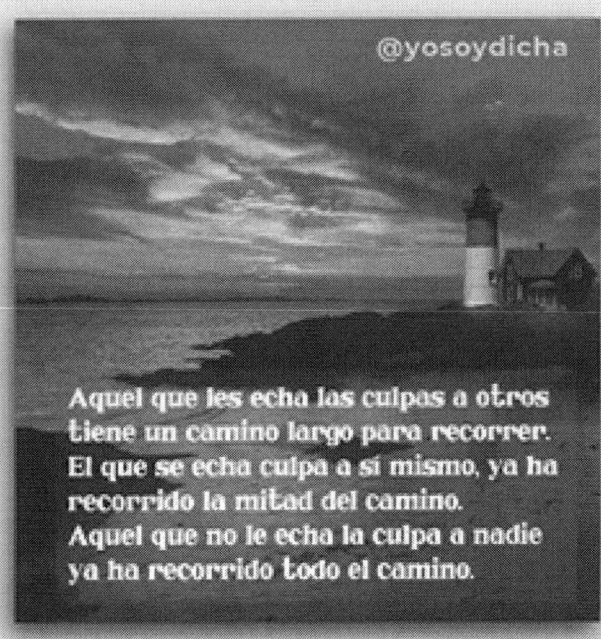

Yo Soy la encarnación de la Confianza y la Consciencia

GUÍA DE VIAJE HACIA TU INTERIOR

Lanza tus penas al viento, no llegaron para quedarse, llegaron para cambiarte. Aprende y suelta.

@yosoydicha

Con Actitud Mental Positiva todos los problemas se vuelven retos.

@yosoydicha

@yosoydicha

¿Y SI TODO LO QUE TE ESTÁ PASANDO ES SÓLO UNA PREPARACIÓN PARA TODO LO QUE HAS PEDIDO?

Estar TRANQUILO no significa NO MOVERSE, Estar TRANQUILO significa MOVERSE EN PAZ

@yosoydicha

Todo llega a mi vida con facilidad, gozo y gloria

SABIDURÍA PARA DISFRUTAR LA ERA DE ACUARIO

No conozco la clave del éxito, pero sé que la clave del fracaso es tratar de complacer a todo el mundo.

Nunca vayas en busca de amor, ve en busca de la vida, y la vida encontrará el amor que buscas.

Estar vivo hoy, ya es un regalo de Dios.

La repetición armónica de un sonido, produce música. La repetición armónica de un deseo, produce milagros. La repetición armónica de una palabra o un pensamiento, crea tu realidad.

Yo Soy un servidor de la Era de Acuario

GUÍA DE VIAJE HACIA TU INTERIOR

HAZ DEL DÍA DE HOY
EL DÍA QUE HAGA
LA DIFERENCIA EN TU VIDA.

@yosoydicha

No importa que te amen
o te critiquen
te respeten, te honren,
te difamen,
que te coronen o que
te crucifiquen,
porque la mayor bendición
que hay en la existencia es
ser tú mismo.

@yosoydicha

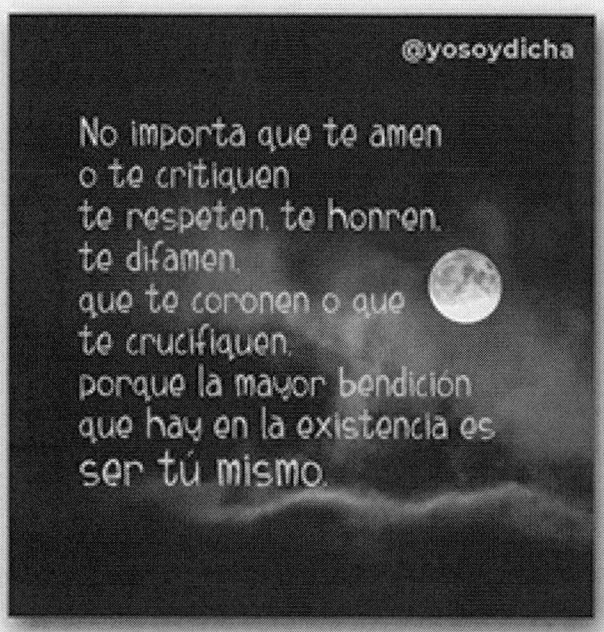

Busca el lado positivo y agradable,
aún en las situaciones más
complicadas y dolorosas.
Es una disciplina que te ayudará
a pasar más fácilmente los
momentos difíciles y a convertir
los problemas en oportunidades.

@yosoydicha

YO SOY AQUEL, QUE ESTÁ DETRÁS
DE AQUEL, QUE CREE QUE PIENSA.

@yosoydicha

Yo Soy Libre, Yo soy Feliz, Yo soy Invencible

SABIDURÍA PARA DISFRUTAR LA ERA DE ACUARIO

No te impongas límites, tus sueños están esperando hacerse realidad.

@yosoydicha

Deja de enfocarte en lo que te falta y recuerda lo Bendecid@ que YA ERES

@yosoydicha

ESCUCHA TU CORAZÓN

Cuando te encuentres en medio de la incertidumbre, el desespero y el miedo, calma la mente que quiere gobernar, cierra tus ojos y escucha tu sabio corazón, las respuestas llegarán.

@yosoydicha

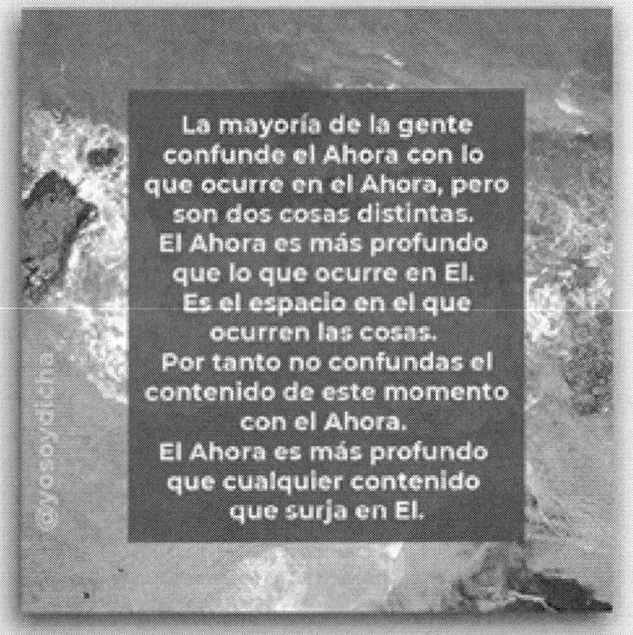

La mayoría de la gente confunde el Ahora con lo que ocurre en el Ahora, pero son dos cosas distintas.
El Ahora es más profundo que lo que ocurre en El.
Es el espacio en el que ocurren las cosas.
Por tanto no confundas el contenido de este momento con el Ahora.
El Ahora es más profundo que cualquier contenido que surja en El.

@yosoydicha

Yo Soy Amor

GUÍA DE VIAJE HACIA TU INTERIOR

No temas empezar de nuevo. No comenzarás de cero esta vez, vas a reiniciar desde la experiencia.

@yosoydicha

El cambio no vendrá por medio de las religiones, ni de los políticos y gobiernos. El cambio se dará por medio de cada ser humano, que asuma la responsabilidad por sus propios actos y tome conciencia del efecto que tiene en su entorno, por medio de su comportamiento.

@yosoydicha

@yosoydicha

EL QUE CREE, CREA.
EL QUE CREA, HACE.
EL QUE HACE, SE TRANSFORMA A SÍ MISMO Y A LA SOCIEDAD EN LA QUE VIVE.

@yosoydicha

Lo siento por favor perdóname por lo que hay en mi que ha creado esto...

Inhalo Amor Exhalo Gratitud

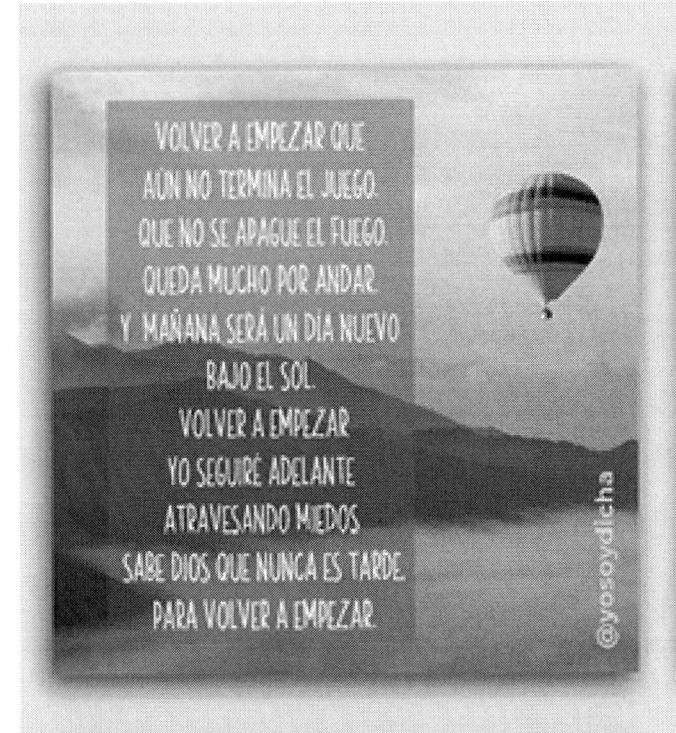

SABIDURÍA PARA DISFRUTAR LA ERA DE ACUARIO

> VOLVER A EMPEZAR QUE AÚN NO TERMINA EL JUEGO. QUE NO SE APAGUE EL FUEGO. QUEDA MUCHO POR ANDAR. Y MAÑANA SERÁ UN DÍA NUEVO BAJO EL SOL. VOLVER A EMPEZAR YO SEGUIRÉ ADELANTE ATRAVESANDO MIEDOS SABE DIOS QUE NUNCA ES TARDE. PARA VOLVER A EMPEZAR.
>
> @yosoydicha

> Siempre estás a una decisión, de vivir una vida totalmente distinta.
>
> @yosoydicha

> EL DESAPEGO SIGNIFICA NO SENTIR NINGÚN REMORDIMIENTO POR EL PASADO, NI MIEDO POR EL FUTURO. DEJAR QUE LA VIDA SIGA SU CURSO SIN INTENTAR INTERFERIR EN SU MOVIMIENTO Y CAMBIO, SIN INTENTAR PROLONGAR LAS COSAS PLACENTERAS, NI PROVOCAR LA DESAPARICIÓN DE LAS DESAGRADABLES. ACTUAR DE ESE MODO ES MOVERSE AL RITMO DE LA VIDA, ESTAR EN PERFECTA ARMONÍA CON SU MÚSICA CAMBIANTE, A ESTO SE LLAMA ILUMINACIÓN.
>
> @yosoydicha

> DONDE NADA ES SEGURO TODO ES POSIBLE
>
> @yosoydicha

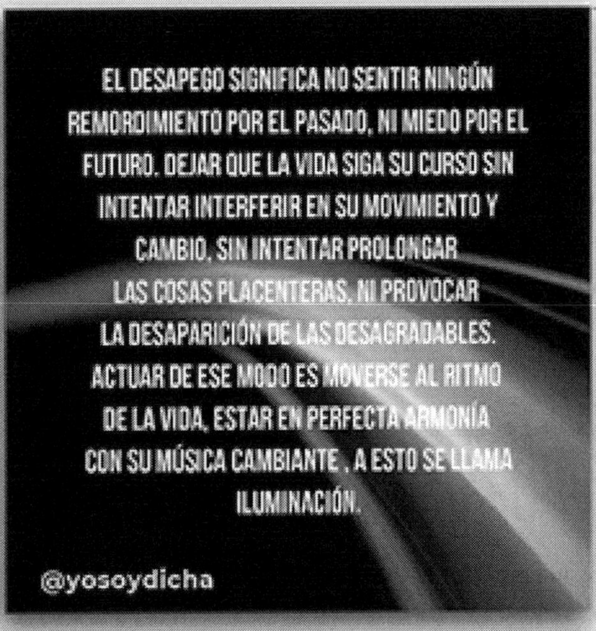

Yo Soy Alegría, Yo Soy Abundancia, Yo Soy Plenitud

GUÍA DE VIAJE HACIA TU INTERIOR

> @yosoydicha
> No hay muchos caminos. Hay muchos nombres para el mismo camino y este camino es la Consciencia.

> @yosoydicha
> CUANDO SABES A DONDE VAS EL UNIVERSO TE ABRE CAMINO

> @yosoydicha
> VISUALIZA TUS OBJETIVOS Y VE POR ELLOS

> QUE LA FALTA DE TIEMPO EN LA VELOCIDAD DE LA VIDA, NO TE ROBE EL PLACER IMPAGABLE DE VER LA BELLEZA EN LAS PEQUEÑAS COSAS.
> @yosoydicha

Lo siento. Perdón. Gracias. Te amo

SABIDURÍA PARA DISFRUTAR LA ERA DE ACUARIO

No guardes nada para una ocasión especial
Cada día que vives es una ocasión especial

@yosoydicha

HUMILDAD QUE LA VIDA DA MUCHAS VUELTAS

@yosoydicha

Buenas cosas vienen para aquellos que Creen,
cosas mejores vienen para aquellos que son Pacientes,
pero las mejores cosas vienen para aquellos que Nunca se Rinden.

@yosoydicha

La belleza de la Vida está en los ojos de quien la mira.

@yosoydicha

Gracias Gracias Gracias por este magnífico desenlace

GUÍA DE VIAJE HACIA TU INTERIOR

TODO LO QUE SÉ DE MI LUZ, LO APRENDÍ DE MI OSCURIDAD.

SI PUEDES SOÑARLO, PUEDES LOGRARLO.

...SUELTO ... ENTREGO...
...CONFÍO ... FLUYO...
...AGRADEZCO... BENDIGO...

Deja de perseguir lo que quiere tu mente, y busca lo que tu Alma necesita.

Yo Soy la Presencia Divina

SABIDURÍA PARA DISFRUTAR LA ERA DE ACUARIO

La risa y el amor lo curan todo, así que donde tengas ambas, no dudes en quedarte

USA TU CRISIS PARA CRECER, NO TE DEJES VENCER, ALGUNOS CAMINOS SE CIERRAN, PARA QUE OTROS APAREZCAN.

UN NUEVO COMIENZO SUELE ESTAR DISFRAZADO POR UN DOLOROSO FINAL

Un guerrero de la luz es aquél que es capaz de entender el milagro de la vida, luchar hasta el final por algo en lo que cree y entonces, escuchar las campanas que el mar hace sonar en su lecho.

Esto también pasará

GUÍA DE VIAJE HACIA TU INTERIOR

El orden en la vida es
Ser - Hacer - Tener

@yosoydicha

SIMPLEMENTE SÉ Y DISFRUTA SIENDO. SI ESTÁS PRESENTE NO TIENES NINGUNA NECESIDAD DE ESPERAR.

ME ENCANTAN ESE TIPO DE PERSONAS CON OLOR A QUIERO, PUEDO Y ME LO MEREZCO. CON GUSTO A NO ME LO SÉ TODO, ESCUCHO Y APRENDO. CON MIRADA DE SI Y SONRISA DE GRACIAS.

@yosoydicha

Creemos que el Universo es como mamá o papá, que si no nos portamos bien, nos va a castigar. No. El único que se juzga eres Tú. El Universo es neutro, no juzga, no castiga, no siente, lo único que hace es reflejarte

¿Qué más es posible? ¿Cuáles son las infinitas posibilidades?

SABIDURÍA PARA DISFRUTAR LA ERA DE ACUARIO

> EL SER HUMANO SIGUE BUSCANDO AL MAESTRO EN OTROS, EN LUGAR DE DESPERTARLO EN SU INTERIOR.
> @yosoydicha

> TODO AQUELLO QUE ME RODEA TIENE QUE VER CONMIGO.
> @yosoydicha

> YO TENGO LA LLAVE QUE ABRE TODAS LAS PUERTAS QUE ME CONDUCEN HACIA MI MAYOR BIEN. HECHO ESTÁ.
> @yosoydicha

> @yosoydicha
> A veces es bueno cerrar algunas puertas... No por orgullo, ni por soberbia, sino porque ya no llevan a ninguna parte.

Yo Soy Paz, Yo Soy Luz, Yo Soy Armonía

GUÍA DE VIAJE HACIA TU INTERIOR

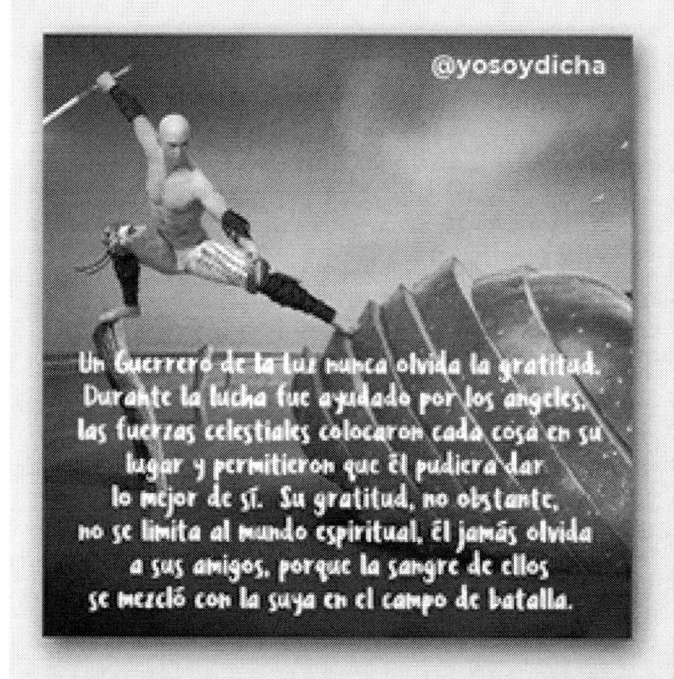

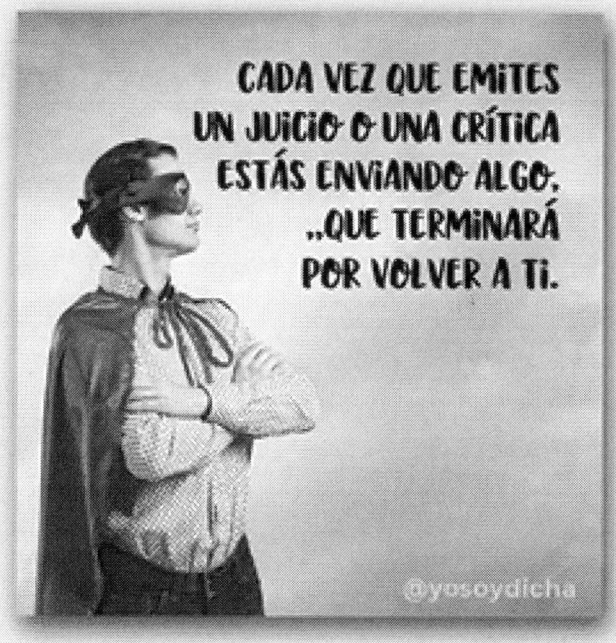

Un Guerrero de la Luz nunca olvida la gratitud. Durante la lucha fue ayudado por los ángeles, las fuerzas celestiales colocaron cada cosa en su lugar y permitieron que él pudiera dar lo mejor de sí. Su gratitud, no obstante, no se limita al mundo espiritual, él jamás olvida a sus amigos, porque la sangre de ellos se mezcló con la suya en el campo de batalla.

SI QUIERES CAMBIAR AL MUNDO CAMBIATE A TI MISM@

NADIE EN TU VIDA SE CRUZA POR AZAR. LAS PERSONAS ENTRAN A TU VIDA POR UNA RAZÓN, POR UNA ESTACIÓN, POR UN TIEMPO O POR TODA UNA VIDA.

CADA VEZ QUE EMITES UN JUICIO O UNA CRÍTICA ESTÁS ENVIANDO ALGO, ..QUE TERMINARÁ POR VOLVER A TI.

La vida comienza cuando el miedo termina

SABIDURÍA PARA DISFRUTAR LA ERA DE ACUARIO

> El hombre es su propio creador de su cielo y de su infierno. Y no existen más demonios que los susurros de su propio ego.

> No trates de forzar las puertas. Tócalas con fe. Y si son de Dios, solas se abrirán.

> Me Amo y me Acepto a cualquier edad. Cada momento de la Vida es Perfecto, estoy a salvo y segura. Aquí y ahora.

> Haz una pequeña pausa + respira profundamente, eso es Todo.

Yo Soy un Guerrero de la Luz

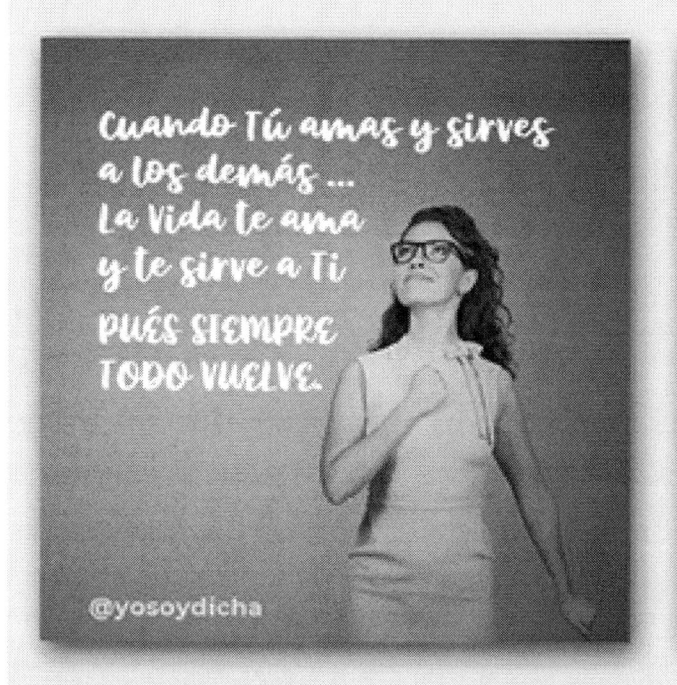

GUÍA DE VIAJE HACIA TU INTERIOR

> Cuando Tú amas y sirves a los demás...
> La Vida te ama y te sirve a Ti
> PUÉS SIEMPRE TODO VUELVE.
> @yosoydicha

> QUIZÁS SIEMPRE TE SIENTAS PRESIONADA PARA IR PARA ADELANTE, PERO DE VEZ EN CUANDO UN PEQUEÑO PASO HACIA ATRÁS, TE HARÁ SABER QUIEN ERES Y QUE BUSCAR.

> Sabés que sucede cuando los años pasan?
> Ves el Amor de una forma diferente, te enamoras del alma de las personas, sólo quieres amor y tranquilidad, aprecias más la vida porque notas que la conciencia te dice que nada es para siempre y lo más importante que cada minuto es un milagro por estar vivo.
> @yosoydicha

> @yosoydicha
> Todas mis cuentas han sido divinamente pagadas y yo vivo en la abundancia.
> Gracias Gracias Gracias

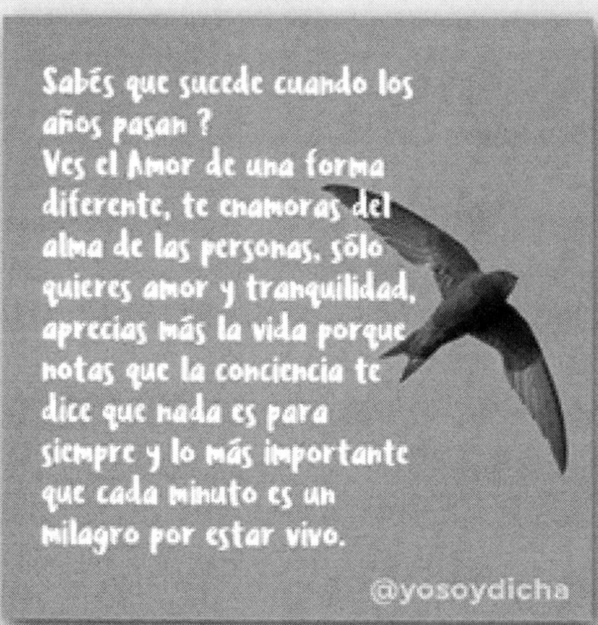

¿Qué energía requiero ser aquí para que esto cambie?

SABIDURÍA PARA DISFRUTAR LA ERA DE ACUARIO

Me hago consciente de todas mis bendiciones y las agradezco una a una
@yosoydicha

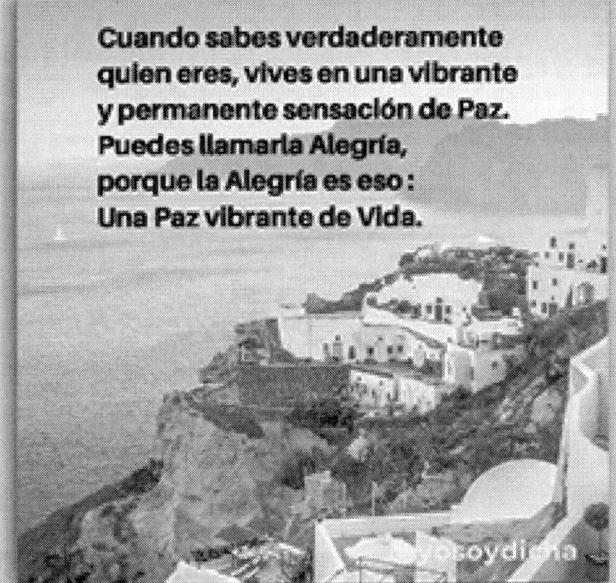

Cuando sabes verdaderamente quien eres, vives en una vibrante y permanente sensación de Paz. Puedes llamarla Alegría, porque la Alegría es eso: Una Paz vibrante de Vida.
@yosoydicha 

@yosoydicha
AYUDA A CRECER A LOS DEMÁS Y CADA DÍA SERÁS MÁS GRANDE.

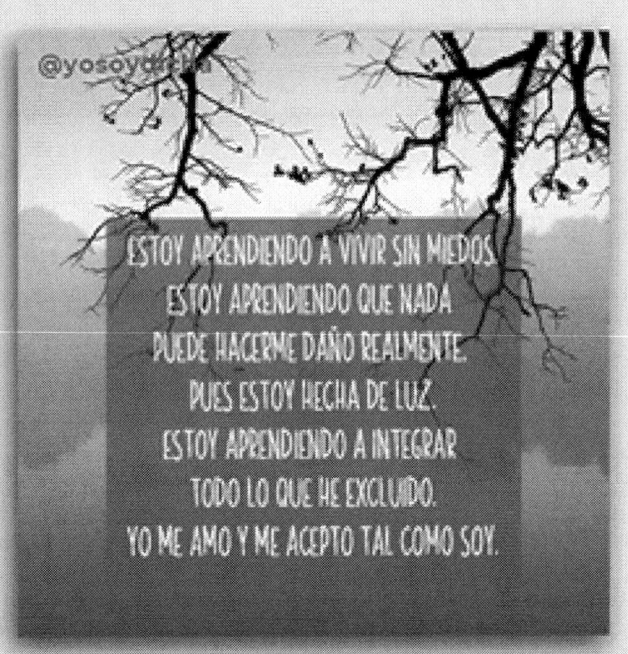

@yosoydicha
ESTOY APRENDIENDO A VIVIR SIN MIEDOS. ESTOY APRENDIENDO QUE NADA PUEDE HACERME DAÑO REALMENTE. PUES ESTOY HECHA DE LUZ. ESTOY APRENDIENDO A INTEGRAR TODO LO QUE HE EXCLUIDO. YO ME AMO Y ME ACEPTO TAL COMO SOY.

Yo Soy la perfecta salud en este cuerpo

GUÍA DE VIAJE HACIA TU INTERIOR

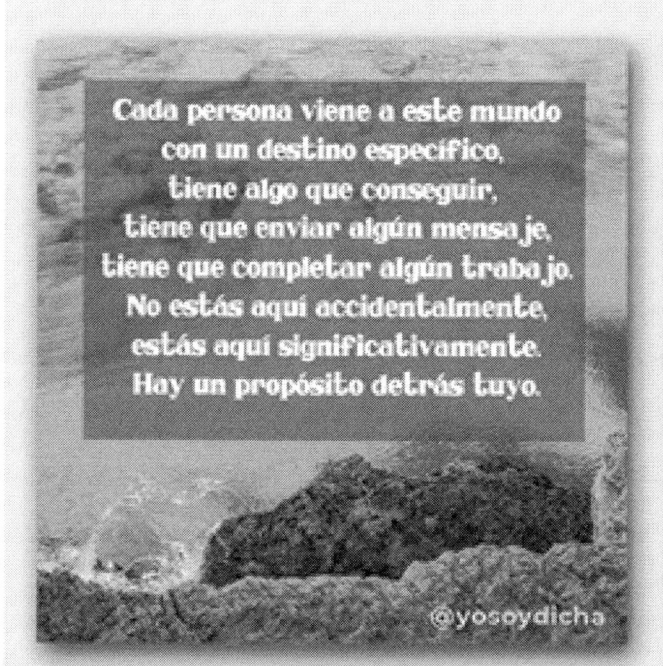

> Cada persona viene a este mundo con un destino específico, tiene algo que conseguir, tiene que enviar algún mensaje, tiene que completar algún trabajo. No estás aquí accidentalmente, estás aquí significativamente. Hay un propósito detrás tuyo.
>
> @yosoydicha

> NUESTRO PEOR PROBLEMA DE COMUNICACIÓN ES QUE NO ESCUCHAMOS PARA ENTENDER, ESCUCHAMOS PARA CONTESTAR.
>
> @yosoydicha

> LAS ALMAS NOBLES SON COMO LA MADERA DEL SÁNDALO, PERFUMAN HASTA EL HACHA QUE LAS GOLPEA.
>
> @yosoydicha

> Invoco al Arcángel Uriel y al Arcángel Miguel
> para que con su misericordia
> y la presencia divina que son
> corten todas las ataduras de todo tipo y lugar
> en toda vida, con todo ser o hermandad visible
> o no, incluido yo mismo,
> que me impida de cualquier modo avanzar
> crecer, cumplir mi misión y vivir en la luz
> siguiendo los caminos que se me abren
> hacia ella.
> Fluyendo con las bendiciones divinas
> Haciéndome el camino fácil, sencillo y con gozo
> Así lo decreto con todo el amor
> compasión y misericordia que Yo Soy
> para mi y para todos los involucrados
> Para mi mayor bien y para el bien mayor
> Que así sea, Hecho Está
> Gracias Gracias Gracias
>
> @yosoydicha

Donde nada es seguro, todo es posible

SABIDURÍA PARA DISFRUTAR LA ERA DE ACUARIO

No puedes volver atrás y cambiar el principio. Pero puedes comenzar donde estás y cambiar el final.

@yosoydicha

Vacía los viejos pensamientos, emociones y palabras en tu cuerpo y mente, para que tu corazón pueda mostrarte la nueva historia que viniste a vivir.

@yosoydicha

La Vida comienza cuando el miedo termina

@yosoydicha

No hay más realidad que la que tenemos dentro. Por eso la mayoría de los seres humanos viven tan irrealmente, porque creen que las imágenes exteriores son la realidad y no permiten a su mundo interior manifestarse.

@yosoydicha

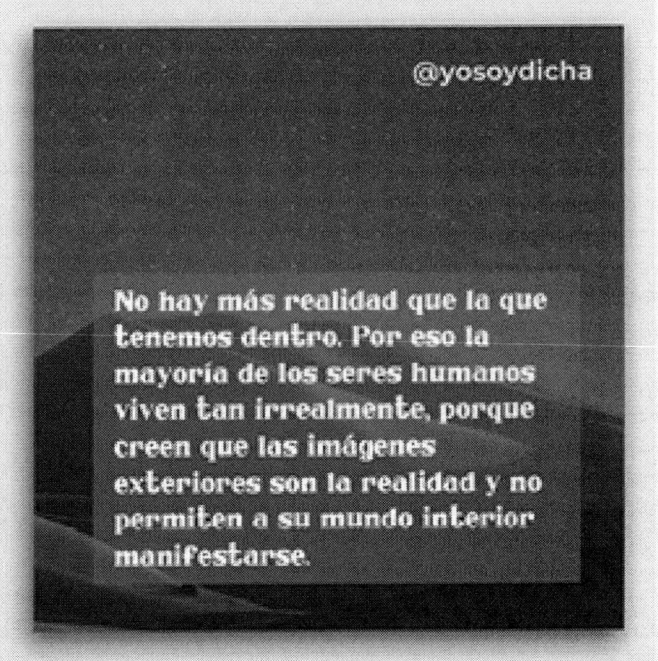

Yo Soy la encarnación de la Confianza y la Consciencia

GUÍA DE VIAJE HACIA TU INTERIOR

El ruido de la Vida produce las contradicciones. El silencio es una música inteligente, callada sí, pero no muda.

@yosoydicha

Estás tan entretenido en intentar ser alguien, que te olvidaste de disfrutar lo que YA ERES

@yosoydicha

HAS INTENTADO ABSOLUTAMENTE TODO EXCEPTO LO OBVIO
NO HACER NADA

@yosoydicha

GRATITUD
Es la clave que convierte los problemas en bendiciones y lo inesperado en regalos

@yosoydicha

Todo llega a mi vida con facilidad, gozo y gloria

SABIDURÍA PARA DISFRUTAR LA ERA DE ACUARIO

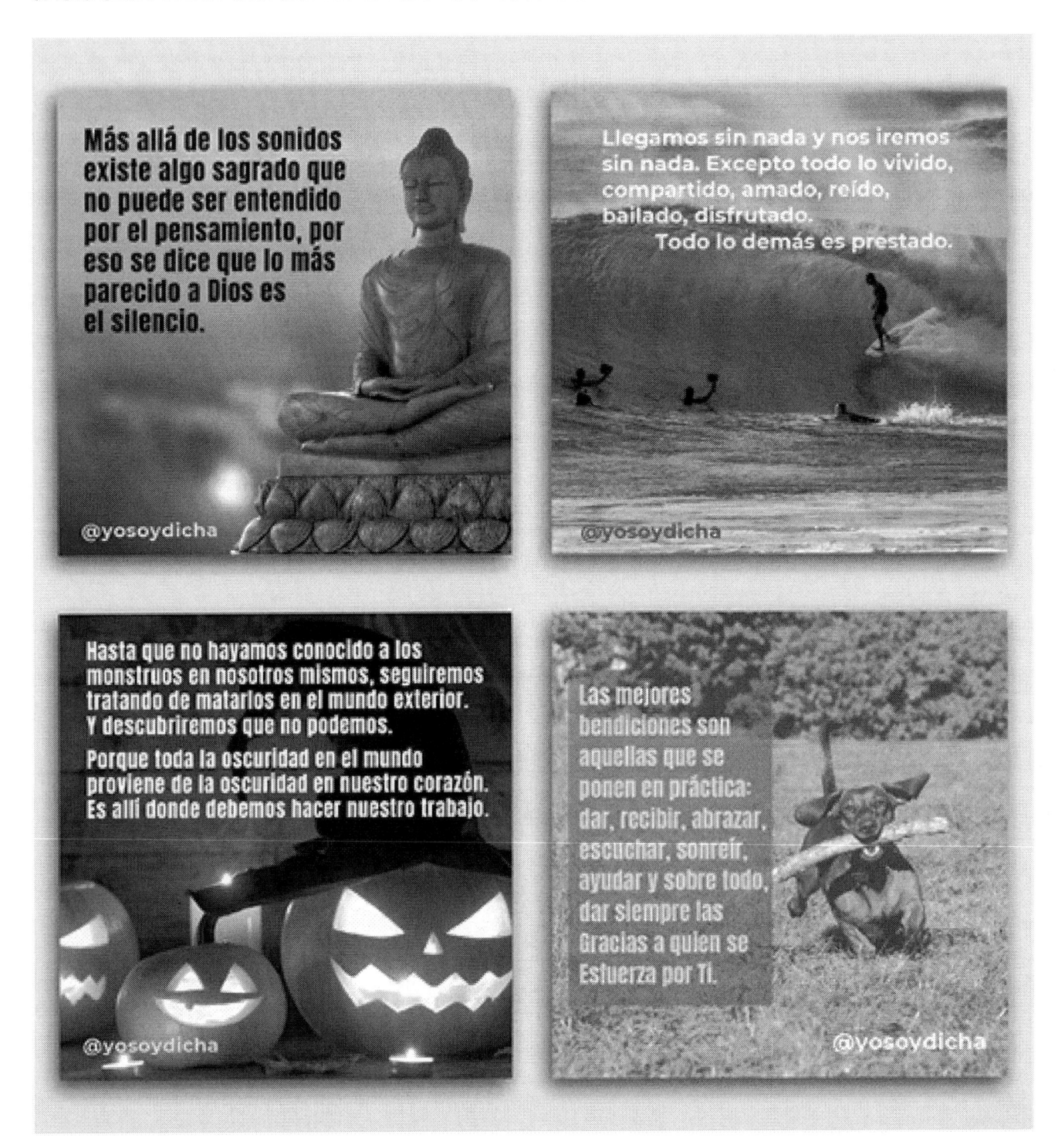

Más allá de los sonidos existe algo sagrado que no puede ser entendido por el pensamiento, por eso se dice que lo más parecido a Dios es el silencio.

@yosoydicha

Llegamos sin nada y nos iremos sin nada. Excepto todo lo vivido, compartido, amado, reído, bailado, disfrutado.

Todo lo demás es prestado.

@yosoydicha

Hasta que no hayamos conocido a los monstruos en nosotros mismos, seguiremos tratando de matarlos en el mundo exterior. Y descubriremos que no podemos.

Porque toda la oscuridad en el mundo proviene de la oscuridad en nuestro corazón. Es allí donde debemos hacer nuestro trabajo.

@yosoydicha

Las mejores bendiciones son aquellas que se ponen en práctica: dar, recibir, abrazar, escuchar, sonreír, ayudar y sobre todo, dar siempre las Gracias a quien se Esfuerza por Ti.

@yosoydicha

Yo Soy un servidor de la Era de Acuario

GUÍA DE VIAJE HACIA TU INTERIOR

La única evolución que merece tal nombre es la evolución de la dicha. Si no aumenta la dicha, no estás evolucionando.

Si no está creciendo la dicha, la sociedad no está evolucionando. De hecho lo que la gente entiende normalmente por evolución y progreso son tonterías. Evolución no significa una tecnología más complicada. Eso es algo muy superficial. Puedes tener más máquinas, pero eres la misma persona.

Puedes llegar a la luna o incluso un día a las estrellas, pero harás allí lo mismo que haces aquí.

La verdadera evolución sólo se puede juzgar por la dicha. Y la dicha aumenta con la consciencia, crecen juntas, simultáneamente, son dos aspectos de la misma moneda.

@yosoydicha

QUE PUEDO SER O HACER HOY PARA HACER DE ESTE NUESTRO PLANETA, UN HOGAR MUCHO MÁS AMOROSO Y SALUDABLE?

@yosoydicha

@yosoydicha

SOMOS SERES INFINITOS Y ETERNOS EN CUERPOS TEMPORALES.

Si todo lo tomas personal, vivirás ofendida la mayor parte del tiempo, recuerda que las personas no te hacen cosas, las personas hacen cosas y tú decides si te afectan o no.

@yosoydicha

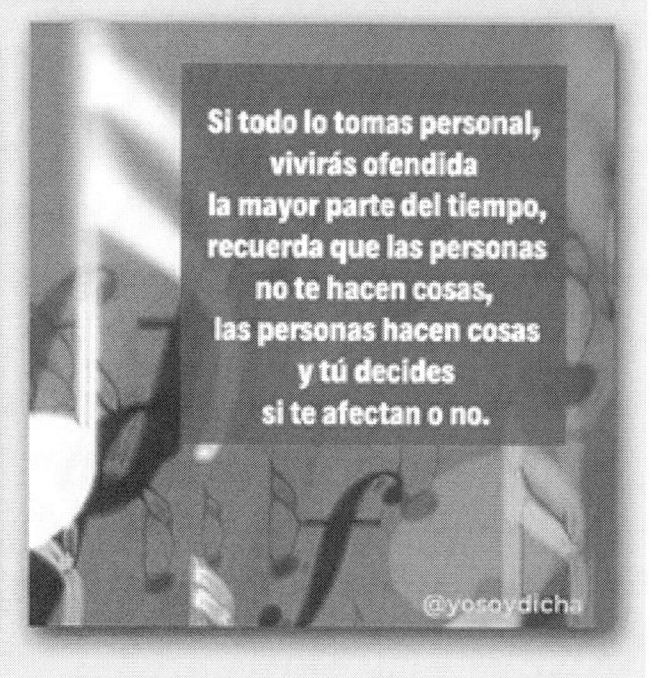

Yo Soy Libre, Yo soy Feliz, Yo soy Invencible

SABIDURÍA PARA DISFRUTAR LA ERA DE ACUARIO

Cuanto más consciente y agradecida eres de las cosas buenas que hay en tu vida, más cosas buenas se seguirán manifestando.

@yosoydicha

La vida te pondrá obstáculos, pero los límites los pones tú.

@yosoydicha

@yosoydicha

Tu percepción de MI Es sólo un reflejo de TI

@yosoydicha

Tu ÚNICA RESPONSABILIDAD ES ELEGIR DESDE DONDE MIRAS EL MUNDO, DESDE EL MIEDO O DESDE EL AMOR.

Yo Soy Amor

GUÍA DE VIAJE HACIA TU INTERIOR

La vida no te envía pruebas, te envía situaciones que aún no has resuelto.

@yosoydicha

Cuando eres consciente, estás más abierto a la existencia, a todo lo que ocurre a tu alrededor. Todas tus puertas y ventanas están abiertas, la divinidad puede pasar a través de ti.
Te puedes volver cada vez más sensible a medida que eres más consciente.

@yosoydicha

@yosoydicha

Hay que escuchar a la cabeza, pero dejar hablar al corazón.

¿Estás agradecido por cada día que estás vivo? ¿O no le das importancia?
Es imposible ser negativo cuando eres agradecido. Es imposible criticar y culpabilizar cuando eres agradecido. Es imposible sentirte triste o tener sentimientos negativos cuando eres agradecido. Y lo mejor de todo es que si actualmente existe alguna situación negativa en tu vida, no te llevará mucho tiempo transformarla con la gratitud. Las situaciones negativas desaparecerán como una bocanada de humo...
¡como por arte de magia!

@yosoydicha

Inhalo Amor Exhalo Gratitud

SABIDURÍA PARA DISFRUTAR LA ERA DE ACUARIO

> No revises ningún problema de manera constante en tu mente. Deja descansar el problema y quizá se resuelva por sí sólo; tampoco lo dejes abandonado por tanto tiempo que pierdas el criterio. En cambio, usa esos momentos en los que dejas descansar el problema para ir hacia ese lugar calmo en tu interior. Al alinearte con tu alma, podrás pensar correctamente y si tus pensamientos y acciones se han descarrilado, pueden ser realineados.
>
> @yosoydicha

> Si quieres algo que nunca has tenido tendrás que hacer algo que nunca has hecho.
>
> @yosoydicha

> LAS OPORTUNIDADES ESTÁN AHÍ, VERLAS O NO, DEPENDERÁ DE TU MENTALIDAD.
>
> @yosoydicha

> DESCANSA EN MI. Le dijo el AMOR al MIEDO.
>
> @yosoydicha

Yo Soy Alegría, Yo Soy Abundancia, Yo Soy Plenitud

GUÍA DE VIAJE HACIA TU INTERIOR

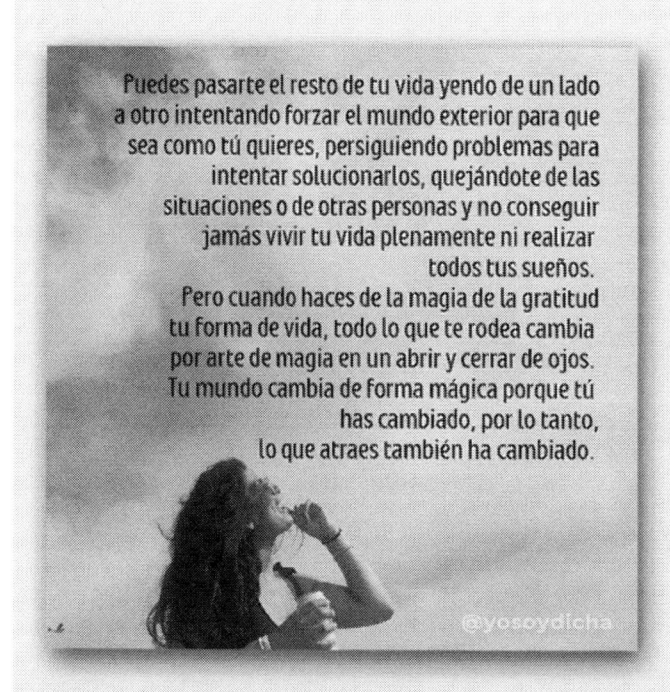

Puedes pasarte el resto de tu vida yendo de un lado a otro intentando forzar el mundo exterior para que sea como tú quieres, persiguiendo problemas para intentar solucionarlos, quejándote de las situaciones o de otras personas y no conseguir jamás vivir tu vida plenamente ni realizar todos tus sueños.

Pero cuando haces de la magia de la gratitud tu forma de vida, todo lo que te rodea cambia por arte de magia en un abrir y cerrar de ojos. Tu mundo cambia de forma mágica porque tú has cambiado, por lo tanto, lo que atraes también ha cambiado.

La vida siempre te ofrece otra oportunidad. Se llama HOY

CADA MAÑANA NACEMOS DE NUEVO, LO QUE HACEMOS HOY ES LO QUE MÁS IMPORTA.

Cuanto más consciente y agradecido eres de las cosas buenas que hay en tu vida, más cosas buenas se seguirán manifestando.

Lo siento. Perdón. Gracias. Te amo

SABIDURÍA PARA DISFRUTAR LA ERA DE ACUARIO

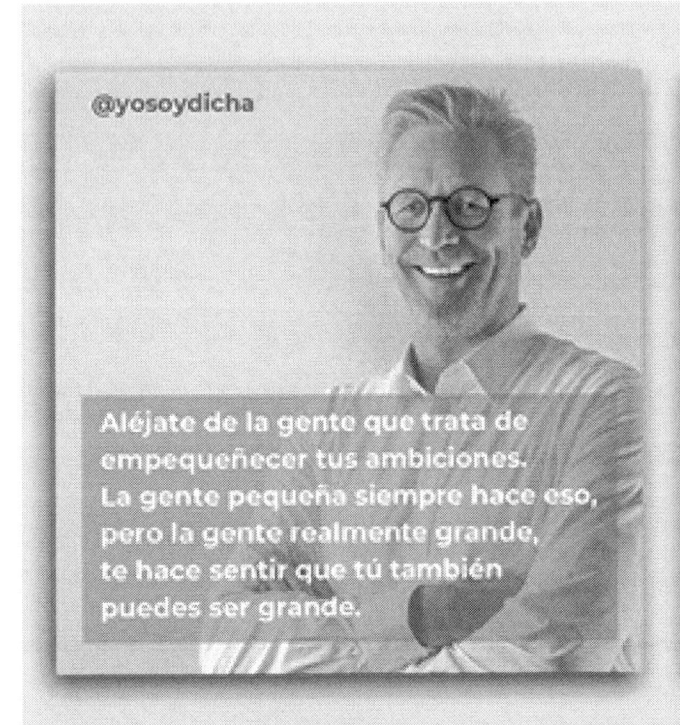

Aléjate de la gente que trata de empequeñecer tus ambiciones. La gente pequeña siempre hace eso, pero la gente realmente grande, te hace sentir que tú también puedes ser grande.

El miedo siempre está dispuesto a ver las cosas peores de lo que son.

EL CAMINO ESPIRITUAL ES INVISIBLE, NO ESTÁ TRAZADO, NO ESTÁ A LA VISTA. TENDRÁS QUE RECORRERLO POR TUS PROPIOS MEDIOS, PUESTO QUE NO TE SERVIRÁN LOS MEDIOS DE LOS DEMÁS.

SI ALGUIEN TE DESEA EL MAL, DESÉALE TÚ EL BIEN, CADA UNO OFRECE LO QUE TIENE.

Gracias Gracias Gracias por este magnífico desenlace

GUÍA DE VIAJE HACIA TU INTERIOR

PADRES: 2	CUARTABUELOS: 32	OCTABUELOS: 512
ABUELOS: 4	PENTABUELOS: 64	NONABUELOS: 1024
BISABUELOS: 8	HEXABUELOS: 128	DECABUELOS: 2048
TATARABUELOS: 16	HEPTABUELOS: 256	UNDECABUELOS: 4096

SÓLO DEL TOTAL DE LAS ÚLTIMAS 11 GENERACIONES, FUERON NECESARIOS 4096 ANCESTROS PARA QUE TÚ ESTÉS AQUÍ HOY Y ESO IMPLICA CERCA DE 300 AÑOS ANTES DE QUE TU NACIERAS.
PIENSA UN INSTANTE: CUÁNTAS LUCHAS, CUÁNTAS GUERRAS, CUÁNTA HAMBRE, CUÁNTAS DIFICULTADES TODOS NUESTROS ANTEPASADOS VIVIERON ?
POR OTRO LADO, CUÁNTA FUERZA, CUÁNTO AMOR, CUÁNTAS ALEGRÍAS Y ESTÍMULOS, CUÁNTO INSTINTO DE SUPERVIVENCIA TUVO CADA UNO DE ELLOS DENTRO DE SÍ PARA QUE HOY

TÚ ESTÉS VIVO AQUÍ

@yosoydicha

LA FELICIDAD NO CONSISTE EN LO QUE PASA A TU ALREDEDOR, SINO LO QUE PASA DENTRO DE TI.

@yosoydicha

EL FRACASO ES LA OPORTUNIDAD DE COMENZAR DE NUEVO, CON MÁS INTELIGENCIA.

@yosoydicha

El día que la muerte
llame a tu puerta,
¿ que le ofrecerás ?
Yo depositaré delante
de mi invitada
la jarra llena de mi vida,
yo jamás la dejaré partir
con las manos vacías.

@yosoydicha

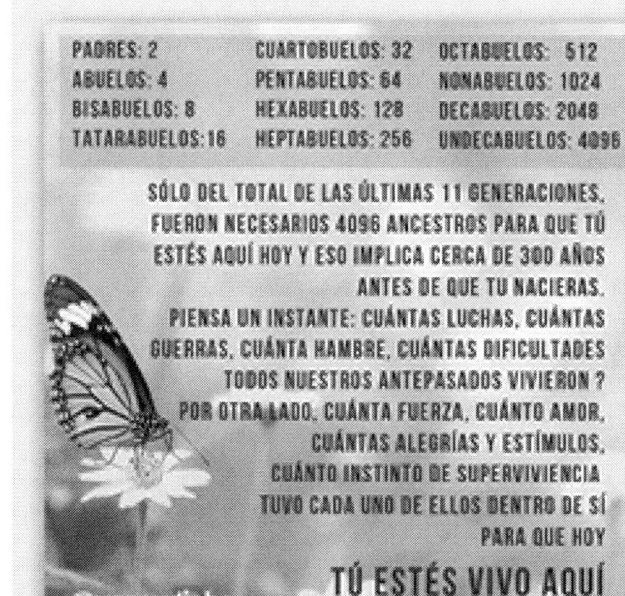

Yo Soy la Presencia Divina

SABIDURÍA PARA DISFRUTAR LA ERA DE ACUARIO

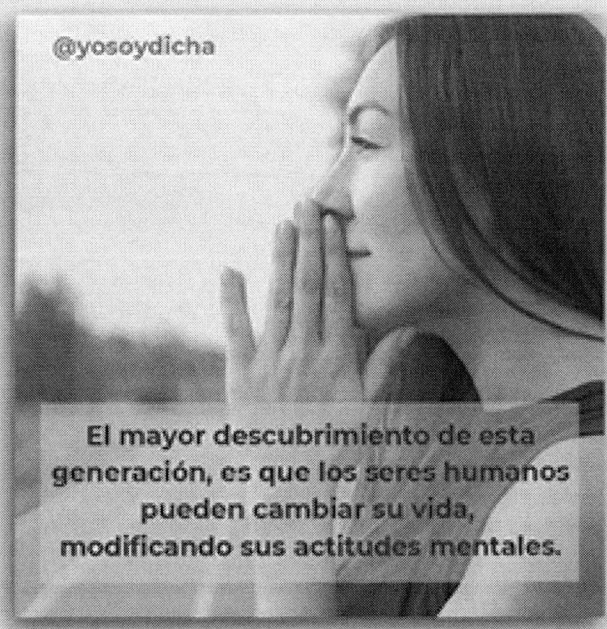

> EL VALIENTE NO ES EL QUE NO TIENE MIEDO, SINO EL QUE HA PESAR DEL MIEDO, AÚN ASÍ ENFRENTA EL RETO.
>
> @yosoydicha

> El mayor descubrimiento de esta generación, es que los seres humanos pueden cambiar su vida, modificando sus actitudes mentales.
>
> @yosoydicha

> El universo nos ha ofrecido una preciosa finalidad: ser creadores de conciencia.
>
> @yosoydicha

> Finalmente somos lo que dejamos en el corazón de las personas...
>
> @yosoydicha

Esto también pasará

GUÍA DE VIAJE HACIA TU INTERIOR

Sólo aquellos árboles cuyas raíces han tocado el infierno, pueden crecer hasta el cielo.

QUE HOY EL CIELO TE SONRÍA, LOS ÁNGELES TE CUIDEN Y LA ALEGRÍA INVADA TU CORAZÓN.

Un mundo lleno de amor, luz y risas. El tiempo ha llegado. Hagamos que suceda.

La gratitud es riqueza y quejarse es pobreza; es la regla de oro de tu vida, tanto si se trata de tu salud, como de tu trabajo, relaciones o dinero. Cuanto más agradecimiento sientas por el dinero que tienes, aunque no sea mucho, más riqueza recibirás.
Y cuanto más te quejes por el dinero, más pobre serás.

¿Qué más es posible? ¿Cuáles son las infinitas posibilidades?

SABIDURÍA PARA DISFRUTAR LA ERA DE ACUARIO

Goza de las pequeñas cosas que la vida te ofrece: para encontrar la verdadera felicidad no se necesita ser rico o poseer grandes bienes. Sólo necesitas tener riqueza en tu corazón y llenarlo de cosas positivas.

CRÉEME, LO QUE VIENE, ES MUCHO MEJOR DE LO QUE SE FUE.

No tienes que ser un seguidor, un imitador.
Tienes que ser un individuo original.
Tienes que encontrar por ti mismo tu esencia más profunda, sin guía, sin sagradas escrituras que te guíen.
Es una noche oscura, pero con el fuego interno de la indagación estás destinado llegar al amanecer.

Sabés lo que le cuesta a una estrella poder brillar?
... Un montón de oscuridad

Yo Soy Paz, Yo Soy Luz, Yo Soy Armonía

GUÍA DE VIAJE HACIA TU INTERIOR

EL CENTRO DE TU CORAZÓN, DONDE LA VIDA COMIENZA, ES EL LUGAR MÁS HERMOSO EN LA TIERRA.

@yosoydicha

SÓLO AQUELLOS QUE SE ATREVEN A SUFRIR GRANDES FRACASOS, SON CAPACES DE CONSEGUIR GRANDES ÉXITOS.

@yosoydicha

@yosoydicha

Y si un día de estos te despiertas buscando un motivo de felicidad, párate frente al espejo, ahí tienes la gran respuesta.

@yosoydicha

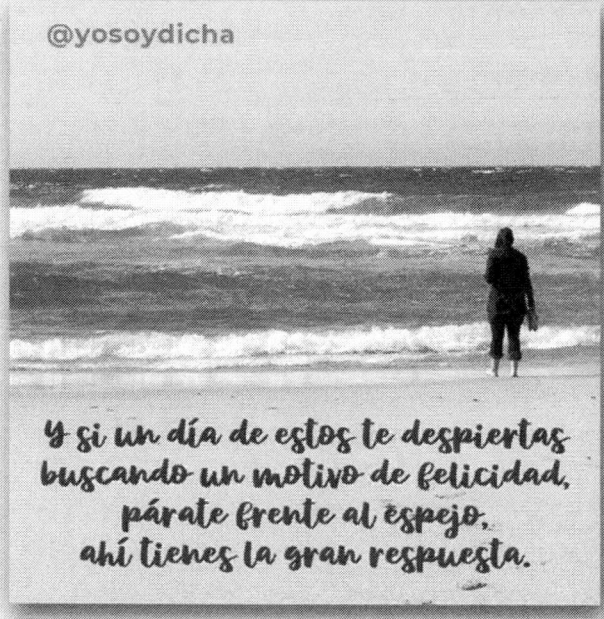

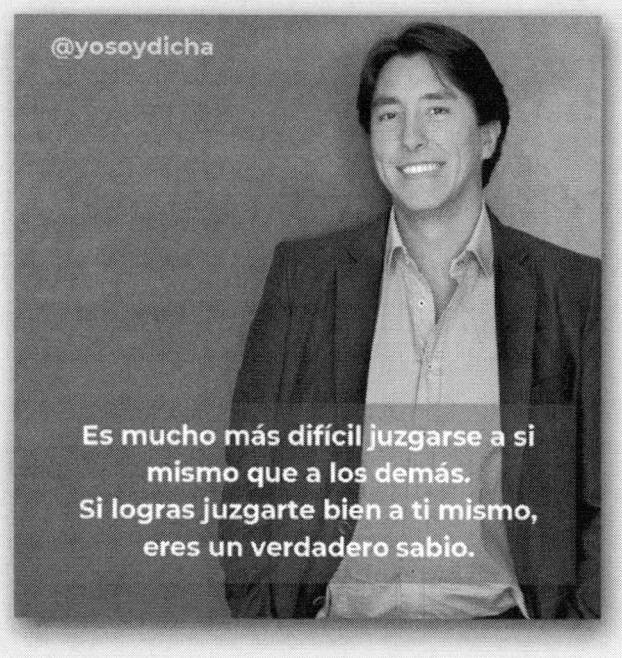

Es mucho más difícil juzgarse a si mismo que a los demás.
Si logras juzgarte bien a ti mismo, eres un verdadero sabio.

La vida comienza cuando el miedo termina

SABIDURÍA PARA DISFRUTAR LA ERA DE ACUARIO

> Cuando estás cómodo con la incertidumbre, se abren en tu vida infinitas posibilidades.
>
> @yosoydicha

> Acéptate como eres y habrás silenciado al más severo de los jueces.
>
> @yosoydicha

> La gratitud es la puerta que abrimos para permitir que la abundancia ingrese a nuestra vida.
>
> @yosoydicha

> CUANDO LA CRESTA DE LA OLA DESCIENDE VUELVE A SER OCÉANO. CUANDO SE ELEVABA TAMBIÉN ERA OCÉANO, PERO CREÍA SER OLA.
>
> @yosoydicha

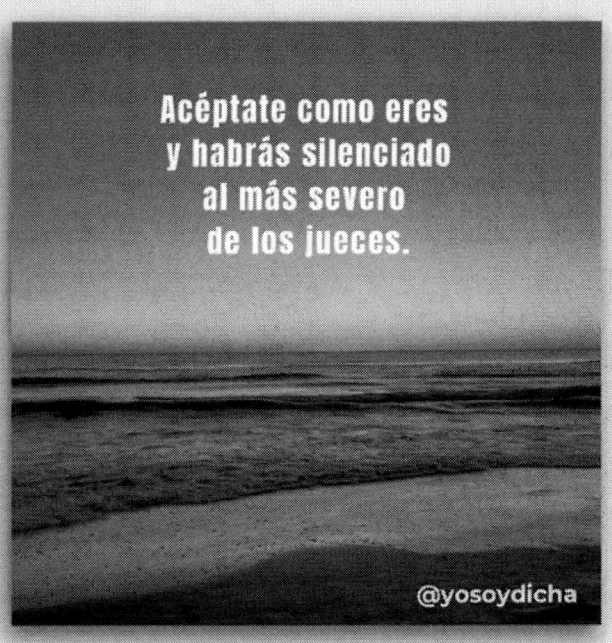

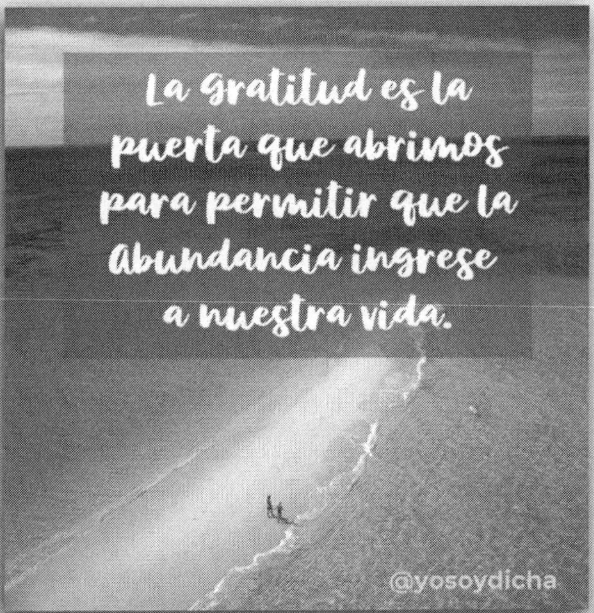

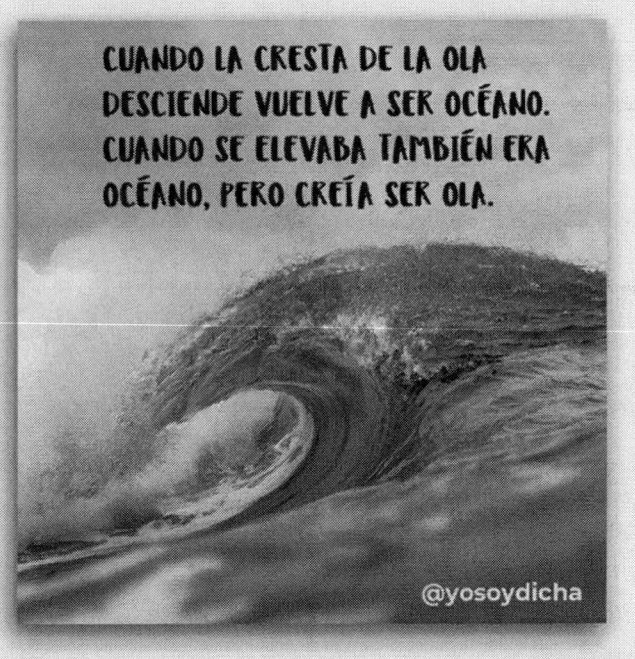

Yo Soy un Guerrero de la Luz

GUÍA DE VIAJE HACIA TU INTERIOR

> AUNQUE EL MIEDO TENGA MÁS ARGUMENTOS ELIJE SIEMPRE LA ESPERANZA
>
> @yosoydicha

> Cuando te pones en marcha para lograr tus metas y sueños, debes darte cuenta de que no todas tus acciones serán perfectas. Cometer errores y evaluar lo que sucede son partes del proceso de lograr, finalmente, lo que te propones.
>
> @yosoydicha

> Cada vez que emites un juicio o una crítica, estás enviando algo que terminará en volver a ti.
>
> @yosoydicha

> No aprenderás nada de la vida si siempre crees que tienes la razón.
>
> @yosoydicha

¿Qué energía requiero ser aquí para que esto cambie?

SABIDURÍA PARA DISFRUTAR LA ERA DE ACUARIO

POR LA MISMA PUERTA QUE SALEN LOS MIEDOS ENTRA LA FELICIDAD.

La vida es un juego... Necesitamos jugar para volver a descubrir la magia a nuestro alrededor.

Uno puede elegir entre refugiarse en lo seguro o en avanzar y crecer.
El crecer debe ser elegido
una y otra vez.
El miedo debe ser superado
una y otra vez.

Tu gratitud por la comida y el agua hará que siga la magia en tu vida, y tejerá su glorioso hilo de oro a través de todo lo que aprecias, de todo lo que deseas, y de todo aquello con lo que sueñas.
Hoy, antes de comer o beber cualquier cosa, mentalmente o en voz alta
di la palabra mágica, ¡gracias!
Dar gracias por las cosas esenciales de la vida, como la comida y el agua, es una de las formas más profundas de expresar la gratitud, y cuando puedas sentir ese grado de gratitud, verás como se produce la magia

---

Yo Soy la perfecta salud en este cuerpo

GUÍA DE VIAJE HACIA TU INTERIOR

Si escuchas una voz en tu interior que te dice que no puedes pintar, pinta. ¡Y esa voz se acallará!

ESTANDO SIEMPRE DISPUESTOS A SER FELICES ES INEVITABLE NO SERLO.

A menos que dances, cantes y celebres, no estarás preparado para Dios. Dios es una celebración. Dios es una danza. Dios es una canción.

Dios no puede ocurrir a las personas que son tristes y serias, no puede ocurrir a las personas infelices.

La infelicidad hace que la gente se encoja, la dicha hace que se expandan, la dicha les hace espaciosos, y Dios necesita todo ese espacio, solo entonces puede entrar en ti el cielo supremo.

La vida nos golpea a todos nos hiere, nos empuja, nos tumba. Pero también nos enseña, nos corrige y nos premia. Vivir es eso, Caer y levantarse siempre.

Donde nada es seguro, todo es posible

SABIDURÍA PARA DISFRUTAR LA ERA DE ACUARIO

> **SER IMPORTANTE ES DEL EGO.**
> **SER FELIZ ES DEL ALMA.**
> @yosoydicha

> **CADA PERSONA VE LA REALIDAD, DE ACUERDO A SUS CREENCIAS.**
> @yosoydicha

> @yosoydicha
> Si amas una flor, no la recojas. Porque si lo haces esta morirá y dejará de ser lo que amas. Entonces si amas una flor, déjala ser.
> El amor no se trata de posesión. El amor se trata de apreciación.

> @yosoydicha
> **GRACIAS UNIVERSO POR TODAS LAS COSAS BUENAS DE MI VIDA QUE AÚN DESCONOZCO Y YA SALIERON A MI ENCUENTRO...**

Yo Soy la encarnación de la Confianza y la Consciencia

GUÍA DE VIAJE HACIA TU INTERIOR

EN LO MÁS PROFUNDO DEL INVIERNO, AL FIN APRENDÍ, QUE DENTRO DE MÍ, HAY UN VERANO INVENCIBLE.

Si te sientes pequeño, el universo responderá a esa vibración y te dará migajas. Siente que eres merecedor de la abundancia y el universo te responderá, poniendo a tu disposición recursos ilimitados.

Cuanto más consciente y agradecido eres de las cosas buenas que hay en tu vida, más cosas buenas se seguirán manifestando.

FRACASAR es Ley de la Vida si no fracasas no aprendes, y si no aprendes no cambias.

Todo llega a mi vida con facilidad, gozo y gloria

SABIDURÍA PARA DISFRUTAR LA ERA DE ACUARIO

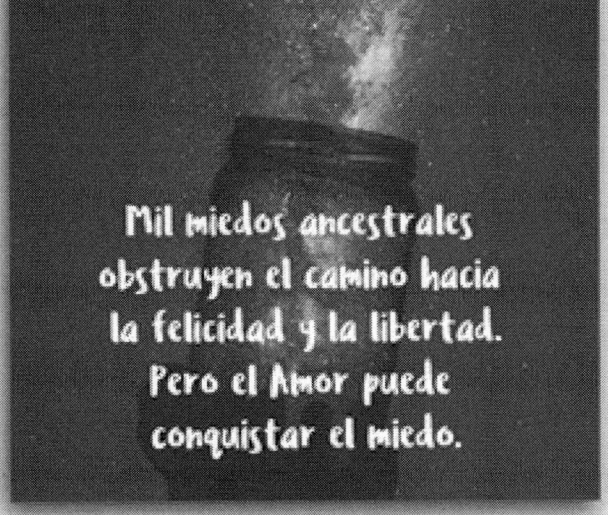

> LA CONFIANZA EN UNO MISMO ES EL PRIMER SECRETO DEL ÉXITO LA ESENCIA DEL HEROÍSMO

> Mil miedos ancestrales obstruyen el camino hacia la felicidad y la libertad. Pero el Amor puede conquistar el miedo.

> QUE TU META HOY SEA GANARLE A TU MEJOR EXCUSA.

> ME PERMITO TENER MÁS DE LO QUE JAMÁS SOÑÉ.

GUÍA DE VIAJE HACIA TU INTERIOR

Cuida y valora todo aquello que con dinero no puedas comprar.

La mente controla al cuerpo, pero la respiración controla a la mente.

Permite que el silencio te lleve al centro de la vida

El que puede cambiar sus pensamientos, puede cambiar su destino.

Yo Soy Libre, Yo soy Feliz, Yo soy Invencible

SABIDURÍA PARA DISFRUTAR LA ERA DE ACUARIO

LO QUE SE VA DE TU VIDA NO DEJA UN VACÍO, DEJA UNA ENSEÑANZA.
@yosoydicha

Tu tiempo como oruga, ha expirado… tus alas ya están listas.
@yosoydicha

@yosoydicha
Si crees que estás descalificado, lo estás.
Tienes que pensar alto para subir.
Tienes que estar seguro de ti mismo antes de poder ganar.
En las batallas de la vida no siempre triunfa el más fuerte o el más veloz, sino más bien el que gana, es el que piensa que ganará.

@yosoydicha
NO DISCUTAS TU CAMINO CON OTROS, CAMÍNALO.

Yo Soy Amor

Que nadie te diga
que tus sueños
son demasiado grandes.

EL 90% DEL ÉXITO
SE BASA
SIMPLEMENTE
EN INSISTIR

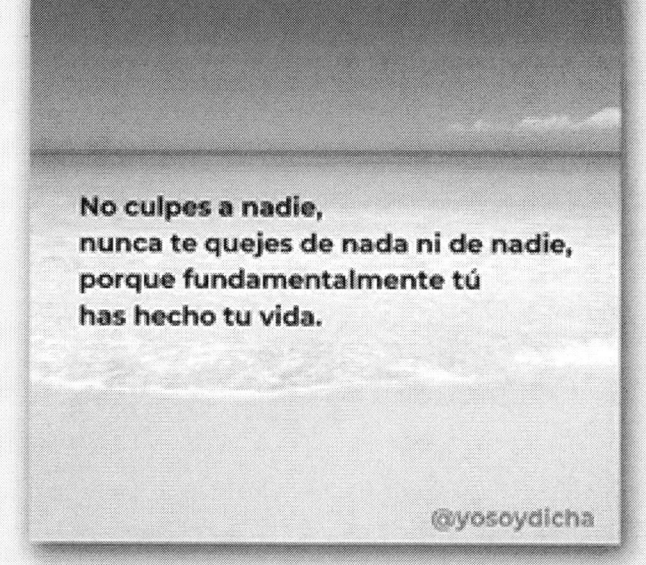

No culpes a nadie,
nunca te quejes de nada ni de nadie,
porque fundamentalmente tú
has hecho tu vida.

Agranda la puerta Padre
porque no puedo pasar.
La hiciste para los niños,
yo he crecido a mi pesar.
Si no me agrandas la puerta
achícame por piedad,
vuélveme a la edad aquella
en que vivir es soñar.

Inhalo Amor Exhalo Gratitud

SABIDURÍA PARA DISFRUTAR LA ERA DE ACUARIO

EN EL MOMENTO EN QUE EMPIEZAS A VER LA VIDA COMO ALGO QUE NO ES SERIO, COMO UN JUEGO, TODA LA CARGA QUE SOPORTA TU CORAZÓN DESAPARECE. TODO EL MIEDO A LA MUERTE, A LA VIDA, AL AMOR, TODO DESAPARECE... UNO EMPIEZA A VIVIR CASI SIN PESO. TAN LIGERO SE VUELVE UNO QUE PUEDE VOLAR AL CIELO ABIERTO.

No me dan miedo las tormentas pues estoy aprendiendo a navegar.

NUNCA TE RINDAS

CREE EN LAS MARIPOSAS. SI ELLAS PUEDEN VOLAR 1.000 MILLAS, PIENSA EN LO QUE TÚ PUEDES HACER. ESTÁS VIVO: CELEBRA CADA INSTANTE. DESCUBRE LO QUE EL MUNDO NECESITA, AQUELLO EN QUE TÚ CREES CON TODO TU CORAZÓN. UN SERVICIO QUE VERDADERAMENTE HACES BIEN Y QUE TE ENCANTA. HAZ ESO. ¡ZAMBÚLLETE! ES CUESTIÓN DE TIEMPO RECOGER SUS FRUTOS.

Yo Soy Alegría, Yo Soy Abundancia, Yo Soy Plenitud

GUÍA DE VIAJE HACIA TU INTERIOR

> A ti se te ha dado la vida para crear, para disfrutar y para celebrar.
> Cuando lloras y sollozas, cuando te sientes desdichado, estás solo.
> Cuando celebras, toda la existencia participa contigo.
> Solamente en la celebración nos encontramos con lo supremo, lo eterno.
> Solamente en la celebración vamos más allá del círculo de nacimiento y muerte.
>
> @yosoydicha

> SI SE SIEMBRA LA SEMILLA CON FE Y SE CUIDA CON PERSEVERANCIA, SÓLO SERÁ CUESTIÓN DE TIEMPO RECOGER SUS FRUTOS.
>
> @yosoydicha

> RESPONSABILIDAD:
> Capacidad para responder.
>
> Mi RESPONSABILIDAD
> es Ilimitada.
> Si estoy dispuesto,
> puedo responder a todo.
>
> @yosoydicha

> Quiero y Puedo
> Soy Luz, Soy Amor
> Soy Abundancia
> Soy Fortaleza.
> Merezco lo mejor
> de lo mejor
> y lo acepto con
> gratitud ahora.
>
> @yosoydicha

Lo siento. Perdón. Gracias. Te amo

SABIDURÍA PARA DISFRUTAR LA ERA DE ACUARIO

La gente siempre está descontenta de todo.
Es una costumbre.
Tener más dinero, una casa mejor, una esposa mejor o un trabajo mejor no los hace más satisfechos.
Si son pobres estarán insatisfechos.
Si son ricos estarán insatisfechos.
Ya que la insatisfacción es un hábito de la mente.
La mente vive a través de ella.
La mente nunca puede estar satisfecha.
Una vez que lo entiendas ocurrirá el milagro.
Entonces podrás dejar la mente a un lado porque nunca te satisfacerá.
Esa no es su naturaleza, estás pidiendo lo imposible.
Observa tu mente. Mira el pasado. En muchas ocasiones pensaste que si lograbas determinada cosa, serías feliz. Pero cuando la conseguiste no fuiste feliz.
Eso ha ocurrido muchas veces.
Observa tu mente y los trucos que te hace.

@yosoydicha

TODO PASA

Pero esa situación
que trata de enseñarte algo...
permanecerá con especial insistencia.

@yosoydicha

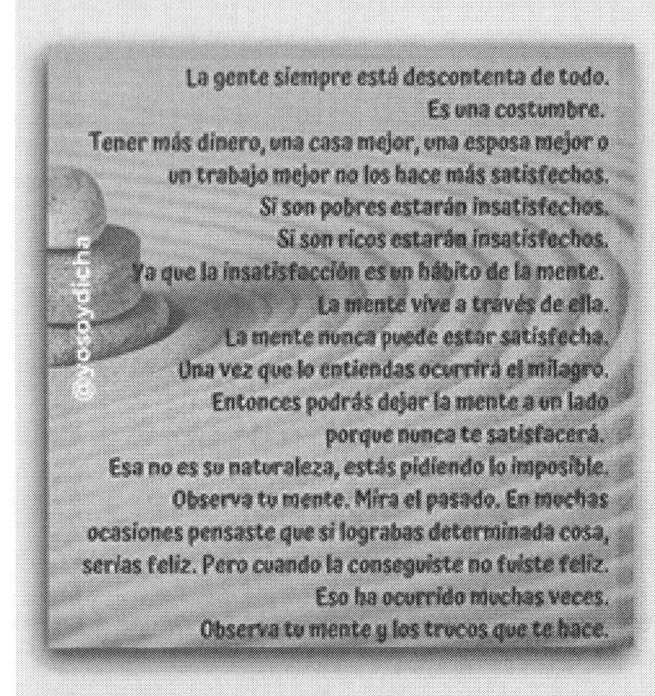

AGRADEZCO EL PRIVILEGIO DE ESTAR VIVA

LA FORMA MÁS FÁCIL Y SENCILLA DE GARANTIZAR QUE EL DÍA QUE TIENES POR DELANTE ESTARÁ LLENO DE MAGIA ES LLENAR TU MAÑANA CON GRATITUD. CUANDO INCORPORES LA GRATITUD EN TU RUTINA MATINAL, SENTIRÁS Y VERÁS SUS BENEFICIOS MÁGICOS A LO LARGO DEL DÍA.

@yosoydicha

La verdadera felicidad se encuentra en las cosas simples y aparentemente más triviales, pero para percibir esas cosas aparentemente pequeñas, es preciso el silencio interior.
Hace falta un estado de alerta.
Aquietarte, mirar, escuchar, observarte, permanecer presente y agradecido.

@yosoydicha

Gracias Gracias Gracias por este magnífico desenlace

GUÍA DE VIAJE HACIA TU INTERIOR

El hombre necesita hacer un gran esfuerzo, y a pesar de ello la DICHA no ocurre por el esfuerzo, es siempre un don de Dios.
Sin embargo, sin el esfuerzo, el hombre nunca es capaz de recibir el don.
Incluso aunque el don esté siempre disponible, el hombre permanece cerrado.
El esfuerzo sólo puede derribar las barreras.
Dios es misericordioso, de modo que cuando quites tus barreras y estés preparado está destinado a ocurrir, es INEVITABLE.

@yosoydicha

Todo llega a ti en el momento justo.
Sé paciente.

@yosoydicha

@yosoydicha

Cada vez que te ocurra un sufrimiento, no lo guardes. Deja que suceda, pero no lo nutras.
¿Para qué ir hablando sobre él?
Recuerda una de las Leyes:
Que a todo lo que le das tu atención crece.
La atención es un sentimiento que ayuda al crecimiento.
Si le prestas atención a algo crece más.

@yosoydicha

Muchas de las cosas que nos hacen sufrir tiene que ver
con la interpretación de los hechos
y no con los hechos en sí.

Yo Soy la Presencia Divina

SABIDURÍA PARA DISFRUTAR LA ERA DE ACUARIO

CUANDO DEJAS IR LO QUE NO ES PARA TI, ESE VACÍO ATRAE LO QUE REALMENTE TE PERTENECE.

La vida está hecha de pequeñas cosas, pero si disfrutas, transformas esas cosas ordinarias en algo extraordinario. Incluso cuando disfrutas comiendo, la comida se vuelve sagrada. Si disfrutas limpiando el suelo, se convierte en una oración. El secreto consiste en disfrutar. Disfruta de todo lo que hagas, y de ese modo lo harás para Dios, será una ofrenda a Dios.

Cuando llegue el momento adecuado, estés maduro y preparado, el sol se elevará y desaparecerá toda la oscuridad.

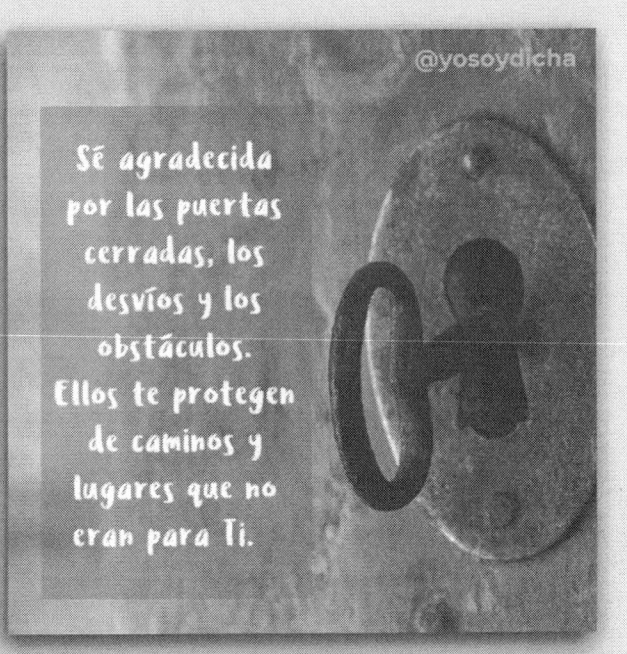

A VECES DONDE MENOS BUSCAMOS ES DONDE MÁS ENCONTRAMOS Y DE QUIEN MENOS ESPERAMOS, ES DE QUIEN MÁS RECIBIMOS.

Sé agradecida por las puertas cerradas, los desvíos y los obstáculos. Ellos te protegen de caminos y lugares que no eran para Ti.

Esto también pasará

GUÍA DE VIAJE HACIA TU INTERIOR

Bienvenida sea cada experiencia que los telares del destino tejan para ti.
Así que en lugar de sentirte mal por lo que estás pasando en un determinado momento, ACÉPTALO TAL CUAL COMO ES, que sea bienvenido. Yo llamo a esto "dejar caer todo el equipaje innecesario", es decir soltar toda irritación, ira, queja, el sentirse víctima, etc.
En cuanto sueltas lo pesado aparece la belleza y la vitalidad del momento presente.
Además el bien se intensifica,
lo desagradable se disuelve más rápidamente y cualquier acción que tomes es más efectiva.
Pero sobre todo sientes una profunda paz interior, respecto a lo que estás experimentando.

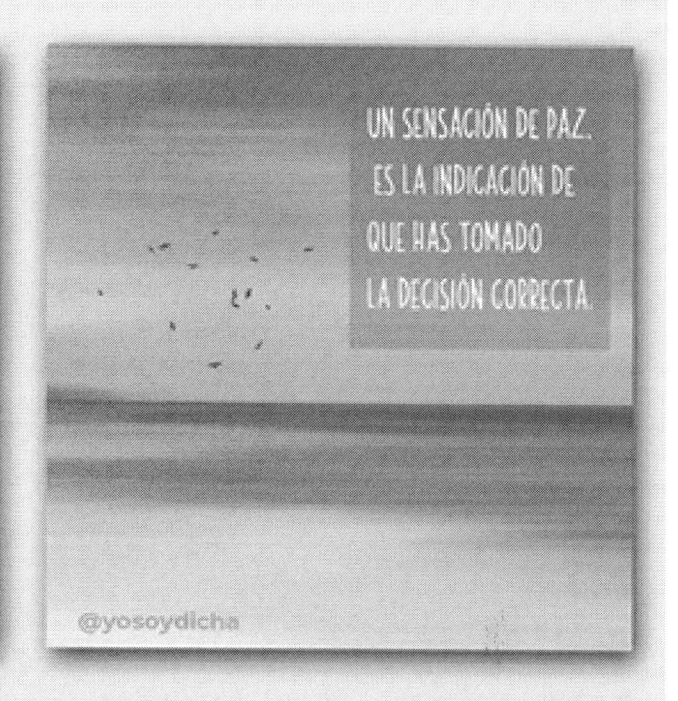

@yosoydicha

UN SENSACIÓN DE PAZ.
ES LA INDICACIÓN DE
QUE HAS TOMADO
LA DECISIÓN CORRECTA.

@yosoydicha

El conocimiento surge de los demás;
la sabiduría surge de lo más profundo
de tu ser, brota y es tuya.
El conocimiento nunca es tuyo, pero es
barato, se puede conseguir fácilmente.
La sabiduría es ardua. Tienes que
excavar en tu propio ser.
Es como cavar un pozo en la tierra,
hay que quitar muchas piedras;
puede que necesites dinamitarlas.
Es difícil, pero si sigues excavando
con gran totalidad, intensidad,
perseverancia y paciencia,
un día descubrirás que surge el agua.

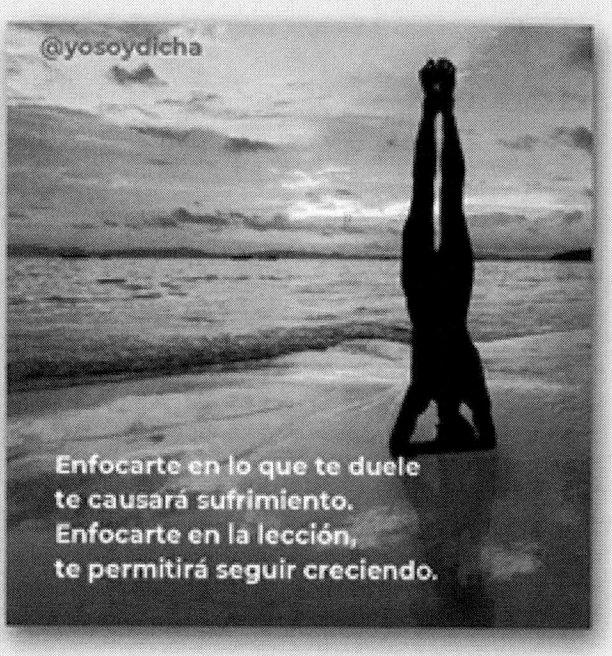

@yosoydicha

@yosoydicha

Enfocarte en lo que te duele
te causará sufrimiento.
Enfocarte en la lección,
te permitirá seguir creciendo.

¿Qué más es posible? ¿Cuáles son las infinitas posibilidades?

SABIDURÍA PARA DISFRUTAR LA ERA DE ACUARIO

SI TE ENFRENTAS A UN PROBLEMA, HAS DE SABER QUE TIENE UNA RESPUESTA.
NUNCA PERMITAS QUE EL PROBLEMA TE DOBLEGUE.
CONSIDÉRALO COMO UNA OPORTUNIDAD, COMO UN DESAFÍO Y LA SOLUCIÓN SE PRESENTARÁ SOLA.
JAMÁS PERMITAS QUE EL PROBLEMA TE CONTROLE.
DEBES HACER EL ESFUERZO DE PENSAR POSITIVAMENTE, PENSAR EN GRANDE, PENSAR EN ÉXITO.

@yosoydicha

Sé sólo una observadora. Si juzgas, ya eres participante de la situación.

@yosoydicha

- "Si alguien se acerca a ti con un regalo y tú no lo aceptas, ¿a quien pertenece el regalo?", preguntó el Maestro.
- "A quien quiso entregarlo", respondió el discípulo.
- "Pués lo mismo vale para cuando te insulten, griten y ofendan. Si no lo aceptas, sigue perteneciendo a quien los cargaba".

@yosoydicha

ESTOY EN PAZ CON TODO LO QUE HA SUCEDIDO,
ESTÁ OCURRIENDO Y SUCEDERÁ.
PORQUE SE QUE TODO PASA
PARA MI MAYOR BIEN.
ESTOY EVOLUCIONANDO Y SUPERANDO TODO.
ELIJO ESTAR EN PAZ CON TODO
Y CONFIAR EN EL PROGESO.

@yosoydicha

Yo Soy Paz, Yo Soy Luz, Yo Soy Armonía

GUÍA DE VIAJE HACIA TU INTERIOR

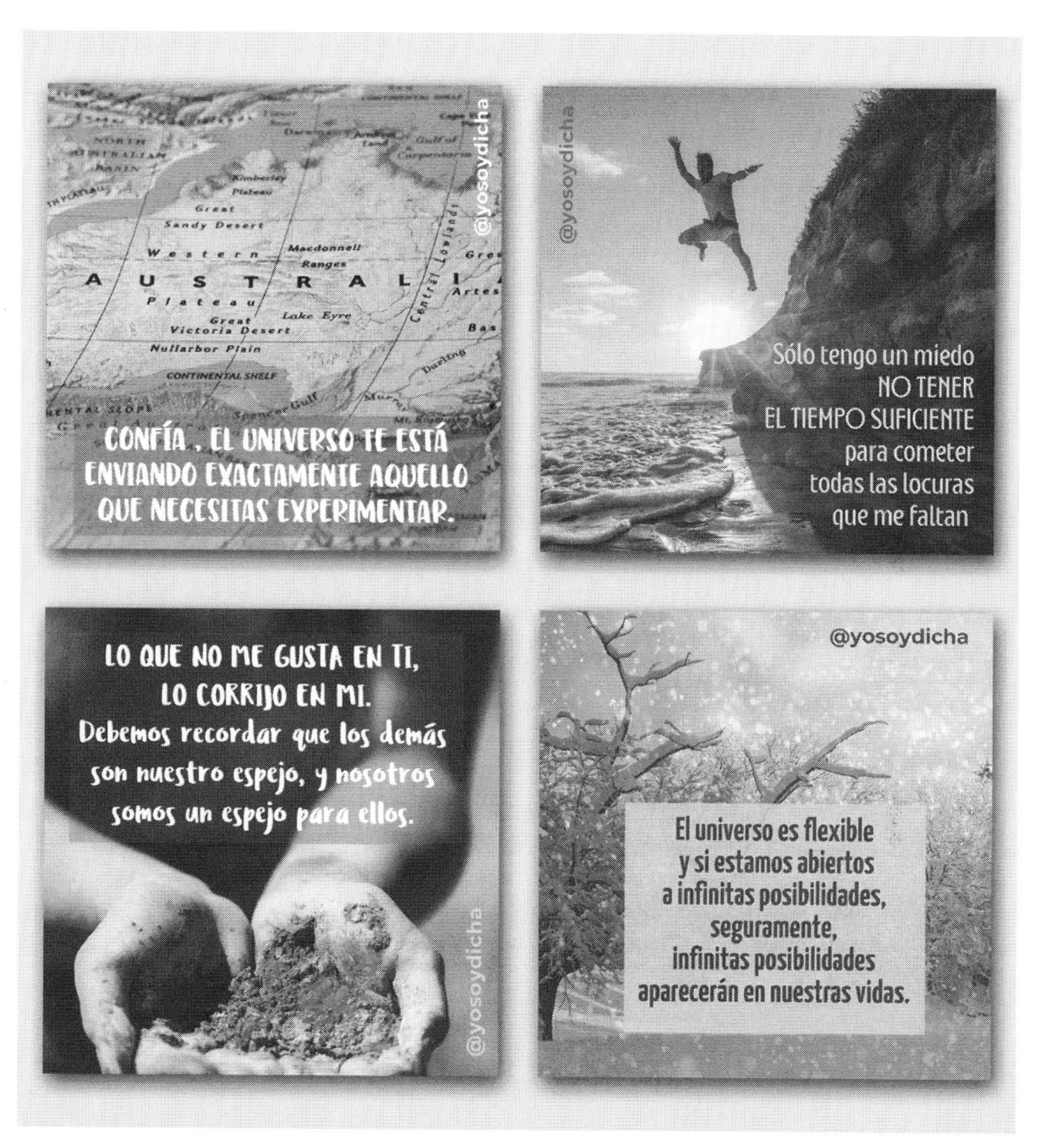

CONFÍA. EL UNIVERSO TE ESTÁ ENVIANDO EXACTAMENTE AQUELLO QUE NECESITAS EXPERIMENTAR.

Sólo tengo un miedo
NO TENER
EL TIEMPO SUFICIENTE
para cometer
todas las locuras
que me faltan

LO QUE NO ME GUSTA EN TI,
LO CORRIJO EN MI.
Debemos recordar que los demás son nuestro espejo, y nosotros somos un espejo para ellos.

El universo es flexible
y si estamos abiertos
a infinitas posibilidades,
seguramente,
infinitas posibilidades
aparecerán en nuestras vidas.

La vida comienza cuando el miedo termina

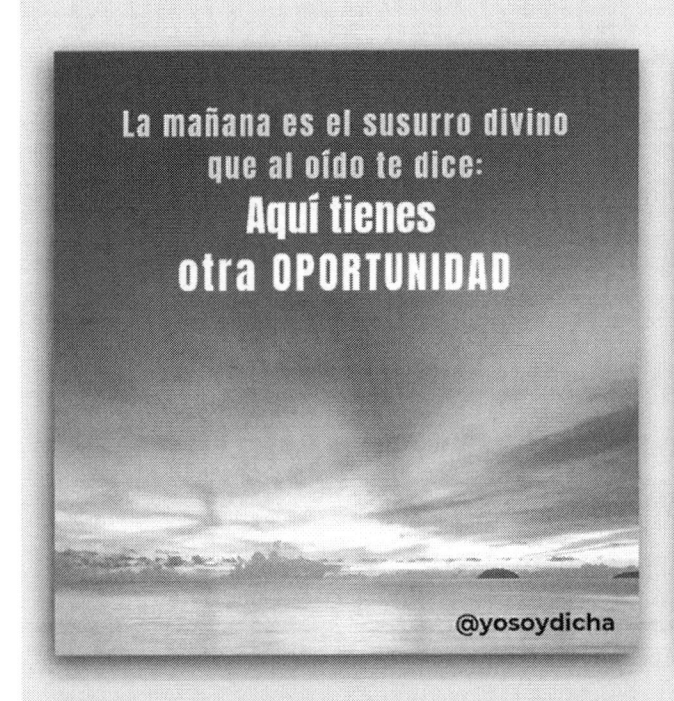

SABIDURÍA PARA DISFRUTAR LA ERA DE ACUARIO

La mañana es el susurro divino que al oído te dice:
Aquí tienes otra OPORTUNIDAD

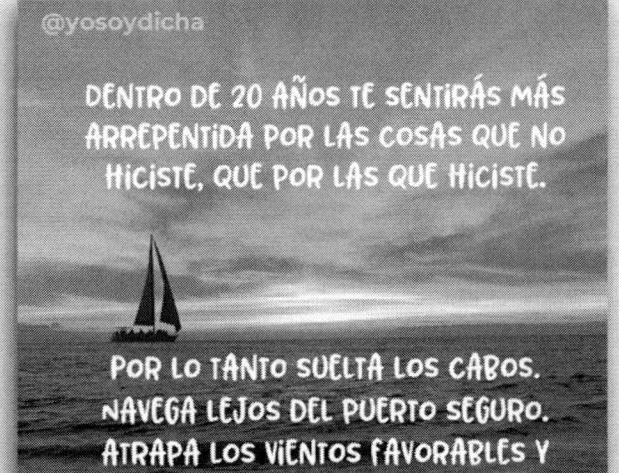

@yosoydicha

DENTRO DE 20 AÑOS TE SENTIRÁS MÁS ARREPENTIDA POR LAS COSAS QUE NO HICISTE, QUE POR LAS QUE HICISTE.

POR LO TANTO SUELTA LOS CABOS. NAVEGA LEJOS DEL PUERTO SEGURO. ATRAPA LOS VIENTOS FAVORABLES Y DESPLIEGA TUS VELAS.
EXPLORA. SUEÑA. DESCUBRE.

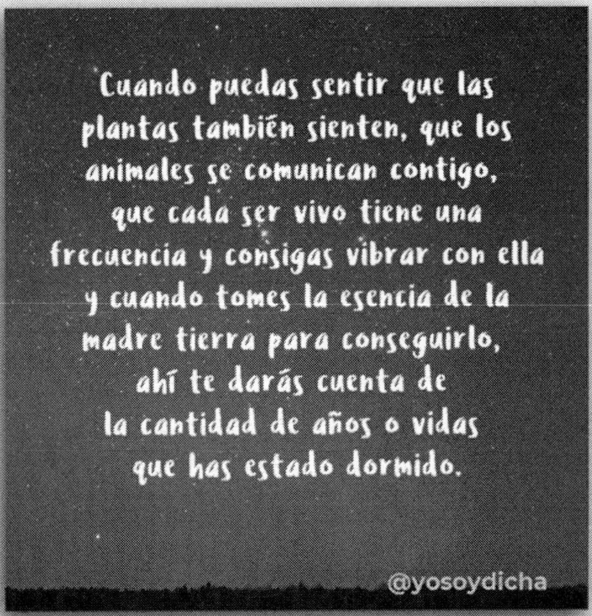

@yosoydicha

Cuando puedas sentir que las plantas también sienten, que los animales se comunican contigo, que cada ser vivo tiene una frecuencia y consigas vibrar con ella y cuando tomes la esencia de la madre tierra para conseguirlo, ahí te darás cuenta de la cantidad de años o vidas que has estado dormido.

@yosoydicha

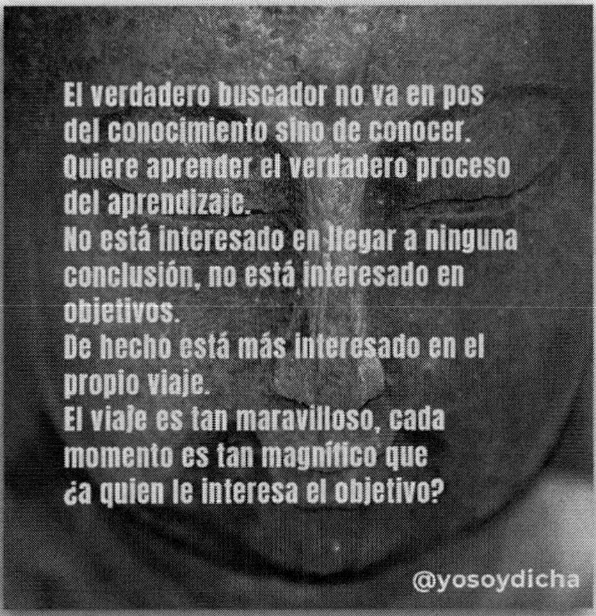

El verdadero buscador no va en pos del conocimiento sino de conocer. Quiere aprender el verdadero proceso del aprendizaje.
No está interesado en llegar a ninguna conclusión, no está interesado en objetivos.
De hecho está más interesado en el propio viaje.
El viaje es tan maravilloso, cada momento es tan magnífico que ¿a quién le interesa el objetivo?

@yosoydicha

Yo Soy un Guerrero de la Luz

GUÍA DE VIAJE HACIA TU INTERIOR

> Sigue tu intuición el universo te indicará cual es el siguiente paso.
>
> @yosoydicha

> La persona dichosa es incapaz de hacer algo malo a nadie, ni a si mismo ni a los demás. Sin embargo la persona infeliz está destinada a hacer daño. Puede que piense que está intentando hacer algo bueno, pero no podrá hacer el bien. Aunque tenga la intención el resultado no será bueno.
>
> @yosoydicha

> @yosoydicha
>
> CUALQUIER PASO QUE EMPRENDAS RUMBO A TU CONCIENCIA, HARÁN FLORECER LA FELICIDAD INNATA QUE ES TU DERECHO DE NACIMIENTO. TU CAMINO TIENE UN DOBLE PROPÓSITO: DISIPAR LA OSCURIDAD Y REVELAR LA LUZ.

> @yosoydicha
>
> EN ESTE MUNDO DE CAMBIO CONSTANTE HAY ALGO QUE NO CAMBIA.

¿Qué energía requiero ser aquí para que esto cambie?

SABIDURÍA PARA DISFRUTAR LA ERA DE ACUARIO

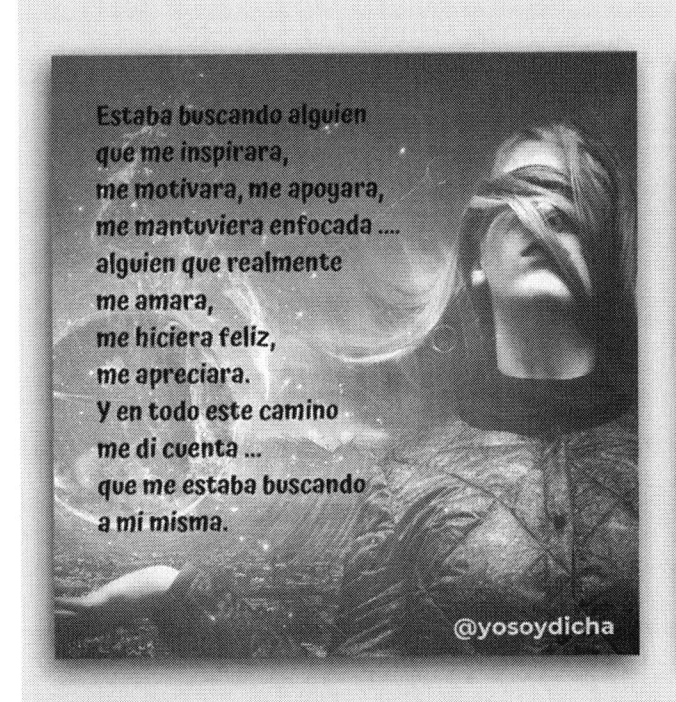

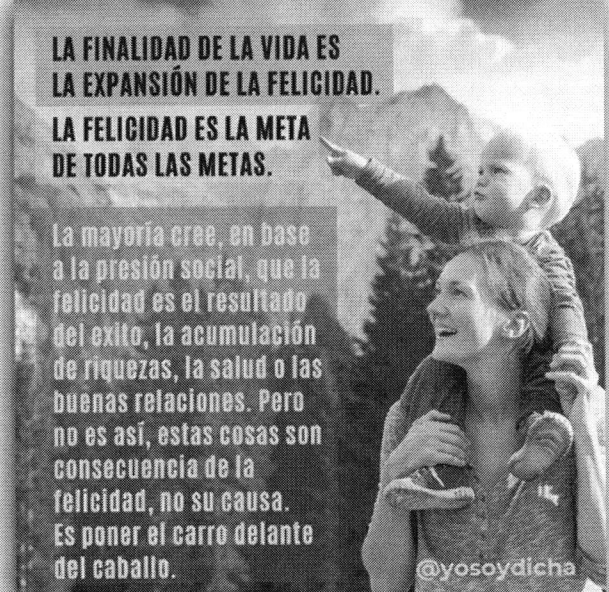

> Estaba buscando alguien
> que me inspirara,
> me motivara, me apoyara,
> me mantuviera enfocada ....
> alguien que realmente
> me amara,
> me hiciera feliz,
> me apreciara.
> Y en todo este camino
> me di cuenta ...
> que me estaba buscando
> a mí misma.
>
> @yosoydicha

> **LA FINALIDAD DE LA VIDA ES LA EXPANSIÓN DE LA FELICIDAD. LA FELICIDAD ES LA META DE TODAS LAS METAS.**
>
> La mayoría cree, en base a la presión social, que la felicidad es el resultado del éxito, la acumulación de riquezas, la salud o las buenas relaciones. Pero no es así, estas cosas son consecuencia de la felicidad, no su causa.
> Es poner el carro delante del caballo.
>
> @yosoydicha

> La vida es música, la mente es ruido.
> Por culpa de la mente ruidosa somos incapaces de oír la música de la vida.
> A menos que detengamos la mente y su ruido, no seremos capaces de conocer la maravillosa música de la vida.
>
> @yosoydicha

> UNA VEZ QUE TE DAS CUENTA QUE EL CAMINO ES LA META Y QUE SIEMPRE ESTÁS EN EL CAMINO, NO PARA ALCANZAR UNA META, SINO PARA GOZAR DE SU BELLEZA Y SABIDURÍA, LA VIDA DEJA DE SER UNA TAREA Y SE TORNA NATURAL Y SIMPLE, SE CONVIERTE EN ÉXTASIS....
>
> @yosoydicha

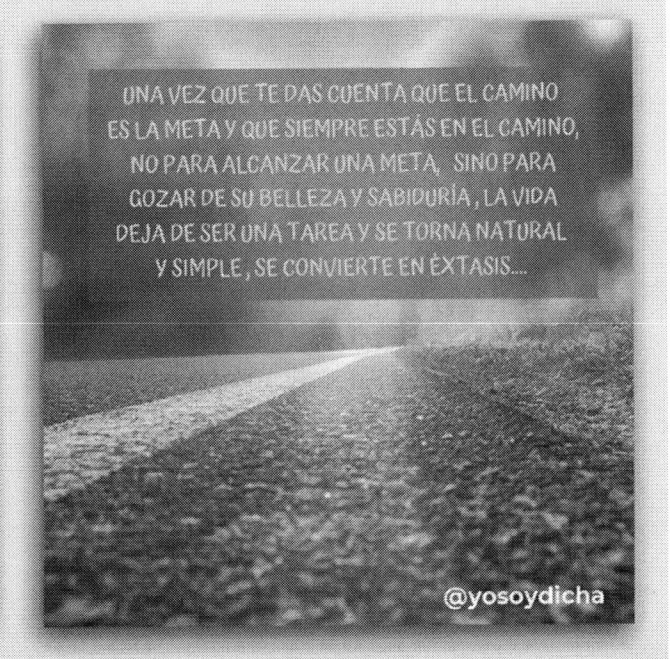

Yo Soy la perfecta salud en este cuerpo

GUÍA DE VIAJE HACIA TU INTERIOR

CONFÍA EN LO QUE SIENTES MÁS QUE EN LO QUE PIENSAS.

Duda más. Cuida y observa tus palabras. Emplea más el "quizá" y el "tal vez", y permite a los otros toda la libertad para decidir por su propia cuenta. Pruébalo, tendrás que estar muy alerta, porque hablar en términos absolutos es un hábito muy arraigado, pero con atención se puede abandonar. Entonces verás que las discusiones se desvanecen, ya no hay necesidad de defender nada. Y vas ganando Libertad.

Todos los días deberíamos oír un poco de música, leer una buena poesía, contemplar un cuadro hermoso, y si es posible, decir algunas palabras sensatas.

Tu cuerpo y el universo constituyen un mismo campo de energía, información y conciencia.
El cuerpo es tu conexión con la computadora cósmica, que organiza simultáneamente una infinidad de sucesos.
Al escuchar tu cuerpo y responderle de manera consciente accedes al campo de las posibilidades infinitas, un lugar donde de manera natural se experimenta paz, armonía y alegría.

Donde nada es seguro, todo es posible

SABIDURÍA PARA DISFRUTAR LA ERA DE ACUARIO

LA MEJOR MANERA DE PREDECIR EL FUTURO, ES CREÁNDOLO.

Que los milagros hagan fila detrás de tu puerta a partir de hoy.

La autoestima auténtica no tiene que ver con mejorar tu imagen pública. Esta depende de lo que otros piensan de ti.
El ser auténtico está más allá de las imágenes. Su existencia ya no depende de las buenas o malas opiniones de los demás. Es intrépida. Su valía es infinita. Cuando cimientes tu identidad en tu verdadero ser, y no en tu imagen pública, hallarás una felicidad que nadie podrá arrebatarte.

Quien es capaz de sonreír a pesar de todas las adversidades, es que ha llegado a poseer la sabiduría de la vida.

Yo Soy la encarnación de la Confianza y la Consciencia

GUÍA DE VIAJE HACIA TU INTERIOR

CONFÍA
A VECES SE CIERRA UNA PUERTA Y SE ABRE EL UNIVERSO ENTERO.

Cuando comienzas a despertar te haces responsable de tu vida, sabes que todo lo que te sucede es porque tu lo has elegido-creado de alguna manera, cada decisión que tomas la haces consciente que es un camino de aprendizaje, con plena certeza de que es lo correcto...
Cuando comienzas a despertar sabes que Dios vive en ti, en cada latido, que es tu guía en esta vida...
Quieres que todos despierten, que comprendan lo que tu has comprendido...
Pero debes ser paciente, no todos están preparados aún, cada quien tiene su tiempo y en el momento que decida despertar será el correcto para su evolución... Mientras acompaña y ama a ese Ser tal cual es.
@yosoydicha

No te sorprendas con la rapidez que actúa el universo cuando le pides algo que tu corazón realmente anhela.

Cuando dejas de perseguir las cosas equivocadas, las correctas te atrapan.

Todo llega a mi vida con facilidad, gozo y gloria

SABIDURÍA PARA DISFRUTAR LA ERA DE ACUARIO

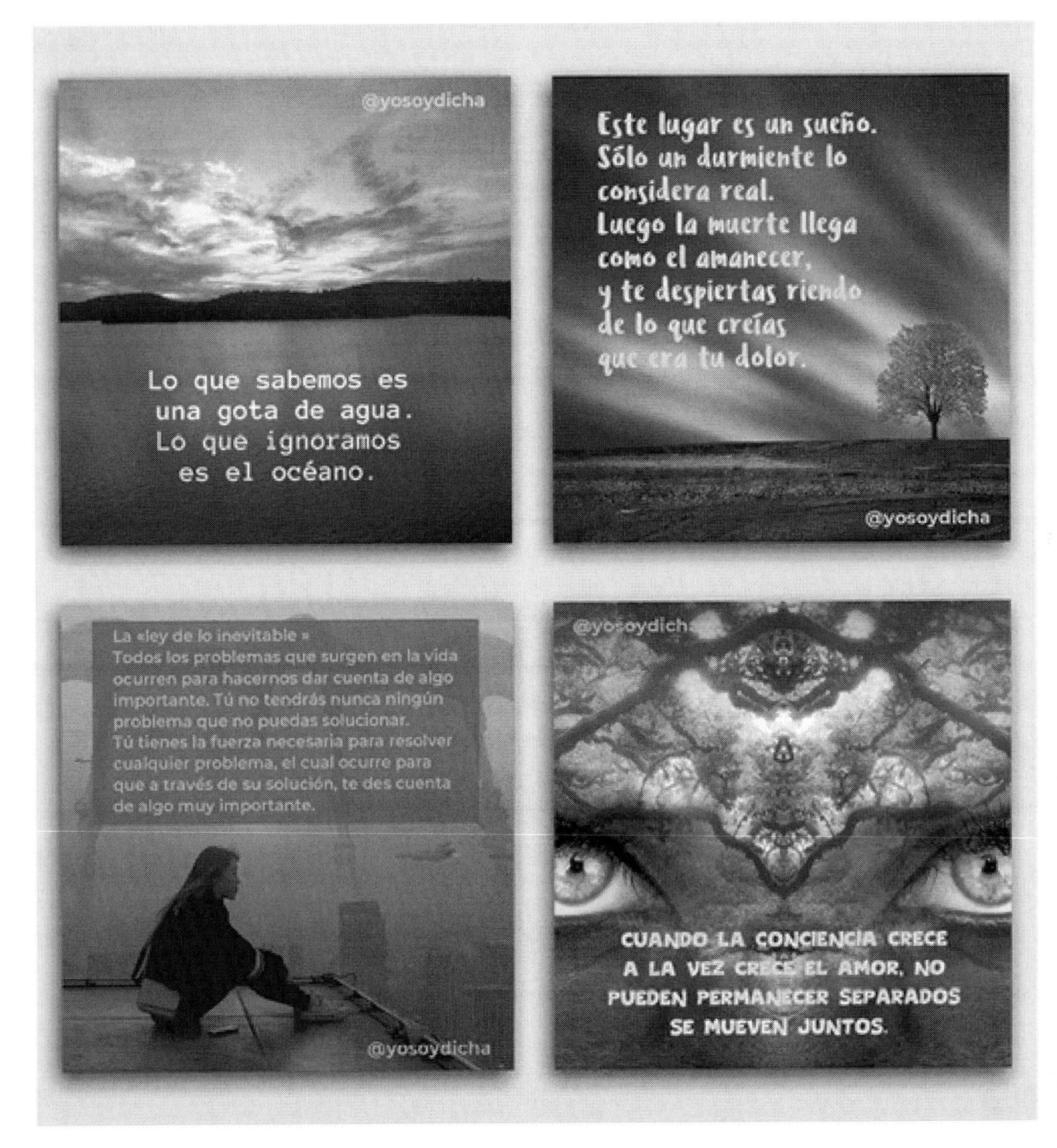

> Lo que sabemos es una gota de agua. Lo que ignoramos es el océano.

> Este lugar es un sueño. Sólo un durmiente lo considera real. Luego la muerte llega como el amanecer, y te despiertas riendo de lo que creías que era tu dolor.

> La «ley de lo inevitable»
> Todos los problemas que surgen en la vida ocurren para hacernos dar cuenta de algo importante. Tú no tendrás nunca ningún problema que no puedas solucionar.
> Tú tienes la fuerza necesaria para resolver cualquier problema, el cual ocurre para que a través de su solución, te des cuenta de algo muy importante.

> CUANDO LA CONCIENCIA CRECE A LA VEZ CRECE EL AMOR, NO PUEDEN PERMANECER SEPARADOS SE MUEVEN JUNTOS.

Yo Soy un servidor de la Era de Acuario

GUÍA DE VIAJE HACIA TU INTERIOR

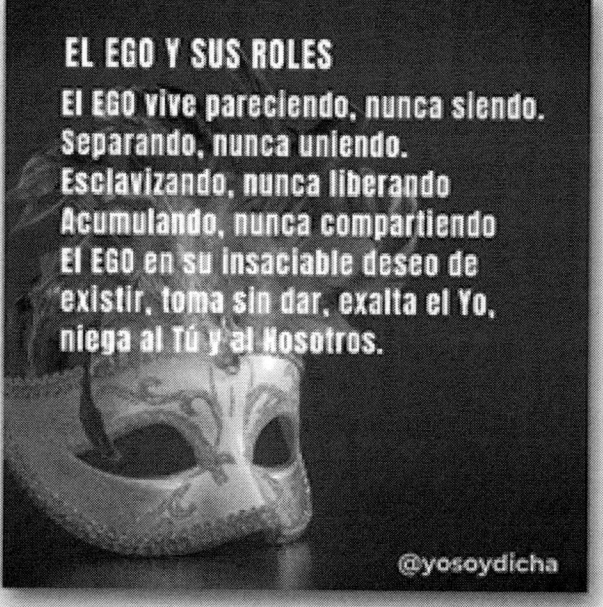

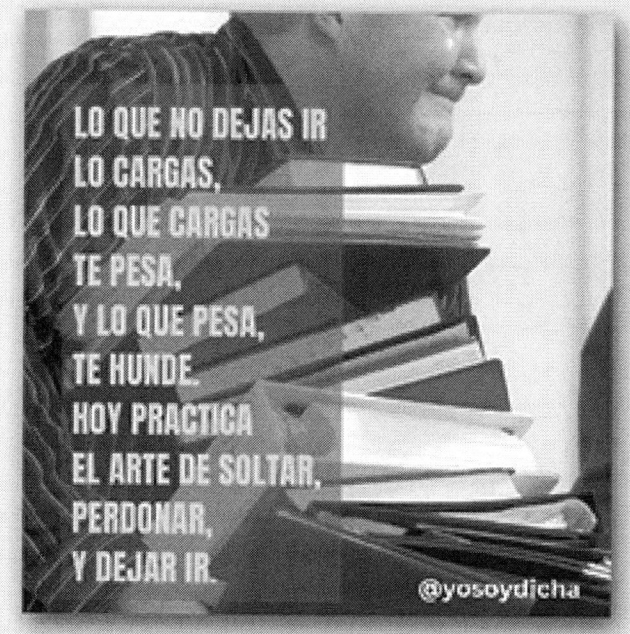

CUANDO SE APRENDE LA LECCIÓN, EL DOLOR DESAPARECE.

EL EGO Y SUS ROLES
El EGO vive pareciendo, nunca siendo.
Separando, nunca uniendo.
Esclavizando, nunca liberando
Acumulando, nunca compartiendo
El EGO en su insaciable deseo de existir, toma sin dar, exalta el Yo, niega al Tú y al Nosotros.

LO QUE NO DEJAS IR LO CARGAS, LO QUE CARGAS TE PESA, Y LO QUE PESA, TE HUNDE. HOY PRACTICA EL ARTE DE SOLTAR, PERDONAR, Y DEJAR IR.

Una amistad fuerte no necesita conversaciones a diario. No siempre se necesita estar juntos. Mientras la amistad viva en los corazones, los verdaderos amigos nunca se separarán.

Yo Soy Libre, Yo soy Feliz, Yo soy Invencible

SABIDURÍA PARA DISFRUTAR LA ERA DE ACUARIO

El hombre debe ser el amo de sí mismo. Si el hombre no consigue ser el amo de sí mismo, no tiene nada y nunca podrá tener nada.

**Nacer es un Milagro
Estar Vivo un Regalo
Tener Salud es una Bendición
Y Vivir en Paz la Felicidad**

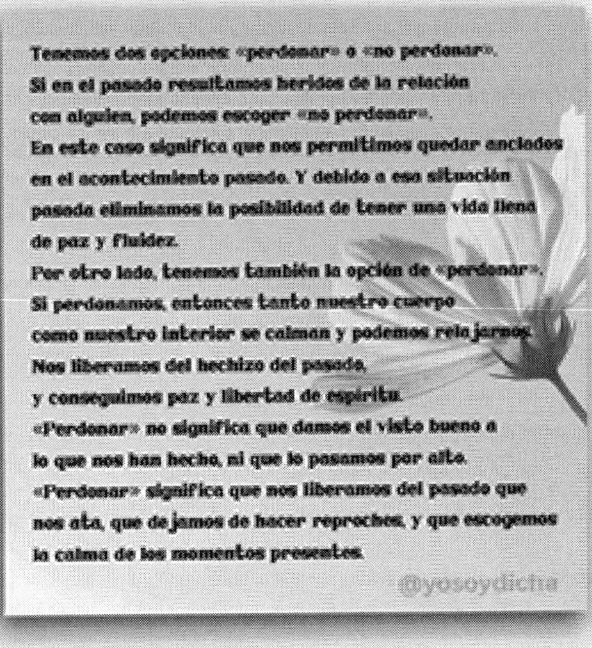

@yosoydicha

Tenemos dos opciones: «perdonar» o «no perdonar».
Si en el pasado resultamos heridos de la relación
con alguien, podemos escoger «no perdonar».
En este caso significa que nos permitimos quedar anclados
en el acontecimiento pasado. Y debido a esa situación
pasada eliminamos la posibilidad de tener una vida llena
de paz y fluidez.
Por otro lado, tenemos también la opción de «perdonar».
Si perdonamos, entonces tanto nuestro cuerpo
como nuestro interior se calman y podemos relajarnos.
Nos liberamos del hechizo del pasado,
y conseguimos paz y libertad de espíritu.
«Perdonar» no significa que damos el visto bueno a
lo que nos han hecho, ni que lo pasamos por alto.
«Perdonar» significa que nos liberamos del pasado que
nos ata, que dejamos de hacer reproches, y que escogemos
la calma de los momentos presentes.

@yosoydicha

@yosoydicha

CUANDO APRECIAS A UNA PERSONA, NO IMPORTA LA FRECUENCIA CON QUE LA VEAS. LO IMPORTANTE SON LAS VECES QUE LE HACES SABER, QUE ES ESPECIAL PARA TI.

Yo Soy Amor

GUÍA DE VIAJE HACIA TU INTERIOR

EL PRIMER PASO NO TE LLEVA A DONDE QUIERES, PERO SI TE SACA DE DONDE ESTABAS.

LA VIDA TE DARÁ TODO LO CREAS MERECER

Bendiciones para Tu Día

TRABAJA
Como si no necesitaras el dinero

AMA
Como si nunca te hubieran herido

BAILA
Como si nadie te estuviera viendo

y no te olvides de
SER FELIZ

LANZA TUS PENAS AL VIENTO, NO LLEGARON PARA QUEDARSE, LLEGARON PARA CAMBIARTE... APRENDE Y SUELTA.

Inhalo Amor Exhalo Gratitud

SABIDURÍA PARA DISFRUTAR LA ERA DE ACUARIO

**Estás en el momento justo
En el tiempo justo
En el momento indicado
CONFÍA
El Universo tiene cosas maravillosas para Ti.**

Cuando dejas de verlo como imposible es cuando empiezas a lograrlo.

Si tienes la impresión de haberlo perdido todo, recuérdate que los árboles pierden sus hojas todos los años, pero quedan en pie, a la espera de días mejores.

LA GENTE FUERTE ES LA QUE SE CAE, SE LEVANTA, SE SACUDE, SE CURA LOS RASPONES, SONRÍE A LA VIDA

Y DICE: "¡ALLÁ VOY DE NUEVO!"

Yo Soy Alegría, Yo Soy Abundancia, Yo Soy Plenitud

GUÍA DE VIAJE HACIA TU INTERIOR

EN MI ALMA LLEVO TODAS MIS PERTENENCIAS... LO QUE NO ESTÁ AHÍ, NO ME PERTENECE.

Quien no descubra la belleza dentro de su corazón, no la encontrará en ninguna parte.

INTEGRIDAD
Es hacer lo correcto, aunque nadie te esté mirando.

Somos seres de Luz viviendo una experiencia humana.

Lo siento. Perdón. Gracias. Te amo

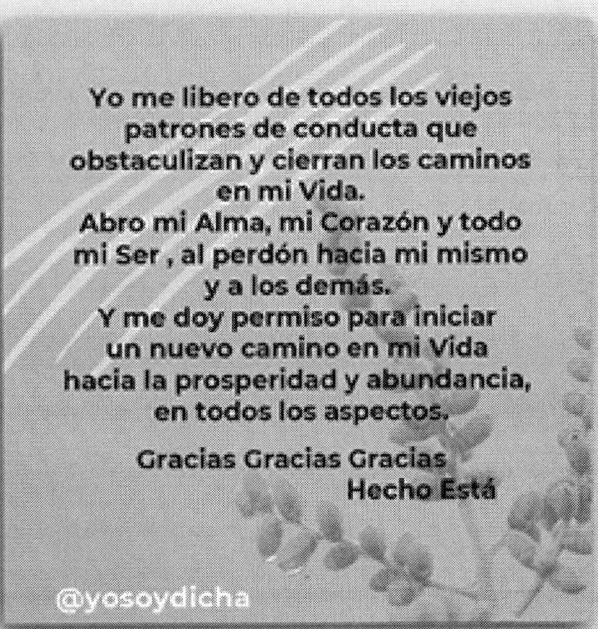

SABIDURÍA PARA DISFRUTAR LA ERA DE ACUARIO

Yo me libero de todos los viejos patrones de conducta que obstaculizan y cierran los caminos en mi Vida.
Abro mi Alma, mi Corazón y todo mi Ser, al perdón hacia mi mismo y a los demás.
Y me doy permiso para iniciar un nuevo camino en mi Vida hacia la prosperidad y abundancia, en todos los aspectos.
Gracias Gracias Gracias
Hecho Está

@yosoydicha

¿QUÉ DIRÁ LA GENTE?
Esta pregunta ha arruinado más sueños que cualquier otra cosa en el mundo...

@yosoydicha

Se te presentan dos opciones:
Evolucionar o Repetir

@yosoydicha

Entrena tu mente para ver algo bueno ante cada situación. Sin oscuridad no podrías ver las estrellas.

Gracias Gracias Gracias por este magnífico desenlace

GUÍA DE VIAJE HACIA TU INTERIOR

No te impongas límites, tus sueños están esperando hacerse realidad....

Eres el ser infinito, dormido, soñando que es un ser humano.

De eso se trata, de coincidir con gente que te haga ver las cosas que tu no ves. Que te enseñen a mirar con otros ojos.

No basta con enviar un pedido al universo. Debes sentirte digno de recibirlo, capaz de disfrutarlo y dispuesto a concretarlo.

Yo Soy la Presencia Divina

SABIDURÍA PARA DISFRUTAR LA ERA DE ACUARIO

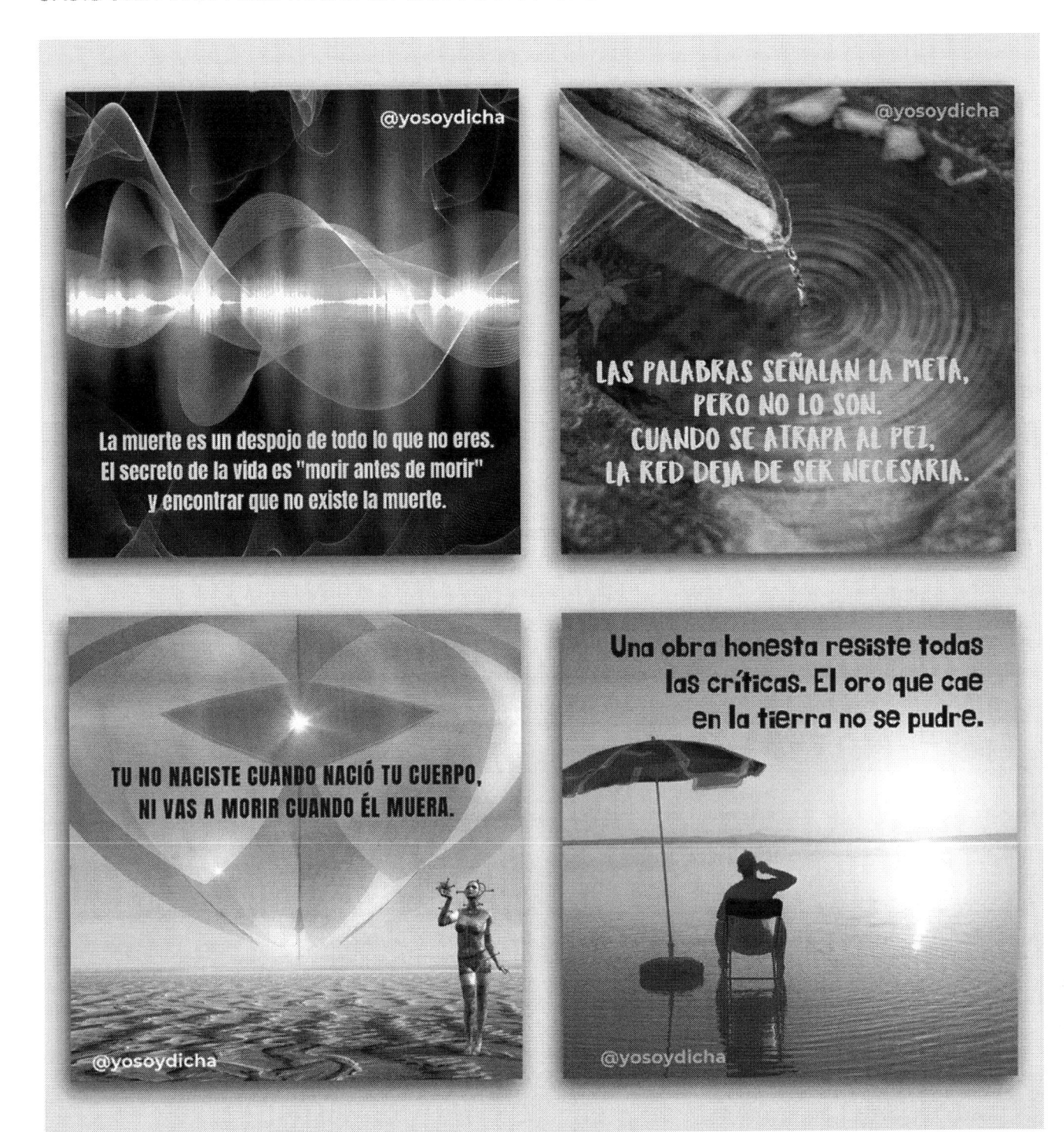

La muerte es un despojo de todo lo que no eres. El secreto de la vida es "morir antes de morir" y encontrar que no existe la muerte.

Las palabras señalan la meta, pero no lo son. Cuando se atrapa al pez, la red deja de ser necesaria.

Tu no naciste cuando nació tu cuerpo, ni vas a morir cuando él muera.

Una obra honesta resiste todas las críticas. El oro que cae en la tierra no se pudre.

Esto también pasará

GUÍA DE VIAJE HACIA TU INTERIOR

> @yosoydicha
>
> **SI HAY TORMENTA HABRÁ ARCO IRIS**

> @yosoydicha
>
> **El Ego cree que todos los problemas que hay que resolver, están ahí fuera.**

> @yosoydicha
>
> **LA MÁXIMA VICTORIA ES LA QUE SE GANA SOBRE UNO MISMO.**

> **ELIJO SER FELIZ**
> Fluyendo hacia donde la vida me lleve.
> Abrazando los tornasoles del cambio.
> Agradeciendo lo que el cielo me ofrece.
> Valorando a los seres que amo.
> Asumiendo los retos del presente.
> Transmutando los miedos del pasado.
> Elijo ser feliz con lo que tengo,
> entendiendo que es lo necesario
> para mi evolución.
>
> @yosoydicha

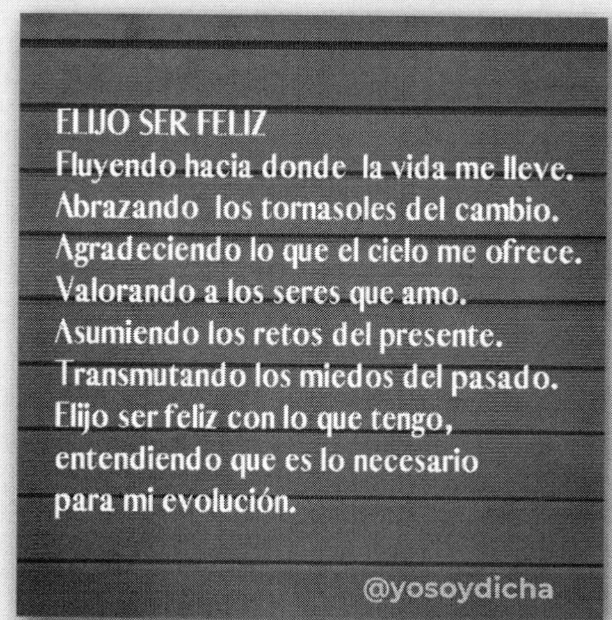

¿Qué más es posible? ¿Cuáles son las infinitas posibilidades?

SABIDURÍA PARA DISFRUTAR LA ERA DE ACUARIO

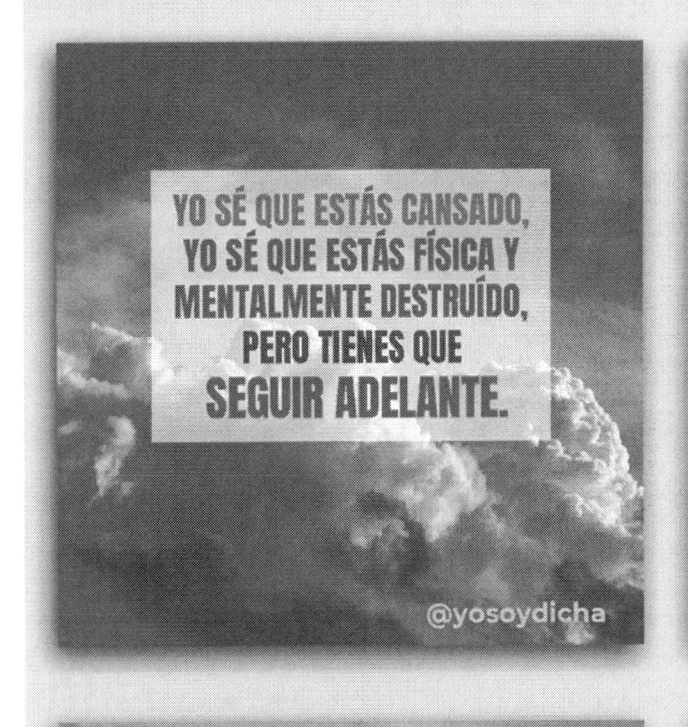

> YO SÉ QUE ESTÁS CANSADO, YO SÉ QUE ESTÁS FÍSICA Y MENTALMENTE DESTRUÍDO, PERO TIENES QUE SEGUIR ADELANTE.
>
> @yosoydicha

> SI CAMINAS SOLO IRÁS MÁS RÁPIDO, SI CAMINAS ACOMPAÑADO LLEGARÁS MÁS LEJOS.
>
> @yosoydicha

> Lo que es verdad para ti, siempre te hará sentir más ligero y lo que es mentira te hará sentir más pesado.

> Estoy comprometido creando mi vida y un futuro más grandioso para mi y para el planeta.
>
> @yosoydicha

Yo Soy Paz, Yo Soy Luz, Yo Soy Armonía

GUÍA DE VIAJE HACIA TU INTERIOR

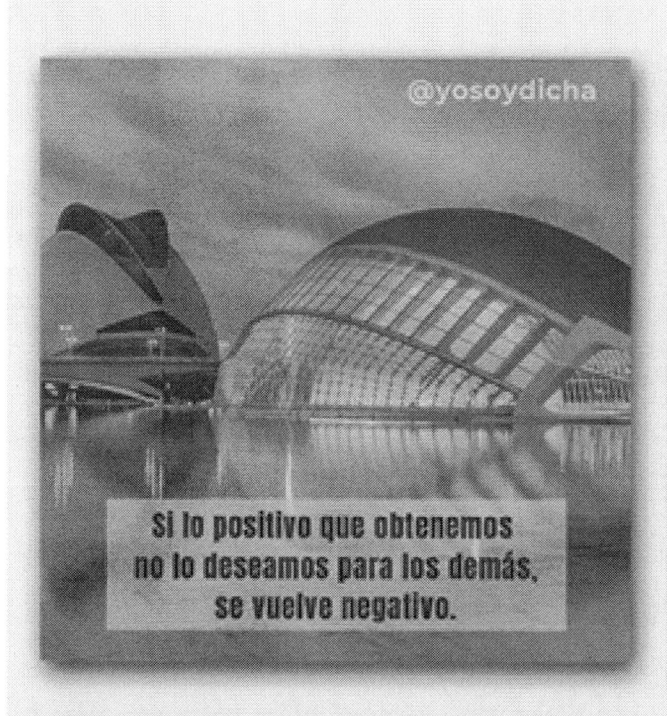

Si lo positivo que obtenemos no lo deseamos para los demás, se vuelve negativo.

Las circunstancias no te zarandean para derribarte sino para que encuentres un mayor equilibrio

TU CUERPO PUEDE LOGRAR CASI CUALQUIER COSA, ES TU MENTE A LA QUE TIENES QUE CONVENCER.

El hombre ha nacido con enormes tesoros, pero también ha nacido con la herencia animal. De alguna manera debemos limpiarnos de esa herencia animal y crear espacio para el tesoro que tiene que llegar a la conciencia y pueda compartirse. Porque una de las cualidades del tesoro es que cuando más lo compartes, más tienes.

La vida comienza cuando el miedo termina

SABIDURÍA PARA DISFRUTAR LA ERA DE ACUARIO

- ¿La realidad duele?
- No, la realidad es lo que es.
- Entonces ¿que es lo que duele?
- Las expectativas y juicios que añadimos a la realidad.

@yosoydicha

SIN DUDA. Cosas buenas le esperan, a quien INSISTE Y PERSISTE.

@yosoydicha

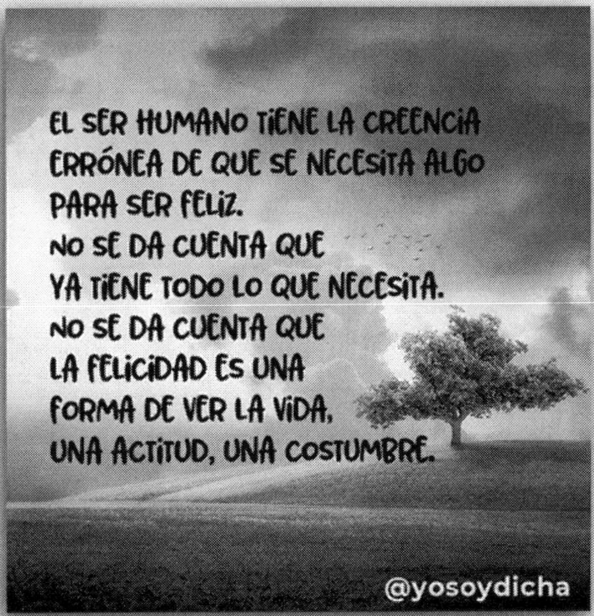

EL SER HUMANO TIENE LA CREENCIA ERRÓNEA DE QUE SE NECESITA ALGO PARA SER FELIZ.
NO SE DA CUENTA QUE YA TIENE TODO LO QUE NECESITA.
NO SE DA CUENTA QUE LA FELICIDAD ES UNA FORMA DE VER LA VIDA, UNA ACTITUD, UNA COSTUMBRE.

@yosoydicha

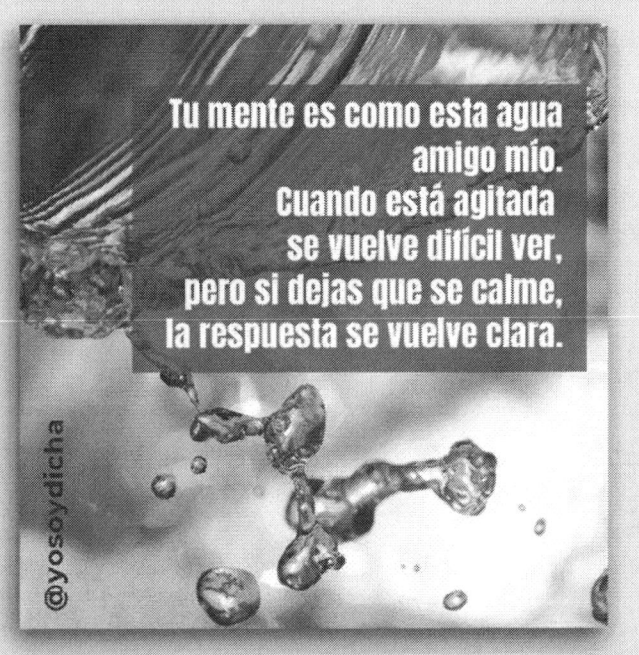

Tu mente es como esta agua amigo mío.
Cuando está agitada se vuelve difícil ver, pero si dejas que se calme, la respuesta se vuelve clara.

@yosoydicha

Yo Soy un Guerrero de la Luz

GUÍA DE VIAJE HACIA TU INTERIOR

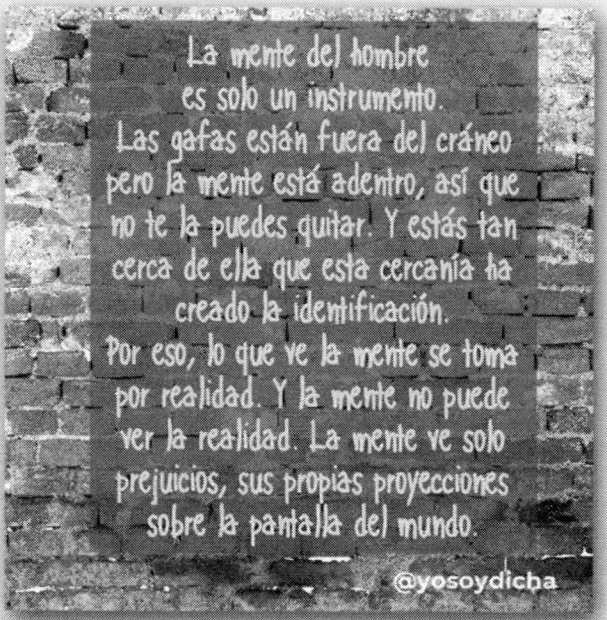

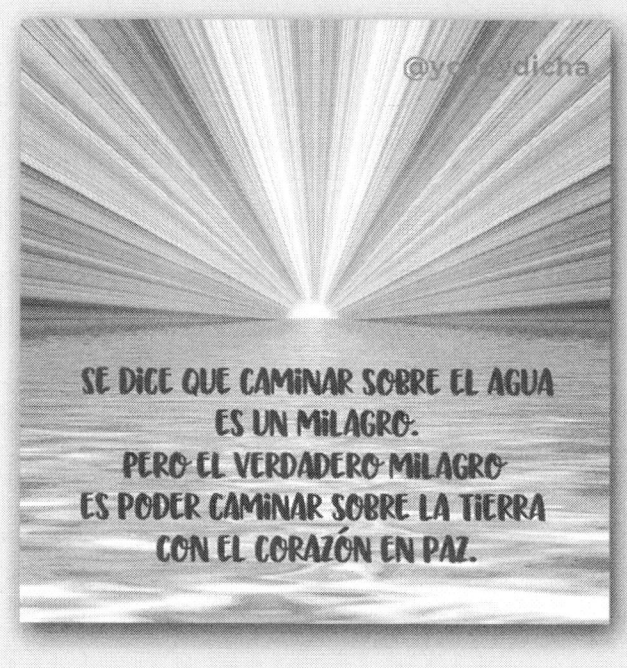

Aunque no tengas nada si te tienes, tienes todo.

La mente del hombre es solo un instrumento. Las gafas están fuera del cráneo pero la mente está adentro, así que no te la puedes quitar. Y estás tan cerca de ella que esta cercanía ha creado la identificación.
Por eso, lo que ve la mente se toma por realidad. Y la mente no puede ver la realidad. La mente ve solo prejuicios, sus propias proyecciones sobre la pantalla del mundo.

SE DICE QUE CAMINAR SOBRE EL AGUA ES UN MILAGRO.
PERO EL VERDADERO MILAGRO ES PODER CAMINAR SOBRE LA TIERRA CON EL CORAZÓN EN PAZ.

NADA TE FUE DADO QUE NO FUERA PARA TODOS.

¿Qué energía requiero ser aquí para que esto cambie?

SABIDURÍA PARA DISFRUTAR LA ERA DE ACUARIO

LOS MALOS TIEMPOS PREPARAN PERSONAS ORDINARIAS PARA COSAS EXTRAORDINARIAS

@yosoydicha

No estás en el Universo
ERES el Universo
una parte intrínseca de El.
En el fondo
no eres una persona,
en cambio eres un punto focal
donde el Universo se hace
consciente de Sí mismo.

¡ Que milagro tan maravilloso !

@yosoydicha

EL HUMOR PERMITE ACEPTAR SER PARTE ILUSORIA DE UN TODO INCOMPRENSIBLE.

@yosoydicha

Una sola ventana iluminada vence a toda la noche.

@yosoydicha

Yo Soy la perfecta salud en este cuerpo

GUÍA DE VIAJE HACIA TU INTERIOR

@yosoydicha

Sin obstáculos nada puede adquirir la fuerza suficiente para crecer.

EL LABRIEGO Y LA PESTE

Se encuentra el labriego con la peste y le pregunta: ¿peste para donde vas?
- Voy a la ciudad a matar a 500 personas, contesta la peste.
Días después vuelven a encontrarse y el labriego le dice a la peste:
- peste mentirosa me dijiste que ibas a la ciudad a matar 500 personas y mataste a 5.000
Y la peste le respondió:
- Efectivamente yo maté a 500 personas, los demás se murieron de miedo.

@yosoydicha

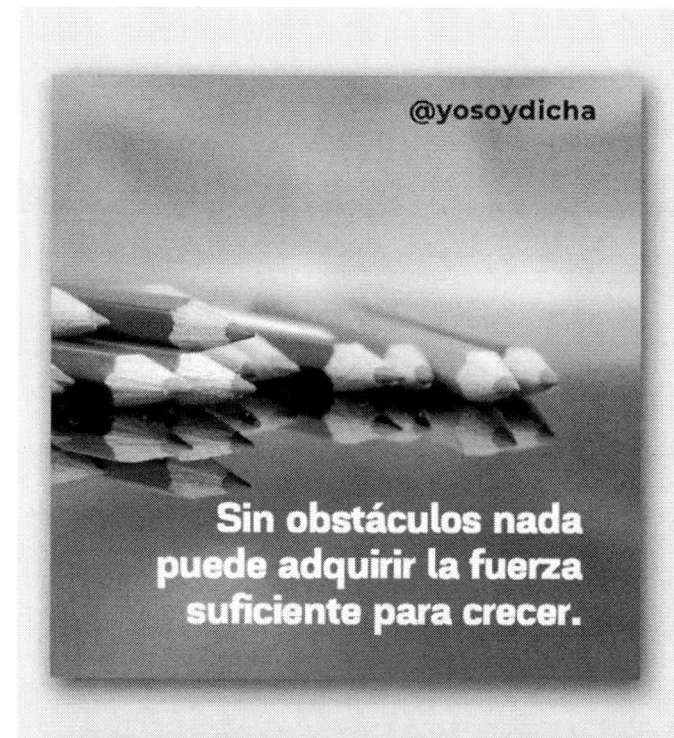

Estás demasiado preocupado por lo que ya sucedió y por lo que sucederá. Hay un dicho que dice:
Ayer es historia, mañana es un misterio, pero el hoy es un regalo. Por eso se llama PRESENTE.

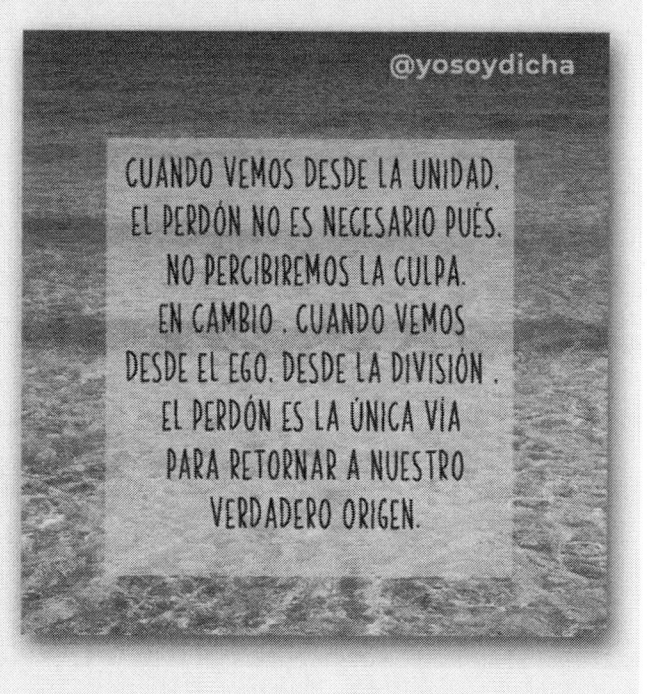

@yosoydicha

@yosoydicha

CUANDO VEMOS DESDE LA UNIDAD, EL PERDÓN NO ES NECESARIO PUÉS, NO PERCIBIREMOS LA CULPA. EN CAMBIO, CUANDO VEMOS DESDE EL EGO, DESDE LA DIVISIÓN, EL PERDÓN ES LA ÚNICA VÍA PARA RETORNAR A NUESTRO VERDADERO ORIGEN.

Donde nada es seguro, todo es posible

SABIDURÍA PARA DISFRUTAR LA ERA DE ACUARIO

> — Maestro, ¿cómo puedo saber si tomé la decisión correcta?
> — La paz será tu termómetro.

> — No puedes cambiar el mundo, pero puedes enriquecerlo.

> El coraje no es tener fuerza para seguir, es seguir cuando ya no tienes fuerza.

> Cada persona que conoces en tu vida es como una hoja que enriquece el árbol, muchas se sueltan con el viento y otras no se desprenden jamás.

Yo Soy la encarnación de la Confianza y la Consciencia

GUÍA DE VIAJE HACIA TU INTERIOR

> NADIE PUEDE SER LA CAUSA DE TU FELICIDAD EXCEPTO TÚ MISMO. NO PIERDAS TIEMPO Y ESFUERZO BUSCANDO LA FELICIDAD, ARMONÍA Y ALEGRÍA FUERA DE TI.

> Acepta, luego actúa. Cualquier cosa que contenga el momento presente, acéptala como si la hubieras escogido. Siempre trabaja con ella, no en contra... Esto va a transformar milagrosamente tu vida entera.

> Quizás algún día te des cuenta que la vida no exigía tanto de ti, tanto sacrificio, tanto estrés, tanto cansancio. Tal vez solo te pedía SER FELIZ.

> RECUERDA SER LA ENERGÍA QUE DESEAS ATRAER.

Todo llega a mi vida con facilidad, gozo y gloria

SABIDURÍA PARA DISFRUTAR LA ERA DE ACUARIO

La Vida cambia cuando entiendes que Todo Eres Tú.

Tú estás creando TODO.

@yosoydicha

Todas las cosas que realmente importan, como la belleza, el amor, la creatividad, la alegría, la paz interior, surgen de más allá de la mente.

@yosoydicha

@yosoydicha

El que logra aceptar la perfección divina detrás de toda situación, puede liberar en un instante, años de rencor, resentimiento y enfermedad.

TE DARÁS CUENTA DE QUE LO QUE HOY PARECE UN SACRIFICIO, VA TERMINAR SIENDO EL MAYOR LOGRO DE TU VIDA.

@yosoydicha

Yo Soy un servidor de la Era de Acuario

GUÍA DE VIAJE HACIA TU INTERIOR

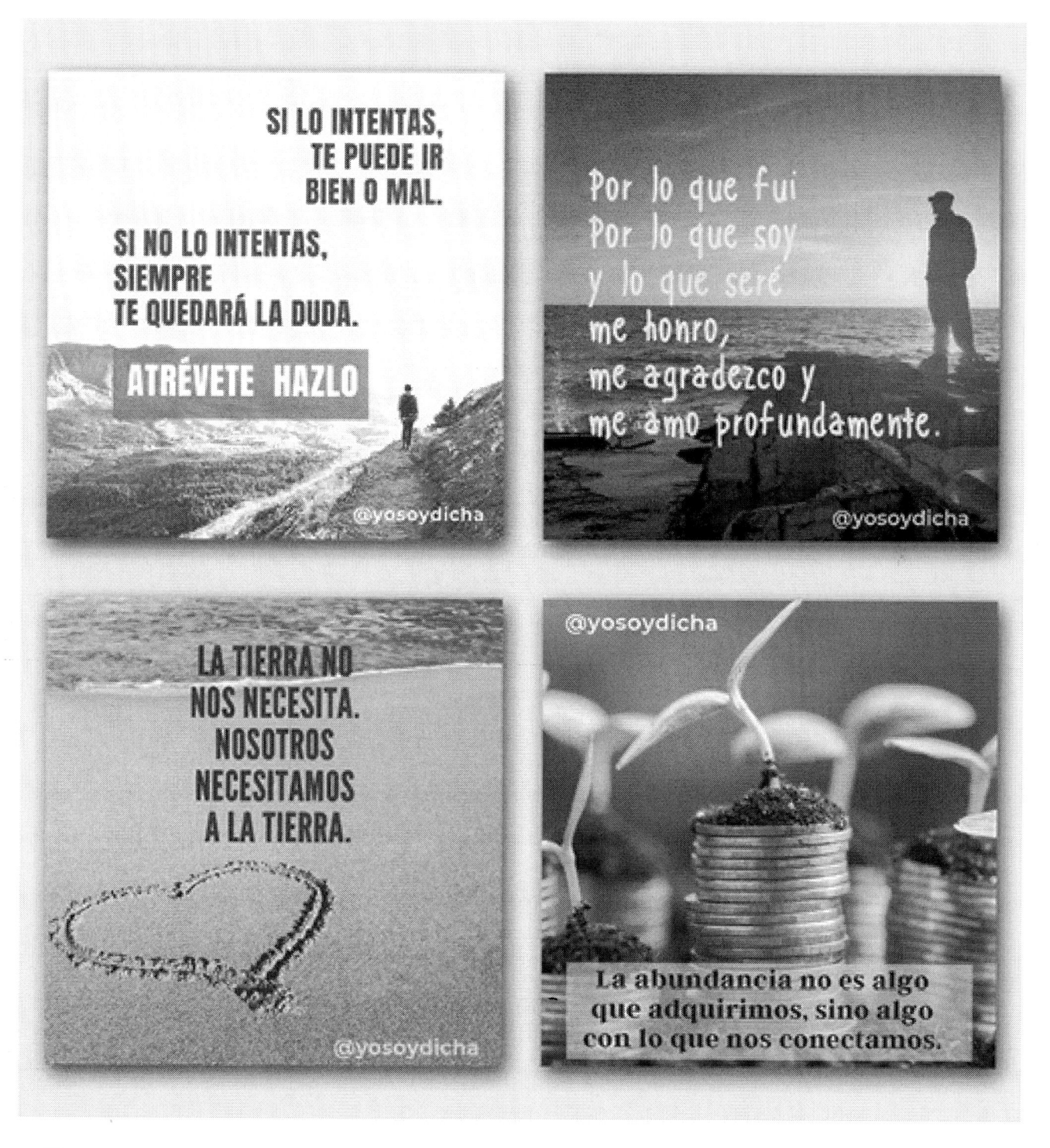

SI LO INTENTAS, TE PUEDE IR BIEN O MAL.
SI NO LO INTENTAS, SIEMPRE TE QUEDARÁ LA DUDA.
ATRÉVETE HAZLO
@yosoydicha

Por lo que fui
Por lo que soy
y lo que seré
me honro,
me agradezco y
me amo profundamente.
@yosoydicha

LA TIERRA NO NOS NECESITA. NOSOTROS NECESITAMOS A LA TIERRA.
@yosoydicha

@yosoydicha
La abundancia no es algo que adquirimos, sino algo con lo que nos conectamos.

Yo Soy Libre, Yo soy Feliz, Yo soy Invencible

SABIDURÍA PARA DISFRUTAR LA ERA DE ACUARIO

HOY ES EL MEJOR DÍA DE MI VIDA

ERES EL ARTISTA DE TU PROPIA VIDA, NO LE DES EL PINCEL A NADIE.

EL JUICIO TE HACE PRISIONERO DE ESTA REALIDAD, TE SEPARA DE LA INTELIGENCIA QUE ERES.

LA VERDADERA ALQUIMIA NO CONSISTE EN TRANSMUTAR METALES, SINO CONVERTIR EN LUZ, TUS PROPIAS OSCURIDADES.

Yo Soy Amor

GUÍA DE VIAJE HACIA TU INTERIOR

Cuando naces no lo haces ya como un árbol, naces sólo como una semilla. Tienes que crecer hasta el punto en que florezcas y ese florecimiento será tu dicha, tu plenitud. Ese florecimiento nada tiene que ver con el poder, con el tener, con la política. Tiene que ver solo contigo, es un proceso individual. Tienes que ser la celebración de ti mismo.
@yosoydicha

TODO LO QUE EXISTE EN TU VIDA ES UN REFLEJO DE TU VIBRACIÓN.
@yosoydicha

La felicidad no llega cuando conseguimos lo que deseamos, sino cuando disfrutamos de lo que tenemos.
@yosoydicha

@yosoydicha
Baja el volumen de los prejuicios mentales y ve por la Vida con la sencillez y la naturalidad que te muestren abierto, ante todos los que deseen "sentir" más que ver ...

Inhalo Amor Exhalo Gratitud

SABIDURÍA PARA DISFRUTAR LA ERA DE ACUARIO

> El mayor enemigo de la verdad en el mundo es la persona muy conocedora, y el mayor amigo es aquél que sabe que no sabe.
>
> @yosoydicha

> **ABRACADABRA**
> CREARÉ CON LA **PALABRA**
>
> @yosoydicha

> Yo no soy lo que me sucedió, yo soy lo que elegí ser.
>
> @yosoydicha

> Ayer era inteligente, así que quería cambiar el mundo. Hoy soy sabio, así que me estoy cambiando a mí mismo.
>
> @yosoydicha

Yo Soy Alegría, Yo Soy Abundancia, Yo Soy Plenitud

GUÍA DE VIAJE HACIA TU INTERIOR

> Hasta que no hagas consciente a tu inconsciente, este gobernará tu vida y lo llamarás destino.
> @yosoydicha

> La sociedad se las ha arreglado para que nunca pienses en tu propio potencial. Y todo el sufrimiento se debe a que no eres tú mismo. Simplemente sé tu mismo y no habrá sufrimiento, no habrá competencia ni malestar porque alguien tenga más que tú.
> @yosoydicha

> @yosoydicha
> NO SOLO SE TRATA DE SER CAPAZ, SE TRATA DE CREER EN TI MISMA; QUE ES UNA HABILIDAD Y SE PUEDE APRENDER.

> @yosoydicha
> Recuerda: a veces no recibir lo que se quiere, es un maravilloso golpe de suerte.

Lo siento. Perdón. Gracias. Te amo

SABIDURÍA PARA DISFRUTAR LA ERA DE ACUARIO

MEDITAR es escuchar a Dios que habla dentro de nosotros

@yosoydicha

Cuando no puedas controlar lo que está sucediendo, desafíate a ti mismo para controlar la forma en que respondes, a lo que está sucediendo. Ahí es donde está tu poder.

@yosoydicha

PERDONAR O SANAR. SIGNIFICA PASAR POR ALTO LAS ILUSIONES Y RECORDAR LA VERDAD.

@yosoydicha

Hubo un momento de mi vida en que me daba pánico el cambio. ¿Sábes como lo superé? Cuando me di cuenta que debería darme más pánico, quedarme en el mismo lugar por siempre.

@yosoydicha

Gracias Gracias Gracias por este magnífico desenlace

GUÍA DE VIAJE HACIA TU INTERIOR

EL TIGRE Y EL LEÓN PUEDEN SER LOS MÁS FUERTES, PERO EL LOBO NO TRABAJA PARA EL CIRCO.

@yosoydicha

¿QUÉ ES LO QUE QUIERO DE LA VIDA?
UNA PREGUNTA MÁS PODEROSA SERÍA:
¿QUÉ QUIERE DE MÍ LA VIDA?

@yosoydicha

El campo cuántico no responde a lo que "queremos", responde a lo que estamos "sintiendo".

@yosoydicha

Cada vez que eres capaz de observar tu mente, ya no estás atrapado en ella.

SABIDURÍA PARA DISFRUTAR LA ERA DE ACUARIO

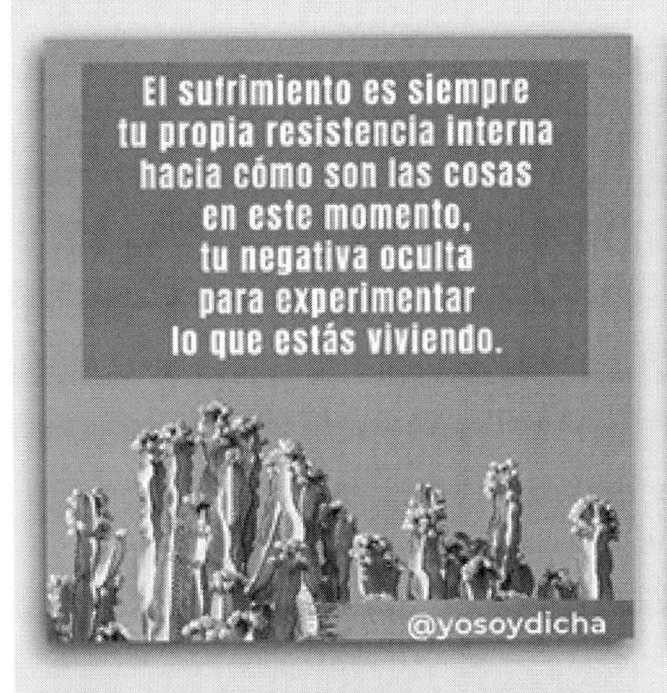

> El sufrimiento es siempre tu propia resistencia interna hacia cómo son las cosas en este momento, tu negativa oculta para experimentar lo que estás viviendo.
>
> @yosoydicha

> No naciste para algo extraordinario, eres extraordinario por diseño divino.
>
> @yosoydicha

> "REGLA DE ORO"
> TRATAR A TODAS LAS PERSONAS CON RESPETO ES CUESTIÓN DE CLASE NO DE DINERO.
>
> @yosoydicha

> El cielo y el infierno no son lugares, son estados de consciencia.
>
> @yosoydicha

Esto también pasará

GUÍA DE VIAJE HACIA TU INTERIOR

> Yo soy la Presencia Divina que actúa siempre por el bienestar del mundo.
> @yosoydicha

> NO TE EMPEÑES EN SER ALGUIEN CONOCIDO, SINO EN ALGUIEN QUE VALGA LA PENA CONOCER.
> @yosoydicha

> CUANDO LA VIDA CAMBIA Y SE PONE MÁS DIFÍCIL, TÚ TIENES EL PODER DE CAMBIAR, Y HACERTE AÚN MÁS FUERTE.
> @yosoydicha

> LAS INVERSIONES MÁS PRECIADAS EN EL MUNDO SON LAS BUENAS AMISTADES.
> @yosoydicha

¿Qué más es posible? ¿Cuáles son las infinitas posibilidades?

SABIDURÍA PARA DISFRUTAR LA ERA DE ACUARIO

Estamos aquí para encontrar esa dimensión dentro de nosotros, que es más profunda que el pensamiento.

ACEPTAR NO SABER ES CRUCIAL, PARA QUE LAS RESPUESTAS LLEGUEN A TI.

Nunca estás en el lugar equivocado a veces estás en el lugar correcto mirando las cosas de manera equivocada.

EL ÉXITO PODRÍA ESTAR POTENCIALMENTE A UN METRO DE TI, A UNA LLAMADA, A UN INTENTO MÁS, INSISTE, PERSISTE, TE LO DEBES, TE LO MERECES.

Yo Soy Paz, Yo Soy Luz, Yo Soy Armonía

GUÍA DE VIAJE HACIA TU INTERIOR

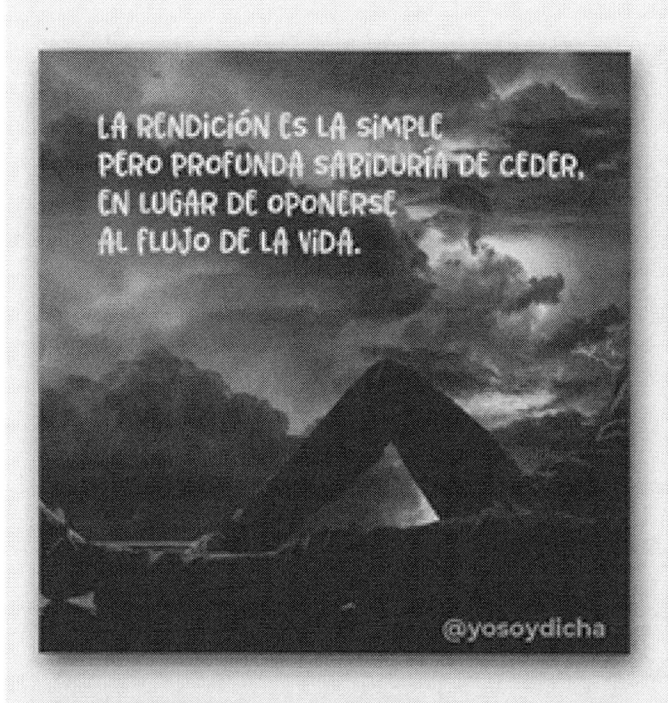

LA RENDICIÓN ES LA SIMPLE PERO PROFUNDA SABIDURÍA DE CEDER, EN LUGAR DE OPONERSE AL FLUJO DE LA VIDA.
@yosoydicha

@yosoydicha
SIGUE SOÑANDO EN GRANDE, VE POR TUS SUEÑOS, Y NO PERMITAS QUE NADA NI NADIE TE DETENGA.

@yosoydicha
Los milagros comienzan a suceder, cuando le das más energía a tus sueños que a tus miedos.

ESTOY A SALVO Y BAJO PROTECCIÓN DIVINA
@yosoydicha

La vida comienza cuando el miedo termina

SABIDURÍA PARA DISFRUTAR LA ERA DE ACUARIO

NO INVENTES
NO ENGAÑES
NO ROBES
NO BEBAS

Pero si inventas, invéntate
un mundo mejor.
Si engañas, engáñale
a la muerte.
Si robas, róbate
un corazón.
Y si bebes, bébete
los mejores momentos de tu vida.

@yosoydicha

TUS OJOS TE MUESTRAN EL
MUNDO DE TUS PROGRAMAS
SUBCONSCIENTES.
EL AFUERA ES LA GRAN
PANTALLA DE TU MENTE.
SI QUIERES CAMBIAR ALGO
HAZLO DENTRO DE TI.

@yosoydicha

@yosoydicha

PUEDES SER PLENAMENTE FELIZ
EN MEDIO DE TU MARAVILLOSA
IMPERFECCIÓN.

@yosoydicha

Busca tu paz interior
y encuentra tu esencia.
Cuando lo hagas sentirás
que a nada le temes, porque
ya te has encontrado a ti.

Yo Soy un Guerrero de la Luz

GUÍA DE VIAJE HACIA TU INTERIOR

Pensar demasiado, es la forma de crear problemas que no existen.
@yosoydicha

Nos vemos a nosotros mismos como víctimas, y no como creadores de nuestras circunstancias. Es por eso que se nos hace difícil cambiar.
@yosoydicha

NO CREES UNA LUCHA, DEJA QUE TODO ESTO QUE SUCEDE, SE VUELVA MÁS Y MÁS ESPONTÁNEO. NO LUCHES CON LO NEGATIVO. MÁS BIEN, CREA LO POSITIVO.
@yosoydicha

CUIDA Y VALORA lo que te hace feliz.
@yosoydicha

¿Qué energía requiero ser aquí para que esto cambie?

SABIDURÍA PARA DISFRUTAR LA ERA DE ACUARIO

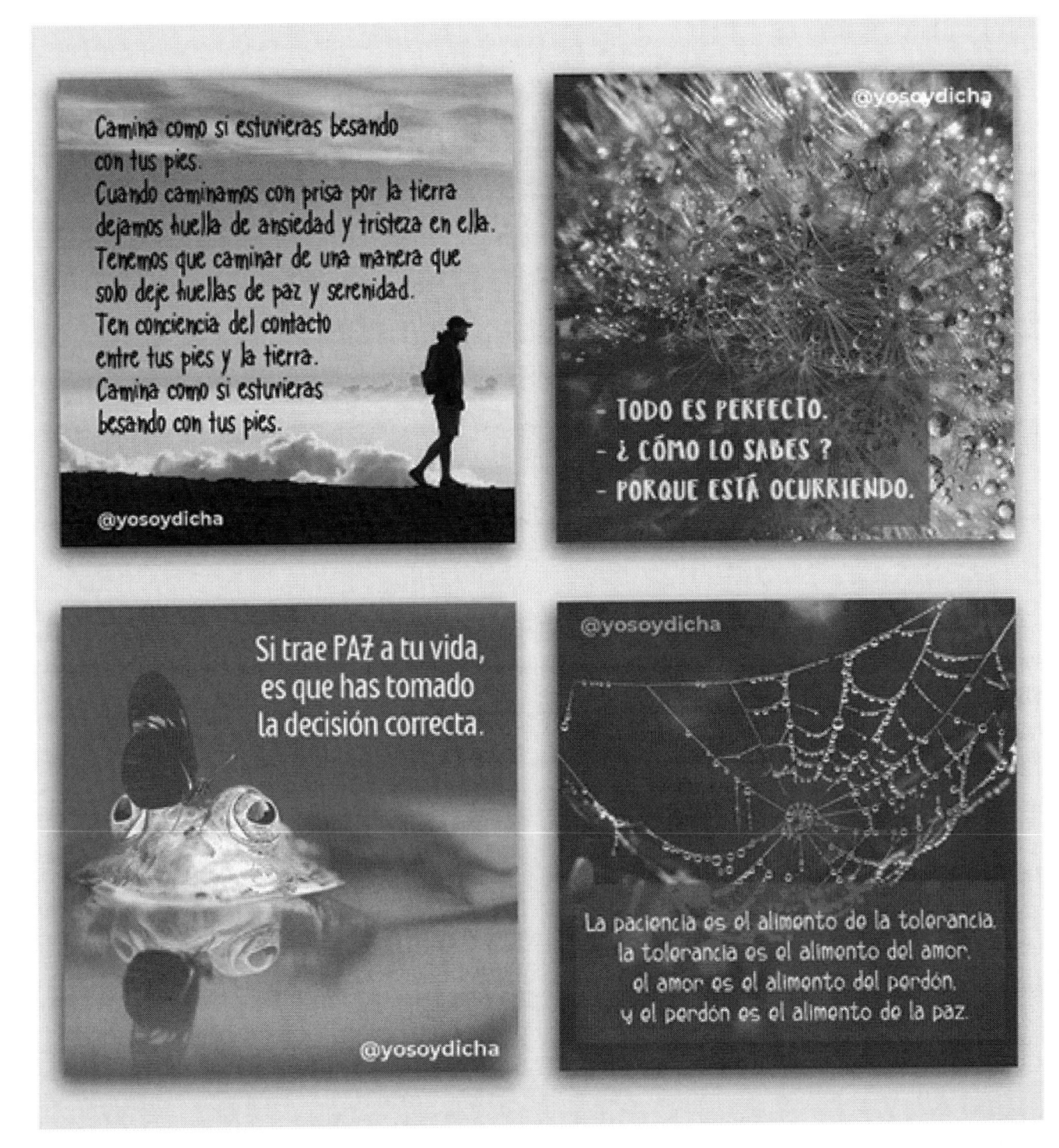

Camina como si estuvieras besando con tus pies.
Cuando caminamos con prisa por la tierra dejamos huella de ansiedad y tristeza en ella.
Tenemos que caminar de una manera que solo deje huellas de paz y serenidad.
Ten conciencia del contacto entre tus pies y la tierra.
Camina como si estuvieras besando con tus pies.
@yosoydicha

@yosoydicha
- TODO ES PERFECTO.
- ¿CÓMO LO SABES?
- PORQUE ESTÁ OCURRIENDO.

Si trae PAZ a tu vida, es que has tomado la decisión correcta.
@yosoydicha

@yosoydicha
La paciencia es el alimento de la tolerancia.
la tolerancia es el alimento del amor.
el amor es el alimento del perdón.
y el perdón es el alimento de la paz.

Yo Soy la perfecta salud en este cuerpo

GUÍA DE VIAJE HACIA TU INTERIOR

> Me cansé del mundo que me pintaron. Ahora yo dibujo el mío.

> LO ÚNICO QUE TE LLEVAS DE ESTA VIDA, ES LO QUE VIVES. ASÍ QUE VIVE LO QUE TE QUIERAS LLEVAR.

> Quien tiene un porqué para vivir, puede soportar casi cualquier cómo.

> Cuando hagas lo que la mayoría no hace, tendrás lo que la mayoría no tiene.

Donde nada es seguro, todo es posible

SABIDURÍA PARA DISFRUTAR LA ERA DE ACUARIO

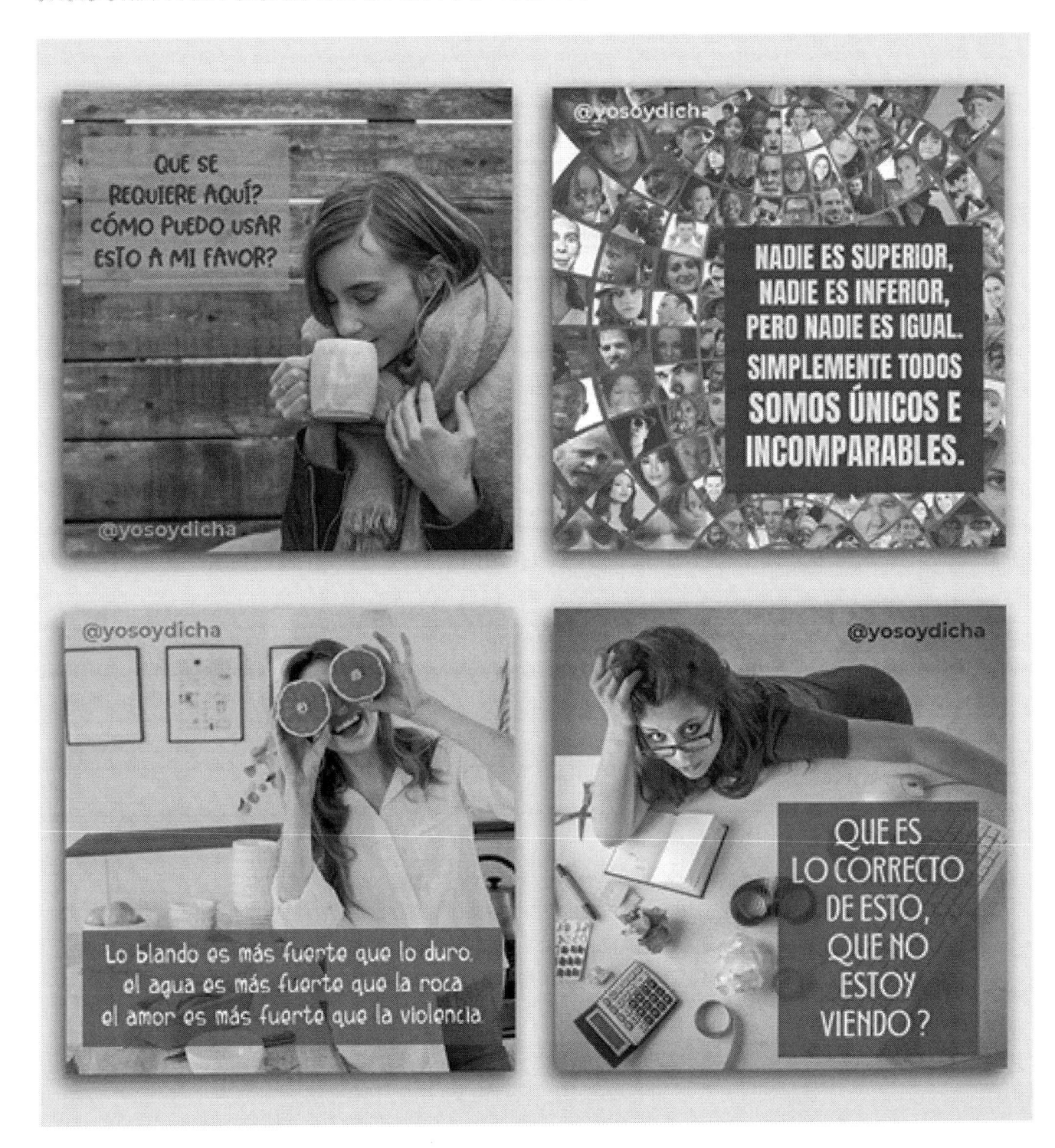

¿QUE SE REQUIERE AQUÍ? ¿CÓMO PUEDO USAR ESTO A MI FAVOR?

NADIE ES SUPERIOR, NADIE ES INFERIOR, PERO NADIE ES IGUAL. SIMPLEMENTE TODOS SOMOS ÚNICOS E INCOMPARABLES.

Lo blando es más fuerte que lo duro, el agua es más fuerte que la roca, el amor es más fuerte que la violencia.

¿QUE ES LO CORRECTO DE ESTO, QUE NO ESTOY VIENDO?

Yo Soy la encarnación de la Confianza y la Consciencia

GUÍA DE VIAJE HACIA TU INTERIOR

¿QUE TENDRÍA QUE PASAR PARA QUE ESTO CAMBIE?

@yosoydicha

ESTA REALIDAD ES EL CANDADO. YO SOY LA LLAVE.

@yosoydicha

UNIVERSO ¿COMO PUEDE MEJORAR ESTO?

@yosoydicha

"Vibrar alto" no es necesariamente estar riendo o dar saltos de alegría. Es aceptar el momento, aceptar lo que sentimos, aceptar en paz a la vida.

@yosoydicha

Todo llega a mi vida con facilidad, gozo y gloria

SABIDURÍA PARA DISFRUTAR LA ERA DE ACUARIO

@yosoydicha

Casi siempre las transformaciones duelen pero una vez cambiados nos damos cuenta de que el proceso era necesario.

QUE BONITO BRILLAS CUANDO COMPARTES TU CALMA EN VEZ DE UNIRTE AL CAOS.

@yosoydicha

TODOS SOMOS UNO SOLO EL EGO, EL MIEDO Y LAS CREENCIAS NOS SEPARAN.

@yosoydicha

El Amor es mal interpretado como una emoción, en realidad es un estado de conciencia. Una forma de estar en el mundo, una manera de verse a sí mismo y a los demás.

@yosoydicha

Yo Soy un servidor de la Era de Acuario

GUÍA DE VIAJE HACIA TU INTERIOR

¿QUE POSIBILIDADES Y ELECCIONES DIFERENTES TENGO DISPONIBLE PARA TODO ESTO?

@yosoydicha

@yosoydicha

HOY... ¿QUE ESTOY DISPUESTA A SOLTAR?

Nadie puede convencer a otro a que cambie. Cada uno de nosotros custodia una puerta del cambio, que solo puede abrirse desde adentro.

@yosoydicha

TÚ ERES UNA INVITADA. DEJA ESTA TIERRA UN POCO MÁS BONITA, UN POCO MÁS HUMANA, UN POCO MÁS AMABLE, UN POCO MÁS PERFUMADA, PARA AQUELLOS HUÉSPEDES DESCONOCIDOS QUE VENDRÁN DESPUÉS DE TI.

@yosoydicha

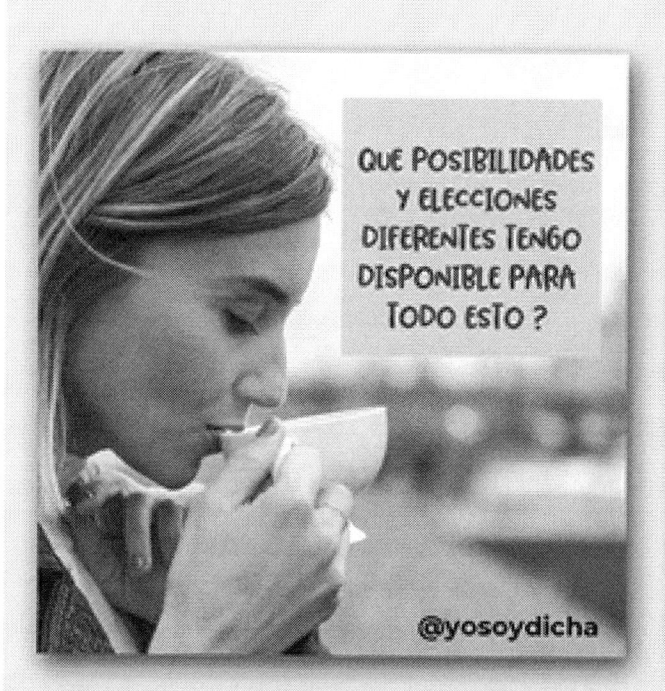

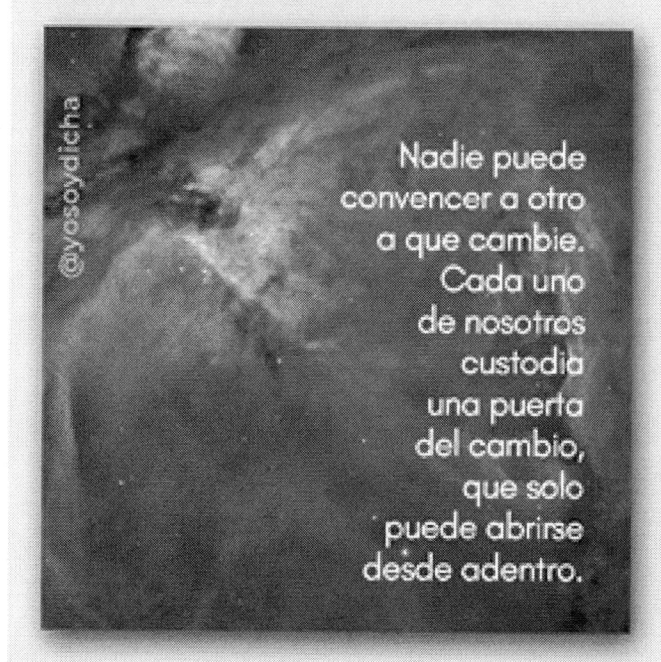

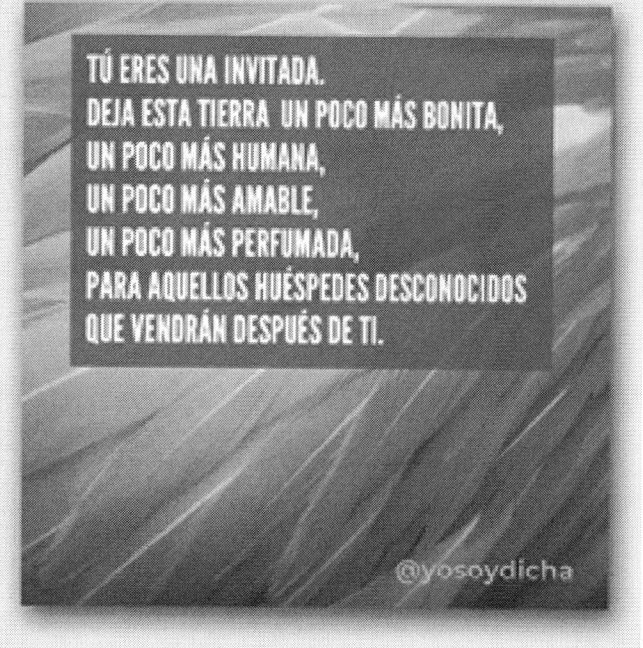

Yo Soy Libre, Yo soy Feliz, Yo soy Invencible

SABIDURÍA PARA DISFRUTAR LA ERA DE ACUARIO

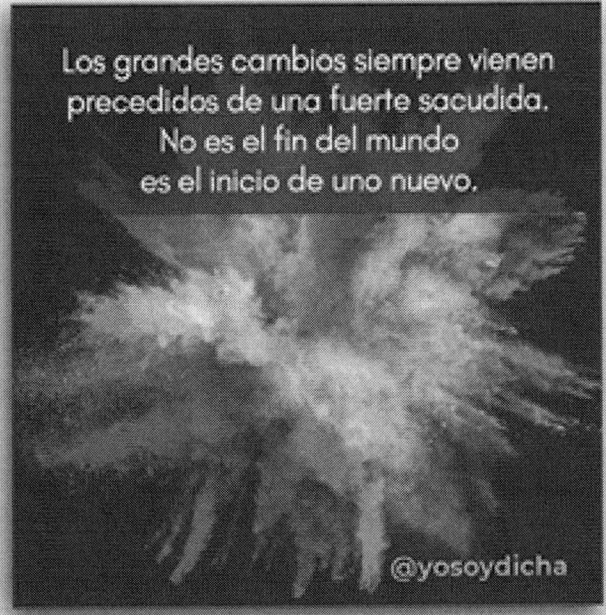

¿QUE MÁS ES POSIBLE QUE NUNCA HE CONSIDERADO?

Los grandes cambios siempre vienen precedidos de una fuerte sacudida. No es el fin del mundo es el inicio de uno nuevo.

ESTOY DISPUESTA A CREAR UN FUTURO MARAVILLOSO, MUCHO MÁS ALLÁ DE LO QUE PUEDO IMAGINAR.

TU PUNTO DE VISTA CREA TU REALIDAD

Yo Soy Amor

GUÍA DE VIAJE HACIA TU INTERIOR

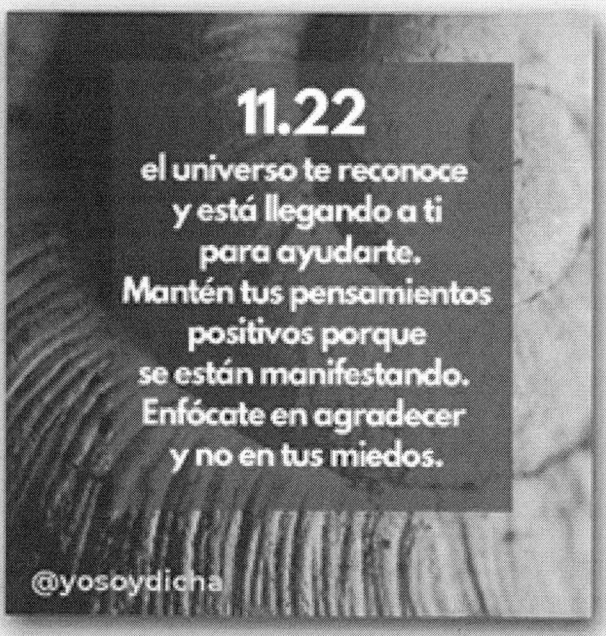

FUERA DE TU ZONA DE CONFORT ESTÁN TODAS LAS POSIBILIDADES

11.22
el universo te reconoce y está llegando a ti para ayudarte. Mantén tus pensamientos positivos porque se están manifestando. Enfócate en agradecer y no en tus miedos.

LAS MENTES GRANDES HABLAN DE IDEAS, LAS MENTES POBRES HABLAN DE LOS DEMÁS.

Que tal si no hay nada de error en mi, ni en ti.

Inhalo Amor Exhalo Gratitud

SABIDURÍA PARA DISFRUTAR LA ERA DE ACUARIO

> El mayor regalo en este mundo es la capacidad de ayudar a otros.
>
> A ver más allá de la ilusión y reconocer lo divino en su interior.

> Cada mañana recuerda, que ya abrir los ojos, es un MILAGRO.

> Te tienes a ti.
> Nada o nadie te detiene.
> Ni siquiera tú.

> GRACIAS,
> REPÍTELO VARIAS VECES AL DÍA.
> INCLUSO AUNQUE NO VEAS RAZONES APARENTES PARA DECIRLO.

Yo Soy Alegría, Yo Soy Abundancia, Yo Soy Plenitud

GUÍA DE VIAJE HACIA TU INTERIOR

LOS OJOS NO VEN, SI EL CORAZÓN NO SE ABRE.

Los barcos no se hunden por el agua que los rodea, se hunden por el agua que entra en ellos. No permitas que lo que sucede a tu alrededor, se meta dentro de ti y te hunda.

CADA EXPERIENCIA NO IMPORTA LO MALO QUE PAREZCA, TIENE DENTRO DE SÍ UNA BENDICIÓN Y UNA LECCIÓN.

Toda crisis tiene tres cosas:
Una solución.
Una fecha de caducidad.
Una enseñanza para tu vida.

Lo siento. Perdón. Gracias. Te amo

SABIDURÍA PARA DISFRUTAR LA ERA DE ACUARIO

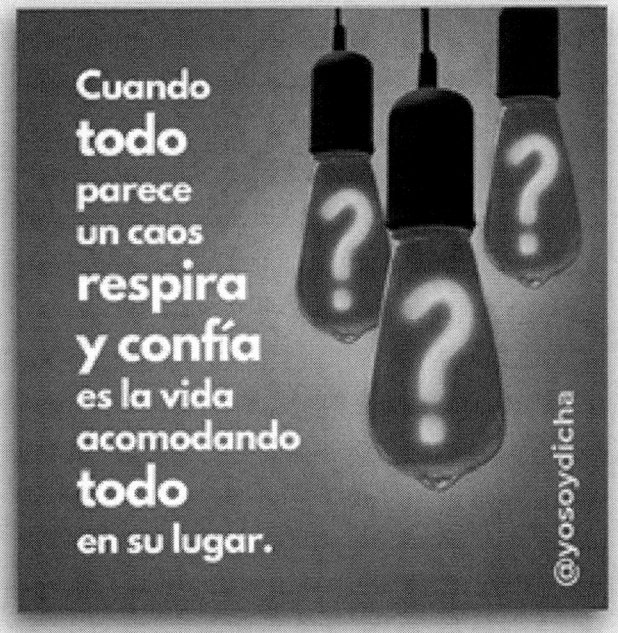

Elígete
No te distraigas
Comprométe
con la creación
de tu vida
Permanece presente

Cuando **todo** parece un caos **respira y confía** es la vida acomodando **todo** en su lugar.

La energía fluye hacia donde va tu atención.

HOY Es mi día favorito

Gracias Gracias Gracias por este magnífico desenlace

GUÍA DE VIAJE HACIA TU INTERIOR

> Recuerda que eres tú quien decide cómo te afectará todo lo que sucede fuera de ti.
>
> @yosoydicha

> Hay que arriesgarse en la vida
> Porque si no lo haces, sino das ese paso
> hacia un camino desconocido,
> vas dejando que tu sueño se consuma,
> que pierda fuerza.
> Hay que arriesgarse a subir la montaña,
> pero no porque el premio esté arriba, y si
> porque el camino te enseña a ver otros paisajes.
> Hay que arriesgarse cada día y a cada momento,
> con todas tus fuerzas, porque para aprender
> a volar, hay que dar el salto al vacío.
>
> @yosoydicha

> La serenidad no es estar a salvo de la tormenta, sino encontrar la paz en medio de ella.
>
> @yosoydicha

> El silencio es esencial.
> Necesitamos silencio tanto como
> necesitamos aire, tanto como las
> plantas necesitan luz.
> Si nuestras mentes están llenas
> de palabras y pensamientos,
> no hay espacio para nosotros.
>
> @yosoydicha

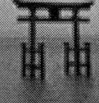

Yo Soy la Presencia Divina

SABIDURÍA PARA DISFRUTAR LA ERA DE ACUARIO

NUNCA ME SEPARO DE TI

Si quieres la luna
no te escondas de la noche.
Si quieres una rosa
no huyas de las espinas.
Si quieres amor
no te escondas de ti mismo.

Una persona verdaderamente sabia, es libre y solo obedece a su propia conciencia y a su corazón.
No manda, ni se deja mandar tampoco no pisa, ni se deja pisar.

Encuentra tu descanso en medio de la inquietud. Pon atención a lo que está presente, no a lo que está ausente. Se la luz que ilumina. Se la amorosa presencia consciente que abraza todo.

Esto también pasará

GUÍA DE VIAJE HACIA TU INTERIOR

LO SIENTO
PERDÓN
GRACIAS
TE AMO
@yosoydicha

YO SOY IMPARABLE
YO SOY UN SER PODEROSO

YO SOY LA PUERTA ABIERTA
QUE NADA NI NADIE PUEDE CERRAR

YO SOY LA SALUD PERFECTA
EN ESTE CUERPO PERFECTO,
QUE DIOS CREO PARA MI ALMA.
@yosoydicha

GRACIAS, GRACIAS, GRACIAS
repítelo varias veces al día,
incluso aunque no veas razones
aparentes para decirlo.
@yosoydicha

SI TE RODEAS
DE PERSONAS
QUE SON LUZ
LO VERÁS TODO
MÁS CLARO.
@yosoydicha

¿Qué más es posible? ¿Cuáles son las infinitas posibilidades?

SABIDURÍA PARA DISFRUTAR LA ERA DE ACUARIO

> Oye Universo
> que se requiere para que
> más salud, más amor,
> más gozo, más riquezas
> aparezcan en mi vida?
> Y si la magia se tratara
> de RECIBIR?
> que pasaría si empezara a
> crear magia desde el recibir?
>
> @yosoydicha

> Una mentira es una mentira,
> incluso si todo el mundo la cree.
> La verdad es la verdad,
> aunque nadie la crea.
>
> @yosoydicha

> Si quieres despertar a
> toda la humanidad
> despiértate de ti mismo.
> Si quieres eliminar el
> sufrimiento del mundo,
> elimina todo lo que es
> oscuro en ti mismo.
> En verdad, el mayor don
> que tienes para ofrecer,
> es el de tu propia
> transformación.
>
> @yosoydicha

> EN EL MOMENTO EN QUE EMPIEZAS
> A VER LA VIDA
> COMO ALGO QUE NO ES SERIO,
> COMO UN JUEGO,
> TODA LA CARGA QUE SOPORTA
> TU CORAZÓN DESAPARECE.
> TODO EL MIEDO A LA MUERTE,
> A LA VIDA, AL AMOR,
> TODO DESAPARECE.
> UNO EMPIEZA A VIVIR CASI SIN PESO,
> TAN LIGERO SE VUELVE UNO,
> QUE PUEDE VOLAR AL CIELO ABIERTO.
>
> @yosoydicha

Yo Soy Paz, Yo Soy Luz, Yo Soy Armonía

GUÍA DE VIAJE HACIA TU INTERIOR

Ni en toda tu vida podrás comprender el misterio que encierra una hoja, un elefante, una hormiga o un átomo. Todo aquello que escapa a tu comprensión se halla en un estado de inteligencia existencial superior al tuyo. Cuando realmente ves esto, eres un devoto.

Un devoto es alguien que está dispuesto a disolverse en el objeto de su devoción. Si eres un devoto de la vida, te volverás uno con ella. Al no ser ajeno al proceso de la vida, te rindes y te disuelves en ella.

DIVINA PRESENCIA
PIDO PERDÓN Y ME PERDONO POR LA PARTE DE MI QUE HA OCASIONADO ESTE CONFLICTO O CIRCUNSTANCIA A RESOLVER
LO SIENTO, PERDÓN, GRACIAS, TE AMO.

FLUIR
No significa pasarlo bien o disfrutar; sino navegar sin resistencias adaptando el curso y la actitud a las condiciones externas que no controlamos. Esta falta de resistencia es la que hace que el camino sea más agradable.

La vida comienza cuando el miedo termina

SABIDURÍA PARA DISFRUTAR LA ERA DE ACUARIO

A veces necesitamos una pesadilla para despertarnos.
@yosoydicha

**Si te sientes triste
siéntate
junta tus manos y
llévalas a tu corazón
cierra tus ojos
enfócate en
tu respiración
inhala por nariz
retén
exhala por nariz
y repite**
@yosoydicha

Nuestros puntos de vista crean nuestras realidades.
@yosoydicha

@yosoydicha
El silencio no está vacío, está lleno de respuestas.

Yo Soy un Guerrero de la Luz

GUÍA DE VIAJE HACIA TU INTERIOR

CADA CÉLULA DE TU CUERPO REACCIONA A TODO LO QUE DICE TU MENTE.

LA NEGATIVIDAD ES UNA DE LAS RAZONES QUE MÁS DEBILITAN EL SISTEMA INMUNOLÓGICO.

@yosoydicha

SI QUIERES CURAR AL MUNDO, NO COMPARTAS MIEDO, COMPARTE AMOR.

@yosoydicha

A VECES PARA TENERLO TODO, HAY QUE APRENDER A VIVIR SIN NADA.

@yosoydicha

Somos seres infinitos que experimentamos la vida, a través de nuestros cuerpos físicos.

@yosoydicha

¿Qué energía requiero ser aquí para que esto cambie?

SABIDURÍA PARA DISFRUTAR LA ERA DE ACUARIO

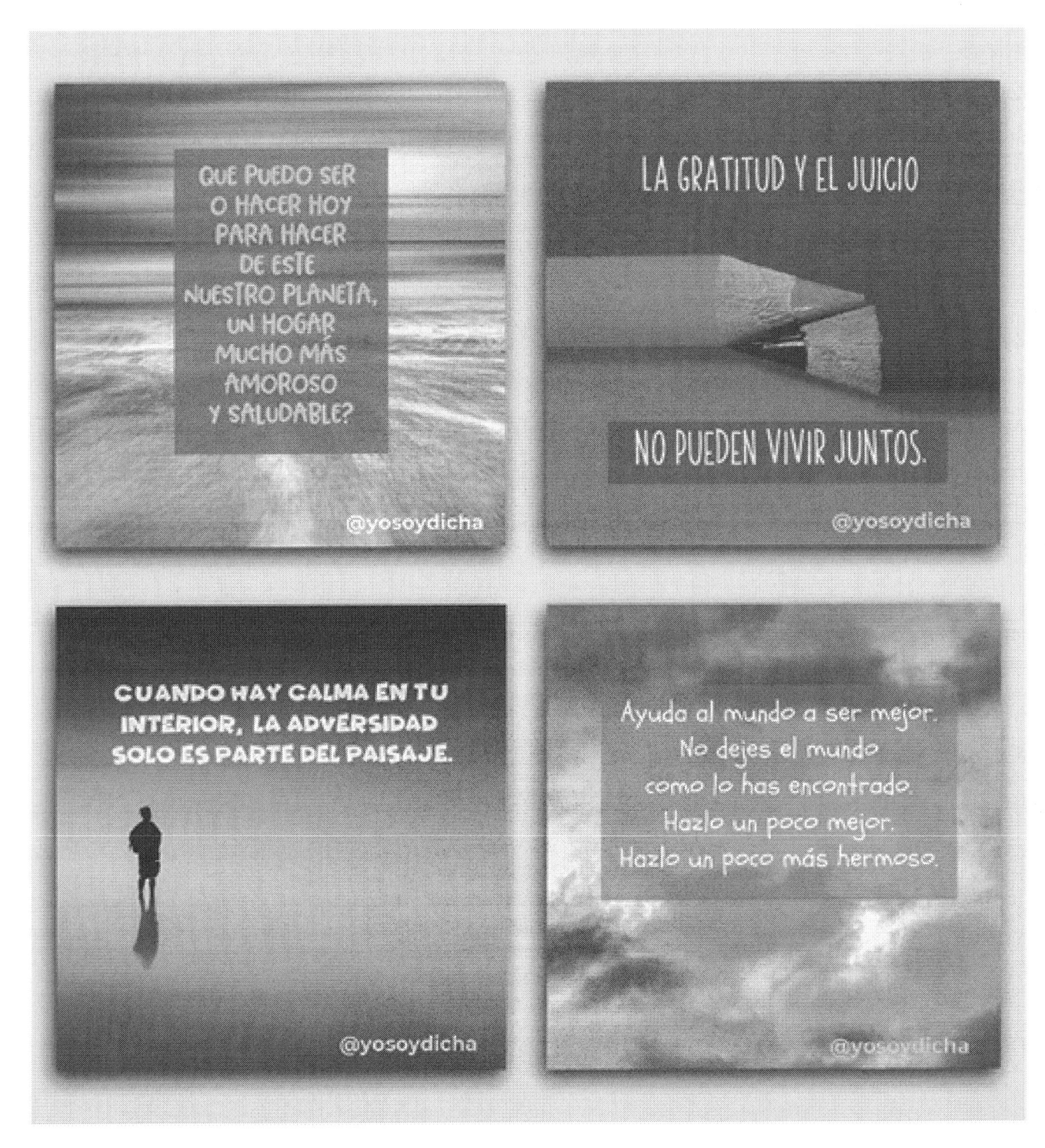

> ¿Qué puedo ser o hacer hoy para hacer de este nuestro planeta, un hogar mucho más amoroso y saludable?
>
> @yosoydicha

> LA GRATITUD Y EL JUICIO NO PUEDEN VIVIR JUNTOS.
>
> @yosoydicha

> CUANDO HAY CALMA EN TU INTERIOR, LA ADVERSIDAD SOLO ES PARTE DEL PAISAJE.
>
> @yosoydicha

> Ayuda al mundo a ser mejor. No dejes el mundo como lo has encontrado. Hazlo un poco mejor. Hazlo un poco más hermoso.
>
> @yosoydicha

Yo Soy la perfecta salud en este cuerpo

GUÍA DE VIAJE HACIA TU INTERIOR

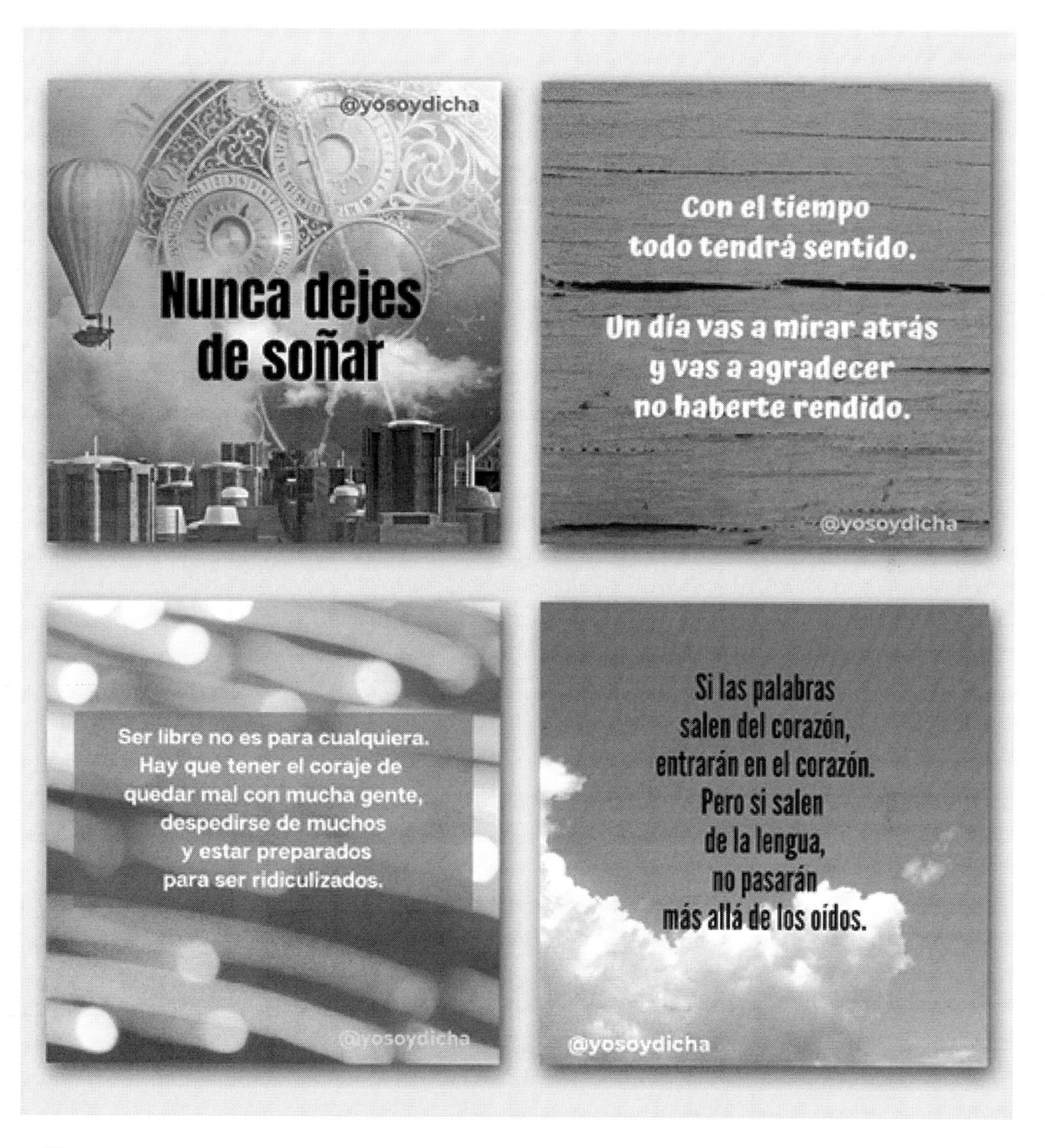

Nunca dejes de soñar

Con el tiempo todo tendrá sentido.

Un día vas a mirar atrás y vas a agradecer no haberte rendido.

Ser libre no es para cualquiera. Hay que tener el coraje de quedar mal con mucha gente, despedirse de muchos y estar preparados para ser ridiculizados.

Si las palabras salen del corazón, entrarán en el corazón. Pero si salen de la lengua, no pasarán más allá de los oídos.

Donde nada es seguro, todo es posible

SABIDURÍA PARA DISFRUTAR LA ERA DE ACUARIO

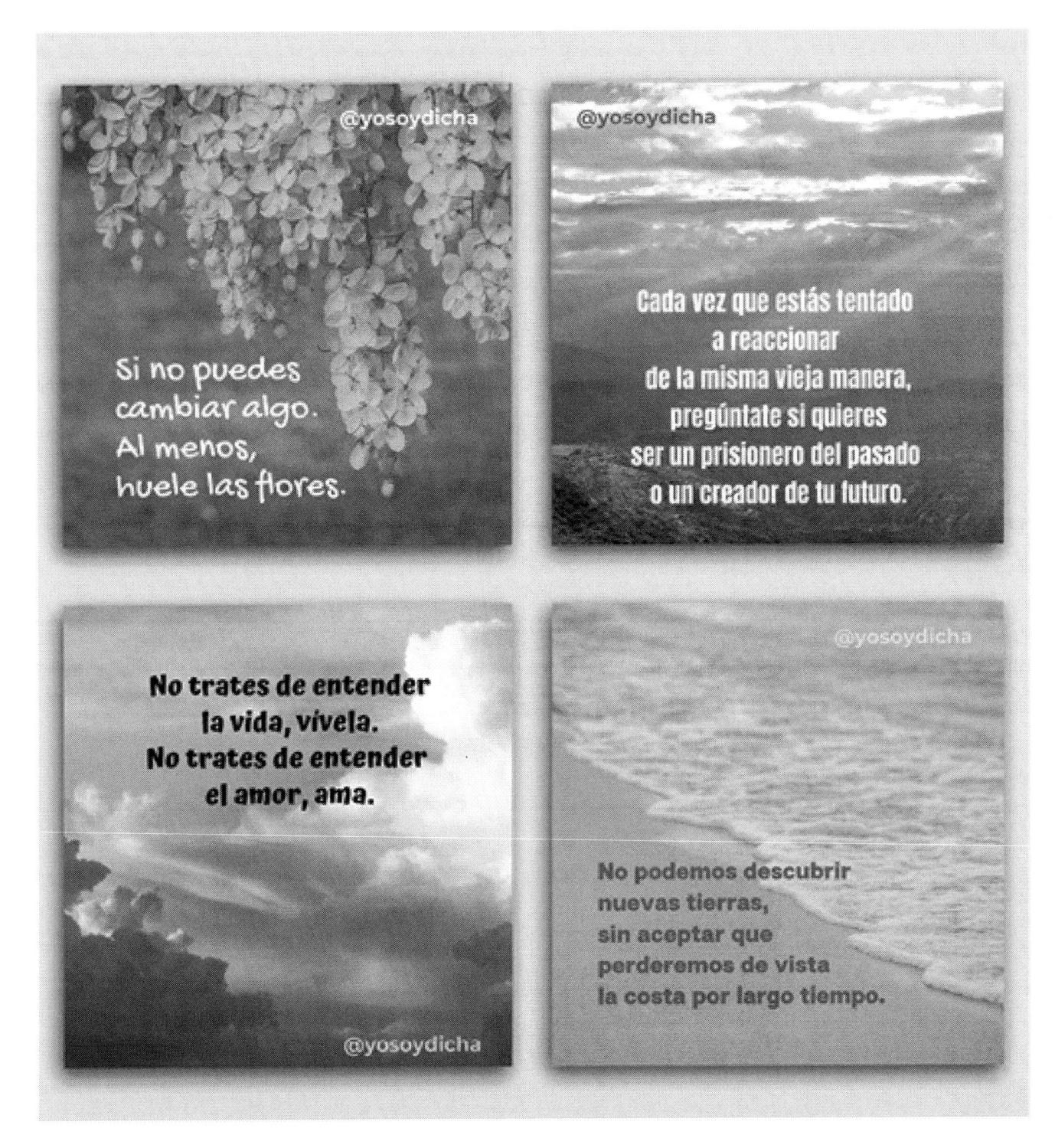

> Si no puedes cambiar algo. Al menos, huele las flores.

> Cada vez que estás tentado a reaccionar de la misma vieja manera, pregúntate si quieres ser un prisionero del pasado o un creador de tu futuro.

> No trates de entender la vida, vívela. No trates de entender el amor, ama.

> No podemos descubrir nuevas tierras, sin aceptar que perderemos de vista la costa por largo tiempo.

Yo Soy la encarnación de la Confianza y la Consciencia

GUÍA DE VIAJE HACIA TU INTERIOR

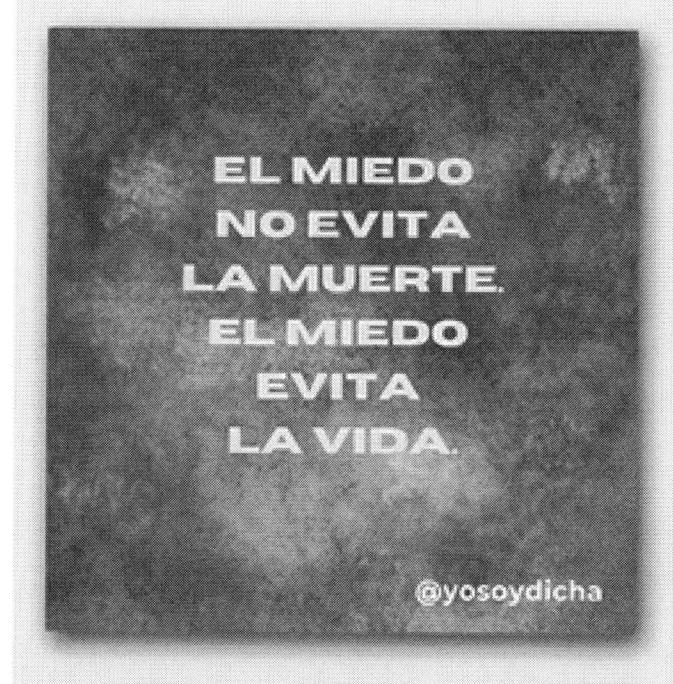

EL MIEDO NO EVITA LA MUERTE. EL MIEDO EVITA LA VIDA.

@yosoydicha

Ser feliz es sencillo, lo difícil es ser sencillo.

@yosoydicha

Una mentira es una mentira, sólo porque lo escribieron antes y lo llaman historia, no la convierte en verdad.

@yosoydicha

La muerte es, muy probablemente, el mejor invento de la vida. Sólo tu puedes decidir que hacer con el tiempo que se te ha dado.

@yosoydicha

Todo llega a mi vida con facilidad, gozo y gloria

SABIDURÍA PARA DISFRUTAR LA ERA DE ACUARIO

> Ten paciencia, espera hasta que el barro se asiente y el agua esté clara. Permanece inmóvil hasta que la acción correcta surja por sí misma.
>
> @yosoydicha

> Cuando más silencioso te vuelves más puedes oír.
>
> @yosoydicha

> Que no se apague el fuego en tu corazón. No te olvides de cantar bum bum burun ba cuando hay música en tu alma la oye todo el universo. Héchale el miedo al fuego y vuelve al amor.
>
> @yosoydicha

> @yosoydicha
>
> Es tu camino y sólo tuyo. Otros pueden caminar contigo, pero nadie puede caminar por ti.

Yo Soy un servidor de la Era de Acuario

GUÍA DE VIAJE HACIA TU INTERIOR

ME FUI A SER FELIZ
NO SÉ CUANDO VUELVO

El camino espiritual es simplemente el camino de nuestras vidas. Todo el mundo está en un camino espiritual, pero la mayoría no lo saben.

MIENTRAS TÚ SEPAS QUIEN ERES, NO HAY NADA QUE DEMOSTRAR.

El ser humano siempre está dispuesto a negar aquello que no comprende.

Yo Soy Libre, Yo soy Feliz, Yo soy Invencible

SABIDURÍA PARA DISFRUTAR LA ERA DE ACUARIO

LAS PERSONAS HERMOSAS SON RARAS, NO SE DISTINGUEN POR SU CARA SINO POR SU ALMA.

@yosoydicha

Imposible separar la paz de la libertad, porque nadie puede tener paz si no es libre.

@yosoydicha

DONDE NO PUEDAS AMAR NO TE QUEDES

@yosoydicha

Estamos en este mundo para vivir en armonía, quienes lo saben no luchan entre sí.

@yosoydicha

Yo Soy Amor

GUÍA DE VIAJE HACIA TU INTERIOR

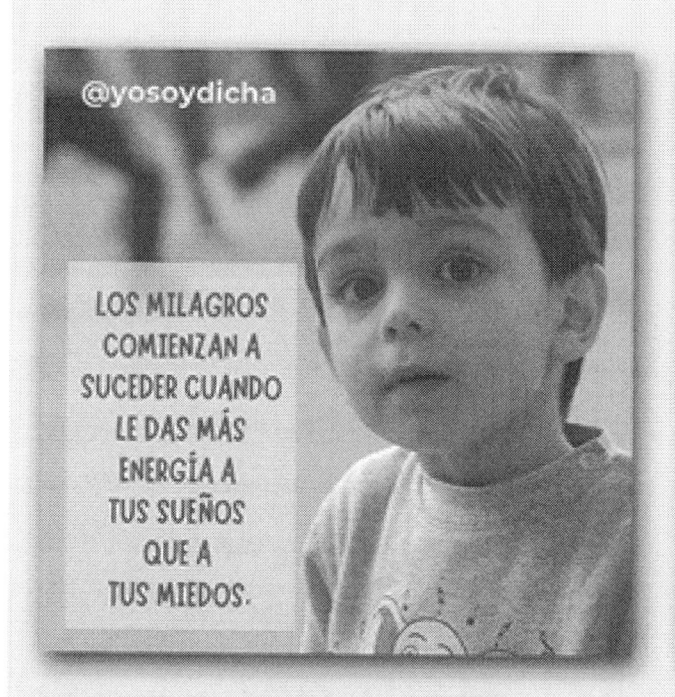

@yosoydicha

LOS MILAGROS COMIENZAN A SUCEDER CUANDO LE DAS MÁS ENERGÍA A TUS SUEÑOS QUE A TUS MIEDOS.

@yosoydicha

NUNCA TE MIENTAS A TI MISMO Y NO HAGAS NADA QUE IMPLIQUE TRAICIONARTE.

PASAS LA MAYOR PARTE DE TU VIDA DENTRO DE TU CABEZA. HAZ QUE SEA UN LUGAR SANO PARA ESTAR.

@yosoydicha

CON NUESTROS PENSAMIENTOS CREAMOS NUESTRO MUNDO.

@yosoydicha

Inhalo Amor Exhalo Gratitud

SABIDURÍA PARA DISFRUTAR LA ERA DE ACUARIO

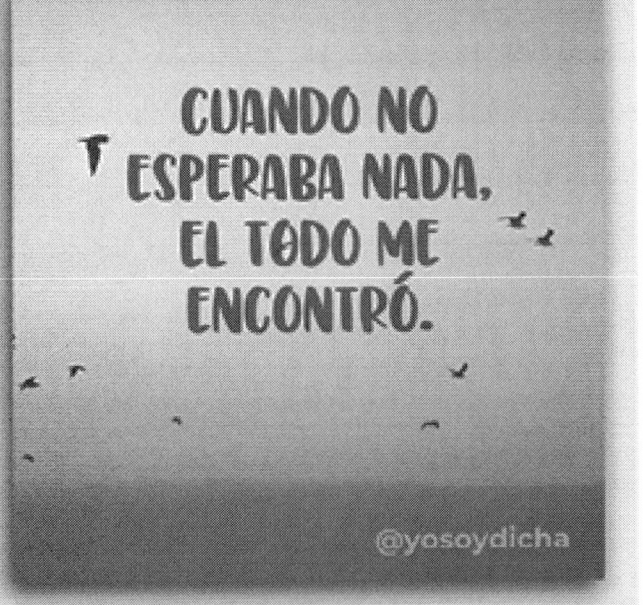

EL PARAÍSO ES ESTE MOMENTO. EL INFIERNO ES EL ARDIENTE DESEO DE QUE ESTE MOMENTO SEA DIFERENTE. ES TAN SIMPLE.
@yosoydicha

A VECES LAS COSAS LLEGAN CUANDO LAS DEJAMOS DE BUSCAR.
@yosoydicha

SEAMOS SEMBRADORES DE AMOR
¿TE IMAGINAS LA COSECHA?
@yosoydicha

CUANDO NO ESPERABA NADA, EL TODO ME ENCONTRÓ.
@yosoydicha

Yo Soy Alegría, Yo Soy Abundancia, Yo Soy Plenitud

GUÍA DE VIAJE HACIA TU INTERIOR

> La felicidad no es ausencia de problemas, es la habilidad para tratar con ellos.

> SI HAY MÚSICA EN TU ALMA, SE ESCUCHA EN TODO EL UNIVERSO.

> EL VERDADERO VIAJE DE DESCUBRIMIENTO NO CONSISTE EN BUSCAR NUEVOS PAISAJES SINO EN TENER NUEVOS OJOS

> La soledad más triste, es aquella que se vive, acompañada de personas equivocadas.

Lo siento. Perdón. Gracias. Te amo

SABIDURÍA PARA DISFRUTAR LA ERA DE ACUARIO

Si llegó a ti, es porque ya estás preparada.
@yosoydicha

PAZ
No significa una vida sin problemas, ni ruidos. Paz significa que a pesar del aparente caos, tengas la certeza interior que todo estará bien. Cuando hay paz interior, hay calma en tu corazón
@yosoydicha

Un maravilloso día se inicia simplemente, cuando agradeces.
@yosoydicha

No trates de comprender como será el futuro, solo confía en que será más grandioso.
@yosoydicha

Gracias Gracias Gracias por este magnífico desenlace

yosoy

¿Quién empacó hoy tu paracaídas?

Charles Plumb era un piloto norteamericano en la guerra de Vietnam en uno de sus vuelos de combate su avión fue derribado por un misil.

El piloto se lanzó en un paracaídas y fue capturado por fuerzas enemigas Allí pasó 2103 días en una prisión norvietnamita.

En su regreso a Estados Unidos se convirtió en autor y orador profesional, dando conferencias sobre lo que había vivido y aprendido en esa prisión.

Un día estaba en un restaurante y un hombre se le acercó y le dijo:

—Hola, usted es Charles Plumb, el piloto de Vietnam que derribaron, ¿verdad

—¿Y usted cómo sabe eso?

—Bueno, porque yo empacaba su paracaídas, parece que le funcionó bien, ¿verdad?

Plumb casi se ahogó de sorpresa y con mucha gratitud le respondió: "Si no hubiera funcionado yo no estaría aquí hoy".

Estando solo más tarde Plumb no pudo dormir esa noche meditando. ¿Cuántas veces vi en el portaaviones a ese hombre y nunca le dije buenos días?... Plumb dice que era un piloto arrogante y él un humilde marinero.

Pensó en las horas que pasó el marinero en las entrañas del barco, enrollando los hilos de seda de cada paracaídas, teniendo en sus manos la vida de alguien que no conocía. Desde ahí Plumb empezó sus conferencia diciendo: ¿Quién empacó hoy tu paracaídas? Todos tenemos a alguien cuyo trabajo es importante para que nosotros podamos salir adelante.

¿Quién te apoya a cuidar a tus hijos, te transporta, te da ánimos, te apoya en el trabajo?

El guarda de seguridad, el conductor del bus, la maestra de tus hijos, tu mamá, la persona que limpia tu oficina. ¿Conoces bien? ¿Saludas y agradeces a esas personas?

A todos ustedes que me apoyan, me escriben, me abrazan, me saludan en la calle, me dan su amistad, gracias por empacar mi paracaídas.

¿A quién le vas a agradecer hoy?

El secreto del anillo

Pensar "soy la mente", es inconsciencia.

Debes saber que la mente sólo es un mecanismo, como lo es el cuerpo; debes saber que la mente está separada.

Viene la noche y después viene la mañana; y tú no te identificas con la noche.

No dices: Soy la noche; y tampoco dices: Soy la mañana.

Viene el día y después vuelve la noche; la rueda continúa girando, pero tú te das cuenta de que no eres estas cosas.

Lo mismo ocurre con la mente.

Aparece la ira pero tú te olvidas: te conviertes en ira.

Viene la avaricia y te olvidas: te conviertes en avaricia.

Se presenta el odio y te olvidas: te conviertes en odio.

Eso es inconsciencia.

Conciencia es darse cuenta de que la mente está llena de avaricia, llena de ira, llena de odio o llena de lujuria, pero tú sólo eres un Observador.

Entonces puedes ver cómo surge la avaricia y se convierte en una gran nube oscura que después se dispersa; y tú no has sido tocado. ¿Cuánto tiempo pueden quedarse?

Tu ira es momentánea, tu avaricia es momentánea, tu lujuria es momentánea.

Simplemente observa y te quedarás sorprendido: vienen y se van.

Y tú permaneces allí, intocado, fresco, tranquilo.

La cosa más básica a recordar es que cuando te sientas bien, en un estado de éxtasis, no debes pensar que va a ser un estado permanente.

Vive el momento tan alegremente, tan animadamente como puedas, sabiendo muy bien que ha venido y se irá, como la brisa que entra en tu casa, con toda su fragancia y frescor, y sale por la otra puerta. Esto es lo más fundamental.

Si piensas que puedes hacer que tus momentos de éxtasis sean permanentes, ya has empezado a destruirlos.

Cuando vengan, agradécelos; cuando se vayan, siéntete agradecido a la existencia.

Permanece abierto.

Ocurrirá muchas veces; no enjuicies, no seas un elector.

Permanece libre de elecciones.

Sí, habrá momentos en los que te sentirás desgraciado.

¿Y qué?

Hay personas que se sienten desgraciadas y no han conocido ni un momento de éxtasis; tú eres afortunado.

Incluso en medio de tu desgracia, recuerda que no va a ser permanente; también pasará, por eso no dejes que te altere demasiado.

Permanece sereno.

Como el día y la noche, hay momentos de alegría y momentos de tristeza; acéptalos como parte de la dualidad de la naturaleza, son la naturaleza misma de las cosas.

Y simplemente eres un observador: no te conviertes ni en la felicidad ni en la desgracia.

La felicidad viene y se va, la desgracia viene y se va.

Pero hay algo que siempre está allí —siempre y en todo momento— y ése es el Observador, el testigo.

Poco a poco ve centrándote más en el Observador.

Vendrán días y vendrán noches... vendrán éxitos y fracasos... vendrán vidas y vendrán muertes.

Pero si permaneces centrado en el Observador —porque es la única realidad en ti— todo es un fenómeno pasajero.

Sólo por un momento trata de sentir lo que te digo: simplemente sé un testigo.

No te aferres a ningún momento porque es hermoso ni alejes de ti ningún momento porque es desgraciado.

Deja de hacer eso.

Lo has estado haciendo durante vidas enteras.

Nunca has tenido éxito hasta ahora y nunca lo tendrás, jamás.

El único modo de ir más allá, de permanecer más allá, es encontrar el lugar desde el que puedes observar todos estos fenómenos cambiantes sin identificarte.

Te contaré una antigua historia sufí... ...

Un Rey dijo a los sabios de la corte: Me estoy fabricando un precioso anillo.

He conseguido uno de los mejores diamantes posibles.

Quiero guardar oculto dentro del anillo algún mensaje que pueda ayudarme en momentos de desesperación total.

Tiene que ser muy pequeño de manera que quepa escondido debajo del diamante del anillo.

Todos ellos eran sabios, grandes eruditos; podrían haber escrito grandes tratados.

Pero darle un mensaje de no más de dos o tres palabras que le pudiera ayudar en momentos de desesperación total era difícil. Pensaron, buscaron en sus libros, pero no podían encontrar nada.

El rey tenía un anciano sirviente que era casi como su padre; también había sido sirviente de su padre.

La madre del rey murió pronto y este sirviente cuidó de él, por tanto lo trataba como si fuera de la familia.

El rey sentía un inmenso respeto por él.

El anciano dijo: —No soy un sabio, ni un erudito, menos un académico; pero conozco el mensaje, porque sólo hay un mensaje.

Y esa gente no te lo puede dar; sólo puede dártelo un místico, un hombre que haya alcanzado la realización.

Durante mi larga vida en palacio, me he encontrado con todo tipo de gente y en una ocasión me encontré con un místico.

Era invitado de tu padre y yo estuve a su servicio.

Cuando se iba, como gesto de agradecimiento por mis servicios, me dio este mensaje —y lo escribió en un papel, lo dobló y se lo dio al rey—.

No lo leas, manténlo escondido en el anillo.

Ábrelo sólo cuando todo lo demás haya fracasado, cuando no encuentres salida a la situación.

Y ese momento no tardó en llegar.

El país fue invadido y el Rey perdió el reino.

Estaba huyendo en su caballo para salvar la vida y sus enemigos le perseguían.

Estaba solo y los perseguidores eran numerosos.

Y llegó a un lugar donde el camino se acababa, no había salida: del otro lado había un precipicio y un profundo valle.

Caer por él sería el fin.

No podía volver, el enemigo le cerraba el camino y ya podía oír el trotar de los caballos.

No podía seguir hacia delante, y no había ningún otro camino...

De repente se acordó del anillo.

Lo abrió, sacó el papel y allí encontró un pequeño mensaje tremendamente valioso.

Simplemente decía: **Esto también pasará**.

Mientras leía "**Esto También Pasará**" sintió que se cernía sobre él un gran silencio.

Y aquello pasó.

Todas las cosas pasan; nada permanece en este mundo.

Los enemigos que le perseguían se deben haber perdido en el bosque, deben haberse equivocado de camino; poco a poco dejó de oír el trote de los caballos.

El rey se sentía tremendamente agradecido al sirviente y al místico desconocido.

Aquellas palabras habían resultado milagrosas.

Dobló el papel, lo volvió a poner en el anillo, reunió a su ejército y reconquistó el reino.

Y el día que entraba de nuevo victorioso en la capital hubo una gran celebración con música, bailes..., y él se sentía muy orgulloso de sí mismo.

El anciano estaba a su lado en el carro y le dijo: —Este momento también es adecuado: vuelve a mirar al mensaje.

—¿Qué quieres decir? —Preguntó el rey—. Ahora estoy victorioso, la gente celebra mi vuelta, no estoy desesperado, no me encuentro en una situación sin salida.

—Escucha —dijo el anciano—, esto es lo que me dijo el Santo: este mensaje no es sólo para situaciones desesperadas, también es para situaciones placenteras.

No es sólo para cuando estás derrotado; también es para cuando te sientes victorioso; no sólo para cuando eres el último, también para cuando eres el primero.

El rey abrió el anillo y leyó el mensaje: <u>Esto también pasará</u>, y de repente la misma paz, el mismo silencio, en medio de la muchedumbre que se regocijaba, que celebraba, que bailaba... pero el orgullo, el ego había desaparecido.

Todo pasa.

Pidió al anciano sirviente que viniera a su carro y se sentara junto a él.

Le preguntó: -¿Hay algo más? Todo pasa... Tu mensaje me ha sido de gran ayuda.

—La tercera cosa que dijo el santo es:

"Recuerda que todo pasa. Sólo quedas Tú; Tú permaneces por siempre como testigo".

Todo pasa, pero Tú permaneces.

Tú eres la realidad; todo lo demás sólo es un sueño.

Hay sueños muy hermosos, hay pesadillas... pero no importa que se trate de un sueño precioso o de una pesadilla; lo importante es la persona que está viendo el sueño.

Ese que VE... es la única realidad...

OSHO

Arthur Ashe

Cuando Arthur Ashe, el legendario jugador estadounidense de tenis, estaba muriendo de SIDA del que se contagió por medio de sangre infectada administrada durante una cirugía del corazón en 1983, recibió cartas de sus fans, uno de los cuales preguntó:

"¿Por qué Dios tuvo que elegirte para una enfermad tan horrible?"

Arthur Ashe contestó:

Hace muchos años unos 50 Millones de niños comenzaron a jugar al tenis, y uno de ellos era yo.

- 5 Millones aprendieron realmente a jugar al tenis,
- 500.000 Aprendieron Tenis Profesional,
- 50.000 llegaron al circuito,
- 5.000 alcanzaron Grand Slam,
- 50 Llegaron a Wimbledon,
- 4 Llegaron a la semifinal,
- 2 Llegaron a la final y nuevamente uno de ellos fui yo.

Cuando estaba celebrando la victoria con la copa en la mano, nunca se me ocurrió preguntarle a Dios:

"¿Por qué a mí?"

Así que ahora que estoy con dolor, ¿cómo puedo preguntarle a Dios:

"Por qué a mí"?

La felicidad te mantiene Dulce
Los dolores te mantiene Humano
El fracaso te mantiene humilde
El éxito te mantiene brillante
Pero sólo, la fe te mantiene en marcha.

A veces no estas satisfecho con tu vida, mientras que muchas personas de este mundo sueñan con poder tener tu vida.

Un niño en una granja ve un avión que le sobrevuela y sueña con volar.

Pero, el piloto de ese avión, sobrevuela la granja y sueña con volver a casa.

¡¡Así es la vida!!... Disfruta la tuya...

Si la riqueza fuera el secreto de la felicidad, los ricos deberían estar bailando por las calles.

Pero sólo los niños pobres hacen eso.

Si el poder garantizara la seguridad, las personas importantes deberían caminar sin guardaespaldas.

> Pero sólo aquellos que viven humildemente, sueñan tranquilos.
>
> Si la belleza y la fama atrajeran las relaciones ideales,
>
> las celebridades deberían tener los mejores matrimonios.
>
> ¡Ten fe en ti mismo!
>
> Vive humildemente. Camina humildemente y ama con todo tu corazón...

Juan

Juan siempre estaba de buen humor y siempre tenía algo positivo que decir. Cuando alguien le preguntaba como le iba, él respondía: "Si pudiera estar mejor, tendría un gemelo".

Él era un gerente único porque tenía varias camareras que lo habían seguido de restaurante en restaurante. La razón por la que las empleadas seguían a Juan era por su actitud. Él era un motivador natural: Si un empleado tenía un mal día, Juan estaba ahí para decirle al empleado cómo ver el lado positivo de la situación. Verlo realmente me causó curiosidad, así que un día fui a buscar a Juan y le pregunté: "No lo entiendo... no es posible ser una persona positiva todo el tiempo... ¿Cómo lo haces?". Juan respondió: Cada mañana me despierto y me digo a mí mismo: Juan, tienes dos opciones hoy: Puedes elegir estar de buen humor o puedes elegir estar de mal humor. Elijo estar de buen humor. Cada vez que sucede algo malo, puedo elegir entre ser una víctima o aprender de ello. Elijo aprender de ello. Cada vez que alguien viene a mí para quejarse, puedo aceptar su queja o puedo señalarle el lado positivo de la vida. Elijo el lado positivo de la vida.

"Sí... claro... pero no es tan fácil" (protesté).

"Sí lo es", dijo Juan. "Todo en la vida es acerca de elecciones". Cuando sacas todo lo demás, cada situación es una elección.

Tú eliges como reaccionar a cada situación.

Tú eliges cómo la gente afectará tu estado de ánimo.

Tú eliges estar de buen humor o mal humor.

En resumen: **"Tú eliges cómo vivir la vida"**.

Reflexioné acerca de lo que Juan me dijo. Poco tiempo después, dejé la industria de restaurantes para iniciar mi propio negocio. Perdimos contacto, pero con frecuencia pensaba en Juan cuando tenía que hacer una elección en la vida en vez de reaccionar a ella. Varios años más tarde, me enteré que Juan hizo algo que nunca debe hacerse en un negocio de restaurante. Dejó la puerta de atrás abierta una mañana y fue asaltado por tres ladrones armados. Mientras trataba de abrir la caja fuerte, su mano temblando por el nerviosismo, resbaló de la combinación. Los asaltantes sintieron pánico y le dispararon. Con mucha suerte, Juan fue encontrado relativamente pronto y llevado urgentemente a una clínica. Después de 18 hs. de cirugía y semanas de terapia intensiva, Juan fue dado de alta aún con fragmentos de bala en su cuerpo.

Me encontré con Juan seis meses después del accidente y cuando le pregunté cómo estaba, me respondió: "Si pudiera estar mejor, tendría un gemelo".

Le pregunté qué pasó por su mente en el momento del asalto. Contestó: "Lo primero que vino a mi mente fue que debí haber cerrado con llave la puerta de atrás".

Cuando estaba tirado en el piso recordé que tenía dos opciones: Podía elegir vivir o podía elegir morir. "Elegí vivir".

"¿No sentiste miedo?", le pregunté. Juan continuó: "Los médicos fueron geniales. No dejaban de decirme que iba a estar bien. Pero cuando me llevaron al quirófano y vi las expresiones de las caras de médicos y enfermeras, realmente me asusté... podía leer en sus ojos: Es hombre muerto. Supe entonces que debía entrar en acción...".

"¿Qué hiciste?", le pregunté. "Bueno... uno de los médicos me preguntó si era alérgico a algo y respirando profundo grité: **¡Sí, a las balas...!**"

Mientras reían les dije: "Estoy eligiendo vivir... operarme como si estuviera vivo, no muerto".

Juan vivió por la maestría de los médicos pero sobre todo por su asombrosa actitud. Aprendí que **cada día tenemos la elección de vivir plenamente**.

¡Feliz Día y Excelente Semana!

EL VIAJE HACIA LA FELICIDAD

Antes, había cosas que me ocurrían que no entendía, que juzgaba como negativas. Luego me di cuenta de que esas cosas negativas eran las que más me ayudaban a crecer, sanar y fortalecerme, además de que yo mismo las había atraído a mi vida para tal fin.

Esto me permitió hacerme absolutamente responsable por todo lo que me sucedía.

Una vez que comprendí esto, deje de llamarlas "malas" y comencé a llamarlas "buenas".

Por consecuencia y a partir de ese glorioso momento, pude ver que sólo cosas buenas me sucedían.

Entonces, me liberé del miedo al futuro (ya que nada malo podía ocurrirme) y comencé a vivir en sintonía con el amor conciente.

Comencé a vivir con una fe absoluta y ciega en la Existencia. También me di cuenta de que si no existían cosas malas, tampoco podían existir los problemas.

Entonces, me liberé de todos mis problemas instantáneamente. Comprendí que sólo eran juicios de mi mente.

Este conocimiento profundo me permitió naturalmente y sin esfuerzo alguno, aceptarlo todo.

A partir de ese momento, mi vida se transformó en una constante bendición, simplemente por comprender que todo, absolutamente todo en este Universo, está creado para ayudarme y a mi favor.

Comencé entonces a sentir que era terriblemente amado y protegido.

Deje de desear, dejé de pedir y de esperar.

Solté y me entregue a lo desconocido.

Comencé entonces a recibir, mucho más de lo que jamás hubiera imaginado.

Y finalmente, desperté.

Pedí perdón por haber sido tan ingrato y no haber visto la magia de la Vida y al mismo tiempo me perdoné a mi mismo por ello.

No más problemas, No más quejas. No más sufrimiento. No más deseos. No más resistencia. No más infelicidad.

Sólo constante bendición, gratitud sin límites, amor incondicional y una paz que no es de este mundo; una paz del más allá. Esto sí es vivir. Esto es la Vida.

Lic. Fernán Makaroff - www.liberate.uy

LAS CUATRO LEYES DE LA ESPIRITUALIDAD

"En la INDIA se enseñan las "Cuatro Leyes de la Espiritualidad":

La primera dice: "La persona que llega es la persona correcta".

Es decir que nadie llega a nuestras vidas por casualidad, todas las personas que nos rodean, que interactúan con nosotros, están allí por algo, para hacernos aprender y avanzar en cada situación.

La segunda ley dice: "Lo que sucede es la única cosa que podía haber sucedido".

Nada, pero nada, absolutamente nada de lo que nos sucede en nuestras vidas podría haber sido de otra manera. Ni siquiera el detalle más insignificante. No existe el: "si hubiera hecho tal cosa hubiera sucedido tal otra...". No. Lo que pasó fue lo único que pudo haber pasado, y tuvo que haber sido así para que aprendamos esa lección y sigamos adelante. Todas y cada una de las situaciones que nos suceden en nuestras vidas son perfectas, aunque nuestra mente y nuestro ego se resistan y no quieran aceptarlo.

La tercera dice: "En cualquier momento que comience es el momento correcto".

Todo comienza en el momento indicado, ni antes, ni después. Cuando estamos preparados para que algo nuevo empiece en nuestras vidas, es allí cuando comenzará.

Y la cuarta y última: "Cuando algo termina, termina".

Simplemente así. Si algo terminó en nuestras vidas, es para nuestra evolución, por lo tanto es mejor dejarlo, seguir adelante y avanzar ya enriquecidos con esa experiencia.

Creo que no es casual que estén leyendo esto, si este texto llegó a nuestras vidas hoy; es porque estamos preparados para entender que ninguna gota de lluvia cae alguna vez en el lugar equivocado.

Llega un momento en tu vida, cuando te alejas de todo el drama y de las personas que lo crean. Te rodeas de gente que te hace reír.

Olvidas lo malo y te centras en lo bueno. Amas a gente que te trata bien y oras por los que no lo hacen.

La vida es demasiado corta para ser otra cosa que feliz.

Caer es parte de la vida, ponerse de pie nuevamente es vivir.

Cita:

Que haya paz en tu interior. Que confíes en que eres exactamente aquello que estás destinado a ser.

Que no te olvides las infinitas posibilidades que nacen de la fe en ti mismo y los demás.

Que puedas usar los dones que has recibido y pasar el amor que has recibido.

Que puedas estar contento contigo mismo del modo en que eres. Que este conocimiento se asiente en tus huesos, y permita a tu alma la libertad de cantar, bailar, rezar y amar. Estas ahí para todos y cada uno de nosotros.

POEMA DE PERMISIÓN

No intentes cambiar a nadie:
limítate a iluminar...,
porque es tu luz la que invita
a tu prójimo a cambiar...,

Que en estos tiempos extraños
en que elegiste volver,
tu tarea, compañero,
no es otra que la de "ser".

Y si ese que va a tu lado
se encuentra dormido acaso,
respeta su desarrollo
y su aparente retraso...

Contémplalo con ternura
y acéptalo tal cual es,
y déjalo que prosiga
marchando sobre sus pies.

No te olvides que él está
siguiendo su "plan de vida":
ese que le armó su alma
al preparar su venida.

Y tú no puedes lograr
que eleve sus vibraciones,
ni con presiones abiertas
ni sutiles empujones....,

porque hay ciclos en la vida
que no se pueden forzar:
¡ya su corazón un día
se abrirá de par en par!

Y entenderá cabalmente
de forma clara y certera,
que esta vida es solamente
una ilusión pasajera...

Tú entra en tu propio silencio,
y en forma suave y callada,
deja que tu luz interna
se filtre por tu mirada.

Tu impronta suave y serena
produce su propia acción,
y esparce sobre las cosas
silenciosa inspiración...

Y cuando dejas que el otro
transmute su propia cruz,
no intentas cambiar a nadie...
¡pero los cambia tu luz!

JORGE OYHANART

HO'OPONOPONO

Gracias, gracias, gracias.

¿Sabían que Somos Seres en Constante Vibración y que las palabras son semillas que nos dan Vida o nos destruyen poco a poco...?

Pronunciar: "**LO SIENTO**" devuelve la Unidad perdida al viajar por tu piel, que es el órgano más extenso, que te conecta y te hace Sensible ante las Vivencias de los demás, te desapega de los resultados y te convierte en la Unidad del Ser.

El sonido "**PERDÓN**", "Perdóname", hace Eco en Tu Páncreas y en Tu Colon, desatando lazos... liberando historias...

Y si pudieras ver lo que moviliza un "**GRACIAS**", Sonreirías junto a todas las células de tu cuerpo sacudiendo tus venas, convirtiendo Tu Sangre en Luz en ese acto desprendido.

"**TE AMO**" es el sonido más Sanador del Universo... esta frase cubre Tu Cuerpo y viaja a través de tus pulmones Desobstruyendo tu Respiración... recorriendo tus riñones... Transmutando los Miedos... y hace que millones de Células Sonrientes le den Vitaminas a las Células Tristes de Su Sistema Inmune, o que algunas otras que nacieron con el arte de la jardinería siembren césped suave, fresco y verde alrededor de las zonas más áridas de Tu Cuerpo.

El Tener Conciencia Total sobre lo que provocan estas palabras en Ti y en los demás, te permitirá comenzar a observar tus pensamientos, tus silencios, tus sonidos y tus ruidos, porque en este Océano de Energía Vibracional que somos, cada Onda que Emites crea Olas de diversos Colores que te transforman a Ti y a tu entorno.

Eres parte de la Energía Divina de Dios y somos parte de la Unidad del Ser.

- ✦ **Lo siento**
- ✦ **Perdóname**
- ✦ **Gracias**
- ✦ **Te Amo**

Palabras Divinas que nos Ayudan a Vibrar en una Frecuencia Muy Alta y a provocar que Nuestras Células se Sientan Alegres y Nuestro Ser con una Energía que nos llena de Felicidad y nos une a la Energía de Dios.

Dios Les Bendiga Siempre y Le Acompañe en Su Recorrido por el Camino que ha Dispuesto para cada un@ de Ustedes en esta Vida, de tal forma que cumplan con Su Misión y que algún Día les lleve con Plenitud de regreso a Casa.

UN CORAZÓN AGRADECIDO

Cuando estás en la mente resistes, te quejas, nada te queda bien.

Es como si llevaras puestos unos zapatos dos números menores a tu talla.

Si llueve te quejas de la lluvia, si hace calor te quejas del calor, si pasa algo que no te gusta te quejas de eso.

Preso en la identificación con la mente vivirás en una insatisfacción crónica.

En cambio, cuando vives en tu corazón todo lo aceptas y agradeces. Cuando llueve inclinas tu cabeza y dices "gracias". Cuando hace calor sonríes y dices "gracias".

Cuando suceden cosas que si fueran por ti no hubieras elegido dices "gracias". ¿Por qué? ¿Por qué tanta gratitud?

Porque has visto que todo es para un bien mayor; ahora lo sabes. Porque estás en presencia de la perfección.

Porque has comprendido que cada respiración es un regalo.

Te has dado cuenta que para que tú estés aquí todo el universo debe estar allí para ti.

El aire que respiras, la luz solar, el agua, el alimento, la fotosíntesis, tu trabajo, tu familia, tus amigos, tu casa, tu dinero, la luz eléctrica, internet, tu cuerpo y todo lo que sucede cada microsegundo dentro de él, la sabiduría que se está expandiendo velozmente en el planeta, tu conciencia... todo, todo te ha sido dado.

¿Cómo podrías no sentirte agradecido? Sólo estando preso en la mente es posible estar tan ciego y sumergido en la ignorancia.

Viviendo desde la sabiduría del corazón todo se ve hermoso y milagroso, todo está lleno de amor y benevolencia.

Entrando en tu corazón te haces uno con el corazón de la existencia.

Entonces vives cada día embelesado y agradecido.

Y más y más te es dado.

Ivo Makaroff

PRECIOSA REFLEXIÓN DE SANACIÓN

Esta preciosa reflexión lleva implícita el espíritu de la sanación y el orden en los sistemas.

Atiéndela, compréndela y sobre todo, practícala.

> A mis padres los libero de sentir que conmigo no pudieron dármelo todo o que crean que han fallado. Los amo y les agradezco que hayan sido instrumento de Dios para que Hoy este aquí.
>
> Libero a mis hijos de la necesidad de engrandecer mi ego, de querer satisfacer los deseos o metas que yo no cumplí para mí o de que se sientan obligados a enorgullecerme. Les pido que escriban su propia historia según sus deseos de experimentar y lo que alegre sus corazones.
>
> Libero a mi pareja de la obligación de complementarme. Yo estoy completo/a. Nada me falta, todo está dentro de mí y mi felicidad depende de mí.
>
> Yo aprendo y evoluciono con cada una de mis relaciones y si hemos fallado, yo también he sido responsable de atraer esa situación.
>
> Libero a mis hermanos de toda culpa que sientan por mí, o por hacerles creer que me lastimaron, o si en algún momento los ofendí, los ignoré o los negué. En ningún momento mi intención ha sido la de vivir sus vidas, ni entorpecer sus experiencias, ni pensar que no podían hacerlo bien, ni creerme mejor que ustedes. Los amo. Estoy consciente ahora de que lo están haciendo lo mejor que pueden hacerlo y confío plenamente en sus habilidades y fortalezas* para labrarse (conseguir) la vida maravillosa que siempre han soñado para ustedes.
>
> A mis abuelos y ancestros que se fueron encontrando para que yo, hoy, aquí, respire vida en nombre de ellos, los libero de las culpas del pasado y de los deseos que no cumplieron.
>
> Consciente de que todo lo que hicieron fue lo mejor que pudieron hacer para resolver cada una de las situaciones que enfrentaron, con los

recursos que tuvieron y desde el nivel de conciencia que tenían en ese momento. Les honro con mi vida, haciendo de ella lo mejor que pueda para hacerla feliz, digna y próspera. Los amo y reconozco a todos y cada uno de ellos.

Me contemplo ante sus miradas, y les expreso mi gratitud y todo mi amor para que sepan que no oculto ni debo nada más que ser fiel a mí mismo/a y a mi propia existencia, de esa manera los honro.

Lo que aprendí de todos ustedes me hace ser quien soy y me permite transitar el camino de mi vida con sabiduría, consciente de que cumplo mi propio proyecto de vida, libre de lealtades familiares invisibles y visibles, libre de ataduras y creencias que puedan perturbar mi Salud, Alegría, mi Paz y Felicidad.

Aprendiendo a través y sólo a través del Amor /aceptación, permitiendo Ser a cada quien tal como quiere Ser y permitiéndome Ser quien verdaderamente Soy.

Bendigo la esencia más expandida de mi Ser la cual es Maravillosa, Espléndida y Notable (Yo Soy), que a través de mi forma única de expresarme, y aunque alguien no pueda comprenderme, Yo solo me expreso como Soy, porque sólo yo he vivido y experimentado mi propia historia, porque me conozco, sé quien Soy, lo que siento, lo que hago y porqué lo hago.

Me acepto, me respeto, me apruebo y me responsabilizo solo por mí, con amor/aceptación y comprensión.

Honro la Divinidad en mí, en ti, en todo...

BUENOS DÍAS VICTORIA

No tienes que ser el mejor.
Sólo tienes que ser tú mismo.
Sólo tienes que ser real.
Y hablar desde el corazón.
Y saber que tienes el derecho de ver como ves,
y pensar como piensas, y sentir lo que sientes,
y desear lo que deseas.

No tienes que ser un éxito ante los ojos del mundo
y no tienes que ser un experto.
Sólo tienes que ofrecer lo que ofreces,
respirar como respiras,
cometer errores y estropearlo todo
y aprender a amar tus tropiezos
y decir lo incorrecto y dejar de preocuparte
tanto por impresionar a nadie,
porque al final sólo tienes que vivir contigo mismo,
y la alegría no es dada sino hallada
en las hendiduras más profundas de tu ser,
de modo que pueda haber alegría al caer
y alegría al cometer errores
y alegría al hacer el ridículo
y alegría al olvidar la alegría
y luego sostenerte a ti mismo a medida
que te desplomas en el suelo
y lloras por los viejos sueños.
Alegría es intimidad con aquel que amas: Tú.

No tienes que ser el mejor.
No tienes que vencer.
Sólo tienes que recordar esta intimidad
                        con el cielo,
la cercanía de las montañas y sentir el calor
del Sol en tu cara y saber que estás vivo,
y que eres un éxito, y victorioso,
sin tener que probar una maldita cosa.

Jeff Foster

HISTORIA JAPONESA

Los japoneses siempre han gustado del pescado fresco. Pero las aguas cercanas a Japón no han tenido muchos peces por décadas.

Así que para alimentar a la población japonesa, los barcos pesqueros fueron fabricados más grandes para ir mar adentro.

Mientras más lejos iban los pescadores, más era el tiempo que les tomaba regresar a entregar el pescado.

Si el viaje tomaba varios días, el pescado ya no estaba fresco.

Para resolver el problema, las compañías instalaron congeladores en los barcos pesqueros.

Así podían pescar y poner los pescados en los congeladores.

Sin embargo, los japoneses pudieron percibir la diferencia entre el pescado congelado y el fresco y no les gustaba el congelado; por lo tanto, tenían que venderlo más barato.

Las compañías instalaron entonces en los barcos tanques para los peces.

Podían así pescar los peces, meterlos en los tanques y mantenerlos vivos hasta llegar a la costa.

Pero después de un tiempo los peces dejaban de moverse en el tanque. Estaban aburridos y cansados, aunque vivos.

Los consumidores japoneses también notaron la diferencia del sabor porque cuando los peces dejan de moverse por días, pierden el sabor fresco...

Y ¿cómo resolvieron el problema las compañías japonesas?, ¿cómo consiguieron traer pescado con sabor de pescado fresco?

Si las compañías japonesas te pidieran asesoría, ¿qué les recomendarías?

Tan pronto una persona alcanza sus metas, tales como empezar una nueva empresa, pagar sus deudas, encontrar una pareja maravillosa, o lo que sea, empieza a perder la pasión. Ya no necesitará esforzarse tanto. Así que solo se relaja.

Experimentan el mismo problema que las personas que se ganan la lotería, o el de quienes heredan mucho dinero y nunca maduran.

Como el problema de los pescadores japoneses, la solución es sencilla y se resume en esta Frase:

> Las personas prosperan más cuando hay desafíos en su medio ambiente.

Para mantener el sabor fresco de los peces, las compañías pesqueras ponen a los peces dentro de los tanques en los botes, pero ahora ponen también un Tiburón pequeño.

Claro que el tiburón se come algunos peces, pero los demás llegan muy, pero muy vivos.

¡Los peces son desafiados! Tienen que nadar durante todo el trayecto dentro del tanque, para mantenerse vivos.

Cuando alcances tus metas proponte otras mayores. Nunca debes crear el éxito para luego acostarte en él.

Así que, invita un "tiburón a tu tanque", y descubre que tan lejos realmente puedes llegar.

Unos cuantos "tiburones" te harán conocer tu potencial, que no te asusten sus "dientes ni sus trampas"... tú sigue alerta, pero siempre "fresco".

Siempre habrá tiburones a donde vayas...

Estamos todos en el mismo sitio, donde siempre tendremos dificultades y ellas serán bienvenidas si las sabemos mirar como las oportunidades para encontrar nuevos caminos, para escuchar otras opiniones, para aprender nuevas maneras de ver la VIDA, para fortalecer nuestro espíritu y sacar lo mejor de nosotros mismos.

CONFIANZA TOTAL

Aun en momentos de oscuridad
puedo ser yo mismo.
Aun cuando las cosas salen mal,
puedo encontrar una oportunidad en cada dificultad.
Puedo ser yo mismo,
aun cuando estoy herido.
Mis heridas me sirven para comprender
que todos necesitamos amor.
Ya no tengo miedo al fracaso.
Puedo caerme, levantarme
y volver a empezar.
Soy flexible.
Puedo cambiar.
Soy un aprendiz.
No tengo que ser perfecto.
Estoy aquí para aprender.
Valoro todos mis esfuerzos.
Uso mis talentos.
Merezco tener éxito.
Puedo responder a lo que me sucede.
Elijo mis palabras, mis pensamientos,
mis acciones, mis sentimientos.
No dejo que el miedo interfiera.
Me animo a soñar en grande.
¿Imposible?
¡Yo soy posible!

Todo es posible.
Nací con mucha confianza.
Si la voz del miedo me dice:
«No puedes hacerlo...»
¡Lo haré de todos modos!
Elijo navegar lejos del puerto seguro
y encontrar mi propio camino.
Mi imaginación me lleva a nuevos mundos...
Puedo explorar, puedo descubrir, puedo crear.
Soy un ser agradecido.
No doy por sentado
ni a las personas ni a las cosas.
«Gracias» es mi plegaria diaria.
Puedo aportar algo al mundo.
Puedo dejar un legado.
Puedo ser yo mismo.
No estoy perdido...
En momentos de incertidumbre, busco la fe.
No estoy solo...
En momentos de tristeza, encuentro esperanza.
No estoy asustado...
En momentos de miedo...
Elijo el amor.

Del Libro *Confianza Total*
de Verónica De Andrés y Florencia Andrés

BUEN VIAJE

—¿Estás seguro(a) de que deseas encarnar en la Tierra?

—Totalmente. La decisión está tomada.

—¿Eres consciente de los retos a los que te enfrentas?

—Nunca antes he encarnado en ese planeta, de modo que no sé lo que significan realmente los conceptos de "miedo", "dolor", "soledad" o "tristeza". Tal vez el que más me preocupa es el de "muerte"... No alcanzo a comprender la idea de dejar de existir para siempre: eso es imposible, pero los humanos creen que es así. Sea como sea, mi alma desea "bajar" y experimentar todo eso, aportar mi luz y contribuir con mi ser al cambio de conciencia.

—Cuando estés allí abajo, limitado por el cuerpo físico y preguntándote qué haces en ese lugar, "comprenderás"... Desde este estado de conciencia ni siquiera puedes intuir lo que implica experimentar la densidad y la limitación.

—Asumo el reto...

—Entonces, si esa es tu voluntad, solo me queda desearte un feliz viaje por el mundo tridimensional y recordarte que estaremos contigo, desde esta dimensión, observándote y guiándote. Si consigues abrir tu corazón lo suficiente, tarea que no es en absoluto sencilla, serás capaz de "escucharnos" y de percibir nuestras señales.

—¿Y cuál es la mejor manera de abrir el corazón?

—Hacerle caso. Escuchar tu voz interna. Dejarte llevar y soltar la resistencia a que las cosas en la Tierra no sean como deseas... Aceptarte, en definitiva, tal y como eres. Solo de esa forma podrás aceptar a los otros y honrar sus aprendizajes. La paz y el amor que surgirán en ti como consecuencia de esa aceptación te pondrán automáticamente en "contacto" con nosotros.

—De acuerdo, lo tendré en cuenta.

—No, amigo mío... Lo olvidarás. Son las reglas. Tendrás que irlo recordando a medida que tu cuerpo físico, ya contaminado de juicios, apegos y creencias negativas, crezca y se haga adulto. La luz de tu alma deberá emerger entre las tinieblas del temor, la desconfianza y la incomprensión. Confía, amado nuestro: estamos seguros de que serás capaz de conseguirlo.

—¿Qué es eso?

—Es el vientre de tu madre terrestre.

Y ese pequeño embrión con extremidades que puedes ver en su interior es el cuerpo físico en el que vas a encarnar.

¡Buen viaje, alma estelar!

Una noche tuve un sueño.
Soñé que estaba caminando en la playa con el Señor
Y, a través del cielo, pasaban escenas de mi vida.
Por cada escena que pasaba,
percibí que quedaban dos pares de pisadas en la arena.
Y noté que muchas veces en el camino de mi vida
había un solo un par de pisadas en la arena.
Noté también, que eso sucedió en los momentos
más difíciles y angustiosos de mi vida.
Eso realmente me perturbó
y pregunté entonces al Señor:
Señor, tú me dijiste, cuando resolví seguirte,
que andarías siempre conmigo, todo el camino.
Y sin embargo vi que en los peores momentos
de mi vida, había solo un par de pisadas...
No comprendo Señor cómo me abandonaste,
justo cuando yo más lo necesitaba.
Y el Señor me respondió:
"Mi querido hijo, yo te amo,
y jamás te dejaría en los momentos de sufrimiento.
Cuando viste solo un par de pisadas en la arena,
fue justamente allí,
donde yo te cargué en mis brazos".

@yosoydicha

JÚBILO

El júbilo es el antídoto para el miedo. El miedo surge si no disfrutas de la vida.
Si disfrutáis de la vida, el miedo desaparece.
Simplemente sed positivos y disfrutad más, danzad más, cantad. Permaneced más
y más alegres, entusiastas sobre las cosas pequeñas, muy pequeñas.
La vida consiste de cosas pequeñas, pero si podéis aportar la cualidad de la alegría
a las cosas pequeñas, el resultado es tremendo.
Así que no esperéis a que suceda algo grande. Las cosas grandes acontecen,
no es que sucedan, pero no esperéis a que eso grande tenga lugar.
Sucede solo cuando empezáis a vivir las cosas pequeñas, corrientes y cotidianas con
una mente nueva, con una nueva frescura, vitalidad, entusiasmo. Entonces poco a poco,
acumuláis, y esa acumulación un día estalla en puro júbilo.
Pero nadie sabe cuando sucederá. Uno ha de seguir recogiendo guijarros de la playa.
La totalidad se convierte en el gran acontecimiento.
Cuando recogéis un guijarro, no es más que un guijarro. Cuando todos los guijarros
están juntos, de pronto son diamantes. Ese es el milagro de la vida.
De modo que no necesitáis pensar en grandes cosas.
Hay muchas personas en el mundo que se lo pierden porque siempre están esperando
que algo grande suceda. No puede acontecer.
Tiene lugar solo a través de cosas pequeñas: comer, desayunar, pasear, daros un baño,
charlar con un amigo, estar sentado a solas contemplando el cielo o tumbado en
la cama sin hacer nada.
La vida está compuesta de esas pequeñas cosas. Es la materia misma de la vida.

OSHO

@yosoydicha

Cuenta la leyenda que un día hubo una incendio enorme en el bosque.
Todos los animales huían despavoridos, pues era un fuego terrible.
De pronto, el jaguar vio pasar por sobre su cabeza al colibrí...en dirección
contraria, es decir, hacia el fuego. Le extraño sobremanera, pero no quiso
detenerse. Al instante, lo vio pasar de nuevo, esta vez en su misma dirección.
Pudo observar este ir y venir repetidas veces, hasta que decidió preguntar
al pajarillo, pues le parecía un comportamiento harto estrafalario:

¿Qué haces colibrí?, le preguntó.
Voy al lago - respondió el - tomo agua con el pico y la hecho
al fuego para apagar el incendio.
El jaguar sonrió.
¿Estás loco? - le dijo. ¿Crees que vas a conseguir apagarlo con tu
pequeño pico tu solo?
No- respondió el colibrí - yo sé que solo no puedo. Pero ese bosque es mi hogar.
Me alimenta, me da cobijo a mí y a mi familia, y le estoy agradecido por eso.
Y yo lo ayudo a crecer polinizando sus flores. Yo soy parte de él y él es parte
de mí. Yo sé que solo no puedo apagarlo, pero tengo que hacer mi parte.
En ese momento, los espíritus del bosque que escuchaban al colibrí, se sintieron
conmovidos por la pequeña ave y su devoción hacia el bosque.
Y milagrosamente enviaron un fuerte chaparrón, que terminó con el incendio.
Las abuelas indias contaban esta historia a sus nietos concluyendo:
"¿Quieres atraer los milagros a tu vida? ¡Haz tu parte!"

@yosoydicha

Dicen que antes de entrar en el mar,
el río tiembla de miedo.
Mira para atrás, a todo el camino que recorrió,
a las cumbres, las montañas, al largo y sinuoso
camino que abrió a través de selvas y poblados,
y ve frente a sí un océano tan grande, que entrar
en él solo puede ser desaparecer para siempre.
Pero no hay otra manera. El río no puede volver.
Nadie puede volver.
Volver atrás es imposible en la existencia.
El río necesita aceptar su naturaleza y
entrar en el océano.
Solamente entrando en el océano
se diluirá el miedo, porque solo entonces
sabrá el río que no se trata
de desaparecer en el océano,
sino de convertirse en océano.

@yosoydicha

OSCURIDAD

Que nunca os molesten los negativos. Vosotros encended la vela, y la oscuridad desaparecerá por si misma.

No intentéis luchar contra la oscuridad. No hay manera de hacerlo, porque no existe. ¿Cómo podéis luchar contra la oscuridad? Simplemente con encender una vela, desaparece. Así que olvidaos de ella, olvidaos del temor. Olvidad todas esas cosas negativas que por lo general acosan a la mente humana. Simplemente encended una vela de entusiasmo.

Lo primero que debéis hacer por la mañana es levantaros con gran entusiasmo, con la decisión de que hoy vais a vivir de verdad con gran deleite.

Tomad el desayuno, pero hacedlo como si estuvierais ingiriendo a Dios. Se convierte en un sacramento.

Tomad un baño, pero Dios está dentro de vosotros, le estáis dando un baño a Dios. Entonces vuestro pequeño cuarto de baño se convierte en un templo y el agua que os ducha es un bautismo.

Levantaos cada mañana con gran decisión, con certidumbre, con claridad, con una promesa a vosotros mismos de que hoy va a ser un día tremendamente hermoso y de que vais a vivirlo intensamente.

Y cada noche cuando os vayáis a la cama, recordad otra vez cuántas cosas hermosas os han sucedido durante el día. El hecho de recordarlas les ayuda a que regresen al día siguiente. Simplemente recordad y luego quedaos dormidos agradeciendo cada hecho hermoso y los sueños serán muy agradables. Tendrán vuestro entusiasmo y empezaréis a vivir en los sueños también con una nueva energía. Haced que cada momento sea sagrado.

OSHO

@yosoydicha

NOCHES DE BODA

Que el maquillaje no apague tu risa
Que el equipaje no lastre tus alas
Que el calendario no venga con prisas
Que el diccionario detenga las balas
Que las persianas corrijan la aurora
Que gane el quiero la guerra del puedo
Que los que esperan no cuenten las horas
Que los que matan se mueran de miedo
Que el fin del mundo te pille bailando
Que el escenario me tiña las canas
Que nunca sepas ni cómo, ni cuándo
Ni viento volando, ni ayer ni mañana
Que el corazón no se pase de moda
Que los otoños te doren la piel
Que cada noche sea noche de bodas
Que no se ponga la luna de miel
Que todas las noches sean noches de boda
Que todas las lunas sean lunas de miel

Que las verdades no tengan complejos
Que las mentiras parezcan mentira
Que no te den la razón los espejos
Que te aproveche mirar lo que miras
Que no se ocupe de ti el desamparo
Que cada cena sea tu última cena
Que ser valiente no salga tan caro
Que ser cobarde no valga la pena
Que no te compren por menos de nada
Que no te vendan amor sin espinas
Que no te duerman con cuentos de hadas
Que no te cierren el bar de la esquina
Que el corazón no se pase de moda
Que los otoños te doren la piel
Que cada noche sea noche de bodas
Que no se ponga la luna de miel
Que todas las noches sean noches de boda
Que todas las lunas sean lunas de miel

Joaquín Sabina

@yosoydicha

SOBRE LA VALENTÍA

La valentía es tu disposición a no saber.
Expresar tu verdad. Andar tu camino.
Hacer frente a la burla y el rechazo.
Seguir adelante,
a pesar de las voces en tu cabeza
y los juicios de los demás.
Y sin garantías de que llegues a lograrlo.

¡Nadie puede caminar por ti!
Caminas en una soledad radical,
desnudo frente a la vida, sin protección,
sin muletas, sin ninguna autoridad externa.
Sin una ideología que te salve.
Sin una sola promesa más.
Sólo el latido del corazón, y el aire en los pulmones,
y la emoción y el terror de ser absolutamente libre,
y ya nunca indiferente.

Y un saber de muy adentro.
Y el llamado de tus antepasados.
Y el suelo sosteniéndote.
Y el sol alimentándote.

Y la fragancia del amor por todas partes.
Y cálidas lágrimas corriendo por tus mejillas.

Y esta hermosa vulnerabilidad
que te hace absolutamente inquebrantable.

Jeff Foster

@yosoydicha

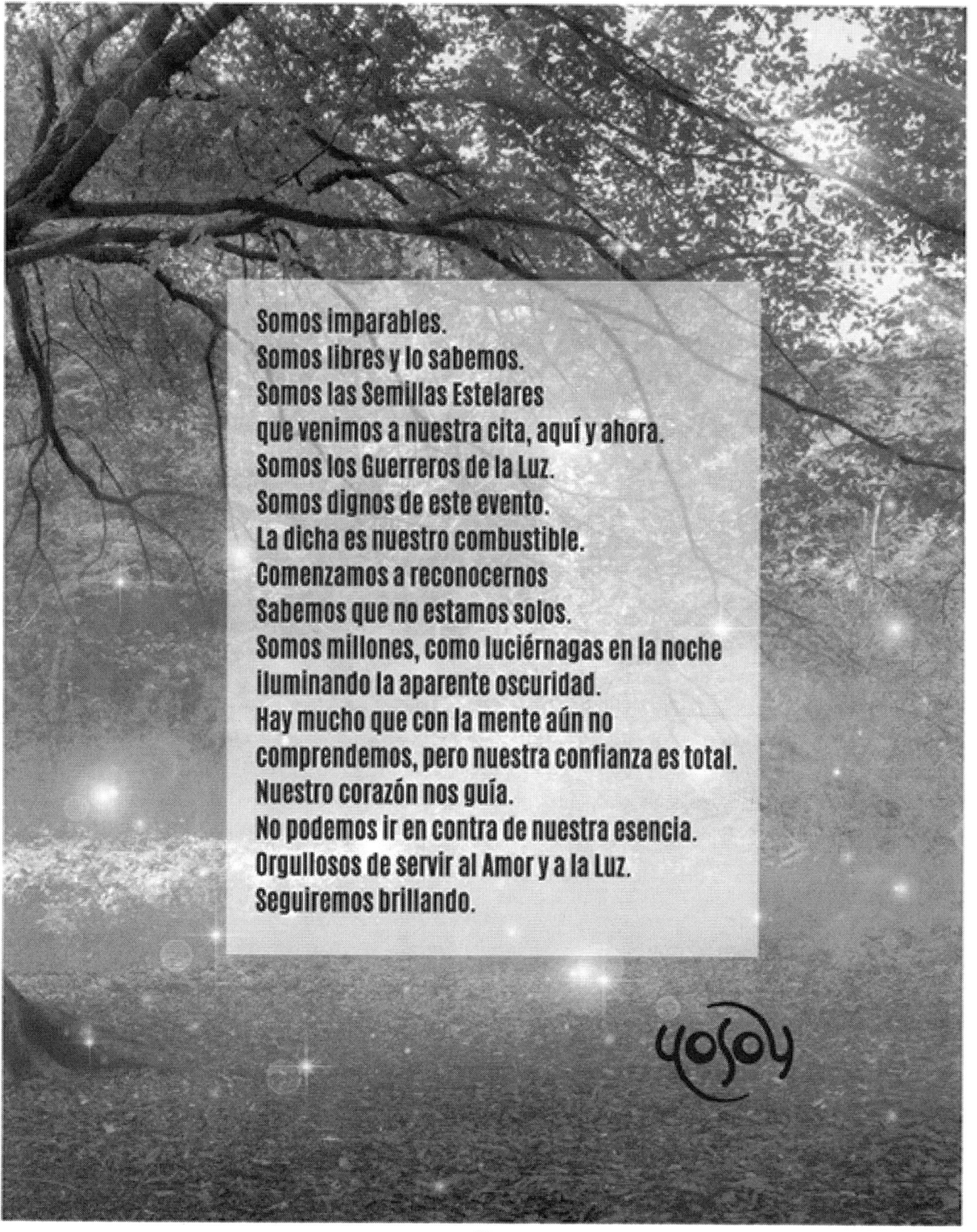

Somos imparables.
Somos libres y lo sabemos.
Somos las Semillas Estelares
que venimos a nuestra cita, aquí y ahora.
Somos los Guerreros de la Luz.
Somos dignos de este evento.
La dicha es nuestro combustible.
Comenzamos a reconocernos
Sabemos que no estamos solos.
Somos millones, como luciérnagas en la noche
iluminando la aparente oscuridad.
Hay mucho que con la mente aún no
comprendemos, pero nuestra confianza es total.
Nuestro corazón nos guía.
No podemos ir en contra de nuestra esencia.
Orgullosos de servir al Amor y a la Luz.
Seguiremos brillando.

yosoy

SEGUIR BAILANDO

La intención
es que sigamos con nuestra canción,
que cuerpo y alma se unan con razón,
que no paremos nuestra danza al sol.
Oh, no, no, no, no, no

Nosotros, pájaros de paso,
libres y en paz pero no mansos,
nunca comemos de la mano.
En vista de lo que hoy es cierto
queremos romper el silencio.

Y cuando escuchamos en la tele
al señorito que defiende
la bondad de la sentencia,
mostramos nuestra irreverencia
pero siempre con elegancia.

Casa, trabajo y a lo sumo
una terraza con consumo.
El absurdo hecho ordenanza.
Y atención a aquél que piensa!
Y atención a aquél que baila!

Cada medida autoritaria
o libertad arrebatada
va agotando la confianza.
Tales niveles de insistencia
en confinar nuestra conciencia.

Mejor no dejarse impresionar
por toda esa gente irracional,
vendiendo miedo en abundancia.
Mejor tenerlos a distancia,
ser la decencia en la desgracia.

Salvemos la salud mental,
del medio ambiente y social,
nuestro reír e inteligencia.
No caigamos sin resistencia
en las garras de su demencia.

La intención
es que sigamos con nuestra canción,
que cuerpo y alma se unan con razón,
que no paremos nuestra danza al sol.
Oh, no, no, no, no, no

"Danser Encore" de HK & Les Saltimbank
Aporte y traducción de Elena del Valle

@yosoydicha